어느 성공회 사제의
삶과 사랑 이야기

깊은 강은 소리없이

어느 성공회 사제의
삶과 사랑 이야기

깊은 강은 소리없이

한용걸 지음

프롤로그

　삭막한 도시 한가운데 갈 곳 없던 사람들의 오아시스였던 인천 주안의 '섬김의 집'이 2020년 12월 31일 문을 닫았다. 그곳은 장애가 있거나 갈 곳 없는 사람들이 모여 가족을 이뤘던 곳이다. 이제 그 가족들은 새로 지은 안식처로 떠나갔다. 오랜 시간 함께 울고 웃으며 살아온 사람들이 떠난 자리에는 허전함이 가득했다.
　"이 모든 사연을 어떻게 기억하고, 어디에 담아둘 수 있을까?"
　그때 그녀가 내게 말했다.
　"당신의 이야기를 글로 써보지 않겠어요?"

그 한마디는 가슴속에 묻어둔 시간 속의 기억을 기록으로 남기게 하는 힘이 되었다. 처음엔 망설였지만, 기억을 더듬어 글을 쓰기 시작하자 희미하게 빛바래 가던 장면들이 다시금 떠올랐다. 세월 속에서 바래 가던 기억이 글로 복원되면서 나의 삶 또한 하나의 역사가 되기 시작했다.

인간은 사회적 존재이다. 자신의 역사를 쓴다는 건 자신의 이야기는 물론이고 동시대를 살아온 뭇사람들의 이야기를 쓰는 일이다. 역사적 기록은 단순한 과거의 나열이 아니다. 그것은 한 사람의 생애를 시대의 흐름과 연결하며 과거와 미래를 잇는 징검다리가 된다.

이 글은 나 자신의 개인사일 뿐만 아니라 내가 지나온 시대사의 한 단면이기도 하다. 내 인생은 역사의 흐름에 참여하며, 특히 사회적 약자인 노숙인과 중증 장애우들과 함께하는 삶이었다. 그들 곁에서 함께 울고 웃으며 낮은 자리에서 세상 소풍을 함께했다.

인간은 자신이 선택한 방식으로 살아가는 법이지만, 또한 다른 이들의 노동에 의지하며 살아가는 존재이기도 하다. 그래서 힘닿는 데까지 시로를 섬기며, 좀 더 나은 세상으로 변화하도록 만들기 위해 상호 협력하는 존재들이다. 내가 만난 이들은 어려운 처지에 놓인 사람들이었다. 그래서 누군가는 그들을 위해 생생한 그들의 목소리를 남겨야 한다. 나는 이 글을 통해 누구에게는 작고 보잘것없어 보이던 이들이 나에게 얼마나 소중한 사람들이었는지 말해주고 싶다.

강원도 금강군의 단발령斷髮嶺 깊은 산속에서 시작된 북한강의 시원始原은 팔당 두물머리에서 남한강과 합수, 한강이 되어 서해로 흘러간다. 강물은 바다를 만나기 위해 수많은 물줄기와 만나고 합쳐진다. 어머니의 강 북한강 맑은 물결 위로 반짝이던 윤슬처럼, 수많은 사람의 이야기를 품고 바다로 흘러간다.

내 삶의 여정 또한 그러하다. 내세울 것 없는 부끄러운 인생이지만 내가 걸어온 길의 흔적이며, 후대에 내가 살았던 기록이 될 것이다. 내 삶의 과정에서 수없이 낭패스러웠던 실패의 이야기가 타인들에게 어떻게 읽힐까?

해 저무는 봄날, 서천으로 소리 없이 흐르는 강가에 앉아 지난 세월과 함께 바닥 깊이 가라앉았던 이야기들을 그대들과 나누고 싶다.

2025년 봄
강원도 화천 청인정방에서
한용걸

목차

프롤로그 ·· 4

1부 젖과 꿀이 흐르는 땅

12

인천 수도국산 똥고개 ✦ 최선비 할머니 ✦ 똥고개 이티 채단이 아주머니 ✦ 춘희 할매 내림굿하던 날 ✦ 바퀴벌레와 임 씨 ✦ 삼봉 씨와 보낸 마지막 하루 ✦ 귀신 들린 여인과 마지막 인연 ✦ 자유공원 선딕화 보살 ✦ 천애 고아 영환이 ✦ 멀리 가 버린 수도 생활 ✦ 똥고개서 내려가다 ✦ 인연 ✦ 징검다리 장애아동상담소를 열다 ✦ 출가 대신 결혼 ✦ 김장하던 날 ✦ IMF 시절 국수 삶고 치료하고 ✦ 요한과 혜린 과 나의 어머니 ✦ '섬김의 집'과 '징검다리'의 주안2동 양짓말 시절 ✦ 사막의 오아 시스 '섬김의 집'을 매입하다 ✦ 함께 걷는 길벗회 ✦ 머릿돌이 된 사람들 ✦ 첫 번째 순직자 황원오 선생 ✦ 장애아 부모 대학을 열고 장애아동 무상교육 운동의 실 마리를 풀다 ✦ 통합교육 보조원 제도 제안 및 실시로 장애아동 교육의 새로운 방향을 열다 ✦ 남구 지역사회 재활 시설을 마련하고 재가 발달장애인 실태 조사 사업 후 잡(JOB) 코치(COACH) 제도를 제안하다 ✦ 새로운 시작을 향하여, 남 구 사회 재활 시설 [징검다리] 준공하다 ✦ 부르심과 응답 ✦ 렛잇비

2부 조화로운 삶을 향하여

110

화천행 ✦ 이사 가던 날 ✦ '청인정방' 집짓기 ✦ 고생한 김에 한 채 더 짓자. 심호재 건축하기 ✦ 청인정방 준공식에 찾아온 사람들 ✦ 새 임무 '강릉에 성공회 교회를 세우라' ✦ 무형재 건축을 시작하다 ✦ 혹한의 겨울을 견디다 ✦ 우울함이 깊어지다 ✦ 해혼, 결혼사진을 불태우다 ✦ 메멘토 모리 ✦ 미시령 큰바람 속으로 떠난 아내 ✦ 아내를 떠나보내고 난 후 ✦ 미완의 건축물을 마무리 짓다 ✦ 우리들의 작은 오아시스, '섬김의 집' ✦ 상처 입은 늑대 ✦ 빈방 있습니까? ✦ '섬김의 집' 주일 풍경 ✦ 섬김의 집 주 여사 ✦ 맹숙이를 추억함 ✦ 마음속 스승들 ✦ 짧은 단상들 ✦ 이른 새벽 홀로 깨어 ✦ 재개발의 두 얼굴 ✦ 거리의 제물포 밥집 ✦ 말랑 콩떡 팬더의 고백 ✦ 사람은 무엇으로 사는가 ✦ 제물포 밥집

3부 북한강은 서편으로 흐른다

228

할아버지의 강 ✦ 전쟁터 한복판에서 ✦ 전쟁의 상처와 회복 ✦ 고모부부의 도움 ✦ 어린 시절 ✦ 호랑이 선생님 ✦ 아! 나의 어머니 ✦ 꿈꾸던 소년 ✦ 아버지와 옥수수빵 ✦ 어느 여름날 아버지와 내 친구들 ✦ 아버지가 넘어진 계단을 고치다 ✦ 열아홉 젊은 날 만난 새롭고 낯선 세계 ✦ 서슬 퍼런 전두환 정권 시절, 대동제에서 생긴 일 ✦ 야간학교 강학 시절 ✦ 유치장과 폐렴 ✦ 교동교회 ✦ 복학생 ✦ 샛강(황구지천) 둑방 길 ✦ 고물 장수 대학생 ✦ 1987년 6월 항쟁, 그 격렬한 역사의 소용돌이 속에서 ✦ 도망지 신세로 아버지의 장례를 치르다 ✦ 춘천 민주청년회 시절 ✦ 신학교 통과제의 ✦ 성공회 사목 신학연구원 시절 ✦ 가난한 사람들과의 만남 ✦ 지하철에서 만난 하철이 ✦ 두 번의 통과제의 ✦ 양심의 선택 - 1993년 부제 고시 백지 제출 사건을 돌아보며 ✦ 사명 ✦ 도심과 산 그리고 삶의 속도

에필로그 | 깊은 강은 소리없이 ·································· 332
발   문 | 흑인 영가와 같은 깊은 강의 노래
          한용걸 신부의 눈물어린 사랑과 삶의 고백록 최자웅 신부········ 334
시 | 한신부 홍대욱 시인 ····································· 340

1부

젖과 꿀이 흐르는 땅

젖과 꿀이
흐르는 땅

인천 수도국산 똥고개

고갯마루에 서면 언제나 똥고개 특유의 냄새가 났다. 생선 말리는 냄새, 호박 구덩이에 묻은 거름 냄새, 화수부두에 접한 제철소의 쇳물 냄새가 소금기 묻은 비릿한 바닷바람과 섞여 저녁 바람을 타고 바다로 밀려 나갔다. 아침이면 송현동 사거리 어묵 공장에서 생선 찌는 고소한 냄새도 하얀 수증기와 함께 언덕길을 따라 똥고개로 올라왔다.

똥고개에 선비 할머니 댁에 몸을 의탁한 지 달포쯤 지나서였다. 동부제강서 현대시장으로 가는 북쪽의 언덕길은 지금은 '황금 고개'라 불린다. 그러나 황금 고개는 원래 이름이 아니었다. 고갯마루에서 송현동 배수지가 있던 수도국산으로 올라가는 오른편의 그늘지고 가파른 언덕은 언제부터인지 사람들에 의해 '똥고개'라 불렀다.

　1·4 후퇴 당시 황해도에서 피란 온 사람들이 지은 판잣집들이 가파른 언덕 사이 좁은 골목길을 따라 다닥다닥 붙어 있었다. 고갯마루에 서면 오른편의 비탈진 언덕에 고추, 호박, 가지 등을 키우는 옹색한 채소밭이 비탈진 언덕을 따라 길게 이어져 있었다.

　동네 사람들은 봄이 오면 겨울 내내 모아둔 연탄재를 부수어 채소밭에 뿌려 땅심을 높이고 공중변소에서 나온 인분을 거름으로 주었다. 여름철 똥 고개 채소밭에는 거름을 많이 뿌려 싱싱한 열무와 상추, 고추와 가지를 수확했다. 대신 풍성한 채소밭에서는 사시사철 진한 인분 냄새가 피어올랐다. 그래서 사람들은 '똥고개'라는 다소 원색적이지만 정겹고 친근한 이름을 붙였던 것 같다.

　똥고개 위로 올라서면, 등고선에 따라 자연스럽게 뚫린 골목길이 미로처럼 펼쳐져 있다. 지붕은 석면으로 만든 골슬레이트로 덮었거나 낡은 군용 천막을 씌우고 원유를 정제하고 남은 찌꺼기인 타르로 발라 비를 막았다. 벽은 속 빈 시멘트 블록이나 가시가 박히는 낙엽송으로 만든 널판으로 비바람을 막았다.

　겨울이 되면 판잣집의 안벽은 벽지에 허옇게 성에가 끼어, 손톱으로 벽지를 긁으면 서걱 이는 소리를 내며 방바닥으로 떨어졌다. 구불구불한 골목을 따라 판자를 이어 붙여 만든 담벼락은 생선 궤짝을 만드는 낙엽송을 세로로 이어 붙인 탓에 집안이 훤히 보였다. 담장은 외부인의 침입을 막기보다는 여기가 내 영역이라는 표식이었다. 어린아이들이 땅따먹기 놀이 하듯 자기네 소유 땅을 구분해 놓은 정도였다.

똥고개에 들어와 지낸 지 한 달이 지나가고 있었다. 십일월 날씨는 제법 차가워졌고 똥고개는 수도국산에서도 북향으로 돌아앉은 동네라 해가 들지 않는 지역이었다. 이 동네에서 살던 사람들은 황해도 연백 출신이 많았다. 1·4 후퇴 때 월남한 사람들이 주로 이곳에 모여 살았다. 전쟁이 끝나면 고향인 황해도 연백이나 해주로 돌아가려 했으나 철책선이 가로막혀 이곳에 주저앉았다.

1970~80년대 경제 개발의 물결에 힘입어 부지런히 돈을 모은 사람들은 이 산동네를 떠나 인천의 새로운 베드타운으로 형성된 연수동 아파트단지나 구월동 등지로 이주했다. 수도국산의 철거가 고시되기까지 남은 사람들은 이사할 형편이 안 되는 어려운 이들뿐이었다. 보상받은 사람들은 모두 떠났고, 떠날 요량도 없고 가진 것도 없는 그야말로 고단한 몸뚱이만 가진 사람들이 남은 것이다.

1994년 어느 가을날, 고상苦像 십자가 하나와 성경책 한 권, 여벌의 속옷과 일기장이 들어있는 낡은 배낭 하나를 메고 이 언덕 위로 올라왔을 때, 동네 사람들 절반은 떠났고 마을 가운데 있던 여학교도 신개발지로 떠난 뒤 남은 건물은 허물어져 황량하고 스산했다.

나는 갈 곳 없는 나그네였다. 신학교를 마치고 수도회를 설립하려는 길에 나섰다. 부제와 사제 서품을 준비했으나 교구 소속

똥고개 아이들

이 아니었다. 네 명의 수도회 첫 입회자 중 막내는 군대에 가고, 지원자 셋이 공동생활을 시작했다. 수련기 생활이 시작된 지 일 년 후, 나는 산동네 빈민가로 들어갔다. 그리고 다시는 수도원으로 돌아가지 못했다. 운명이었다.

최선비 할머니

똥고개에서 첫 번째로 만난 사람은 최선비 할머니였다. 성씨는 해주 최씨, 이름은 선비였다. 황해도 연백 출신으로 행실도 이름처럼 선비 같았다. 연백은 북쪽의 멸악산맥에서 뻗어 나온 산지를 반도半島로 하고 그 동쪽과 서쪽은 만灣으로 둘러싸였던 것인데 한강, 예성강 등 여러 하천에서 밀려 내려오는 많은 토사와 거센 조수潮水에 의한 퇴적작용으로 넓은 연안 평야를 구성한 것이다. 연백은 황해도의 평야 지대 소읍으로 연안군과 배천군이 합쳐져 만들어진 한국 3대 곡창지대였다. 열여섯에 해주 출신의 남편과 결혼했으나 할아버지는 일제의 학정을 견디지 못하고 북간도, 봉천, 상해를 떠돌며 세상을 여행했다. 8·15해방 후 고향으로 귀국했으나 1·4 후퇴 때 남하하시고 얼마 후 세상을 떠나셨다.

당시 연백 지방의 피난민들은 북성포구로 들어와 이곳에서 새로운 삶을 시작하게 되었다. 선비 할머니도 고향을 떠나 유일한 가족인 딸과 함께 남쪽으로 내려와 북성포구에서 자리를 잡았다. 고향의 지인들 도움으로 판잣집을 지었고, 동인천 자유시장에서 좌판을 열어 생선을 팔며 조금씩 돈을 모았다.

세월이 흐르고, 선비 할머니는 평생 홀로 딸을 키우며 살았다. 동인천에서 만난 갈 곳 없는 사람들에게 방을 마련해 주기 위해 산동네로 이사 왔을 때, 처음으로 선비 할머니를 만났다. 수도국산 똥고개의 비탈진 언덕에서 가장 반듯하고 깨끗한 집은 바로 선비 할머니의 집이었다.

선비 할머니의 집은 북향으로 산그늘이 깊었다. 하루 중 햇볕이 드는 시간은 오후가 되어야 했다. 두꺼운 나무 널판으로 된 대문은 굵은 나무 기둥에 걸려 있었고, 열 때마다 '삐격!' 소리를 냈다. 대문을 지나면 바로 오른편에 푸세식(재래식) 변소가 있었다. 변소는 나무문으로 가려져 있었고, 천정은 낮아서 고개를 외로 꼬거나 바짝 숙여야만 바깥으로 나설 수 있었다. 문간 안쪽에는 마당과 물탕이 있었다. 물탕은 상추와 채소를 씻는 용도로 사용되었으며, 겨울을 제외하고는 설거지와 세수, 발 씻기 등에 활용되었다. 선비 할머니는 음식 재료를 중탕으로 조리했기 때문에 복잡한 식기가 필요하지 않았다. 그녀의 부엌살림은 수저 두 벌, 그릇 두 벌, 간장 종지와 젓갈 종지, 김치 담는 보시기, 중탕냄비 하나가 전부였다.

선비 할머니는 밤늦게 돌아오는 나를 위해 고봉밥을 아랫목에 이불로 덮어두고 기다리셨다. 식사 후에는 "음식 버리면 벌받는다"라고 말씀하시며, 밥과 찬을 모두 먹은 뒤, 김치 한 조각을 남겨 그릇을 씻어 헹궈낸 숭늉까지 마셨다. 고춧가루 한 점도 흘려보내는 법이 없었다.

물탕 옆에는 남자 어른 팔뚝만 한 굵기의 구기자나무가 수

돗가에서 뿌리를 내리고 자라, 생선 궤짝을 세로로 세운 바자울 같은 담벼락을 타고 가지를 뻗었다. 이 구기자나무는 담장 위로 골목길을 따라 길게 뻗어 있었다. 가을이 되면 가지마다 빨갛게 익은 구기자 열매가 주렁주렁 매달렸다. 선비 할머니는 열매가 나무에 매달려 다 말라갈 때까지 그대로 두었다가, 문간을 오갈 때마다 따서 입에 넣고 우물거렸다. 나도 문간을 오가며 이 작고 쌉쌀하며 달콤한 구기자 열매를 따서 입에 넣고는 장난삼아 씨를 뱉어내곤 했다.

겨울이 되면 구기자는 차로 달여 마시거나, 유리병에 담아 소주를 부어 두었다가 빨갛게 우러나면 저녁 식사 때 한 잔씩 반주로 제공되기도 했다.

변소에서 몇 걸음 걸으면 마루 겸 거실이 있었다. 왼쪽에는 밥을 짓고 생선 궤짝으로 군불을 지피는 아궁이가 있었다. 근처 북성포구나 화수부두에서 주워 온 생선 궤짝을 쌓아두거나, 북항 부둣가에서 서인천 목재단지 제재소로 실려 온 독일산 사스나 껍데기를 주워다가 겨울 난방용 땔감으로 쌓아두었다. 오랜 그을음으로 검게 변한 벽 한쪽에는 그릇을 보관하는 나무 찬장과 살강이 달려 있었다.

아궁이 왼편에는 황소 머리만 한 무쇠솥이 놓여 있었고, 솥 안에는 중탕용 작은 냄비와 물이 들어 있었다. 오른편 화덕에는 더운물을 데우기 위한 무쇠솥이 덩그러니 묻혀 있었다. 대청이랄 것도 없는 거실 마루 오른편은 내 방이었고, 할머니 방 장지문을 당기면 영감님의 사진이 벽에 매달려 문을 열 때마다 흔들렸다. 지치지 않는 역마살로 평생에 걸쳐 할머니의 애를 태운 젊은 시절 할아버지의 모습은 근엄하고 씩씩해 보였다.

내 방으로 안전하게 들어가는 방법은 장지문 고리를 당겨 문을 열고, 고개를 아래로 푹 숙이며 무릎을 꺾어서 한쪽 다리를 먼저 넣어야, 머리가 문틀에 부딪히지 않고 방 안으로 안전하게 들어갈 수 있었다.

첫 겨울이 왔다. 오후 두 시가 넘어야 햇살이 조금 비추고, 저녁 햇살이 낙엽송 판자 울타리를 비끼어 지나갔다. 똥고개는 사철 바람이 많고, 겨울에는 몹시 추웠다. 한겨울에는 머리맡에 물그릇을 놓아두고 잠이 들면, 아침에는 물그릇이 바닥까지 얼어붙어 떨어지지 않았다.

그렇게 한겨울을 보냈다. 이 방은 이유를 알 수 없지만 방바닥 한가운데가 솟아올라 방바닥이 방 가운데를 향해 금이 갔다. 연탄 불이나 군불을 때면 갈라진 틈새로 연기와 가스가 새어 나와 난방할 수가 없었다. 봄이 되면 수리해야겠다고 미뤄두고 한겨울을 보냈다. 막상 봄이 되자 얼굴과 몸이 부풀어 방구들 수리는 엄두도 내지 못하고 병원부터 가야 했다. 할머니는 나를 '젊은네야(얼핏 들으면 저문네야)'라고 부르셨다. '젊은네'의 어원이 어디서 왔는지 모르지만 짐작건대 황해도 사투리로 '젊은이'를 뜻하는 방언이 아닐까 한다.

나는 가진 것이 없고, 주머니 속은 무일푼이었다. 그러나 할머니는 아무 조건 없이 내게 밥을 차려 주셨고 월세도 받지 않으셨다. 내가 쌀도 사고 전기세라도 내시라 조금 드리면 "무슨 돈이 있다고 나까지 주느냐?"라고 손사래를 치시며 돈을 돌려주셨다. 선비 할머니는 내게 하늘이 보내준 보호자였다.

그 시절, 나는 '인천광장'이라는 생활정보지에 산동네 에피소드를 매주 칼럼으로 남겼다. 그 글을 보고 사람들이 찾아왔다. 사람들은 그렇게 사는 내가 신기했던 모양이다. 이후 고물을 주워 백만 원을 모아 낡은 트럭을 사서 고물 장수를 시작했다.

이렇게 산동네에서 새로운 삶을 시작하게 되었다. 방은 누우면 머리와 발이 양 벽에 닿았다. 어찌 된 영문인지 방바닥 가운데 솟아오른 구들로 인해 나는 편히 눕지 못하고 밤마다 옆으로 새우잠을 자야 했다. 혼자 누우면 여백이 남아 서운하고, 둘이 누우면 꼭 안고 칼잠을 자야 할 만큼 컸다. 방고래가 쑥 올라와 있어 똑바로 눕거나 바닥에 얼굴을 묻고 엎드려 잘 수 없었다. 쑥 올라온 방고래를 피해 새우처럼 등을 구부리거나 옆으로 누워 칼잠을 자야 했다. 그렇게 자고 아침에 일어나면 허리가 굽어 새우깡처럼 되어 오전 내내 새우깡 허리를 하고 다녀야 했다. 내가 누운 방은 매일 밤 풀기 어려운 화두를 던지는 기막힌 선방이었다. 서북향으로 자리 잡은 집은 오후 두 시가 되어야 지붕 위로 햇살이 내렸다. 그 춥던 방에서 윤동주의 꿈을 꾸었다. 그렇게 서른두 살의 젊은 날이 시작되었다.

이 선방 안 한쪽 벽에는 신학교 기숙사부터 동행했던 십자고상이 매달려 있었다. 매일 아침 찬물에 세수하고 나서, 고통의 십자가상 앞에 앉아 윤동주의 '십자가十字架'를 게송 하듯 웅얼거렸다.

십자가

윤동주

쫓아오던 햇빛인데,
지금 교회당 꼭대기
십자가에 걸리었습니다.
첨탑이 저렇게도 높은데,
어떻게 올라갈 수 있을까요.
종소리도 들려오지 않는데
휘파람이나 불며 서성거리다가,
괴로웠던 사나이,
행복한 예수 그리스도에게
처럼
십자가가 허락된다면
모가지를 드리우고
꽃처럼 피어나는 피를
어두워 가는 하늘 밑에
조용히 흘리겠습니다.

새우젓 배가 들면 파시가 열리던 북성 포구

폐교된 숭덕 여학교 계단아래 살며 먹을걸 얻어와서 나눠주던 채단씨와
겁많던 송씨 그리고 우리를 찾아오신 오인숙 수녀님

똥고개 이티 채단이 아주머니

똥고개에는 60년대 중반에 개교한 숭덕여중이 있었다. 학교가 86년에 만수동으로 이전한 뒤 건물은 허물어지고 공터가 되었다. 학교 건물은 철거되고 뼈대만 남은 계단을 의지 삼아서 계단 밑에 비닐을 치고 '채단이'라는 이름을 가진 초로의 여인이 지내고 있었다. 과거에 화마로 전신 화상을 입었던 터라 얼굴과 손가락이 뭉개지고 양손에 남은 손가락은 서너 개만 남았다. 얼굴은 붉고 희고 검은 세 가지 색깔을 하고 있었다. 왜 세 가지냐 하면 화상을 입은 자리는 피부가 검게 탄 채로 아물어 검었고 화상은 다 나았으나 아직도 제 피부색이 돌아오지 않은 곳은 붉은 색깔로 얼룩덜룩했고 화상 입은 얼굴의 일부는 백반증처럼 피부가 희게 변색 된 채로 세 가지 색을 띠고 있었다. 손가락은 뭉그러지고 손목도 비틀어진 채 굳어있어서 손가락을 사용하지 못하고 냄비나 살림 도구를 들어 올릴 땐 양 손목으로 붙잡고 옮기곤 했다. 여인의 얼굴은 흉물스러운 몰골을 한 채 비를 가려줄 만한 계단 아래서 지내고 있었던 것이다.

채단 씨가 동인천 어두운 지하보도에서 하늘이 파랗게 보이는 똥고개 언덕으로 올라온 건 나보다 며칠 먼저였다. 지하보도는 바닥에 차가운 냉기가 올라와서 두꺼운 담요를 까는 것보다 얇고 말랑한 골판지나 라면상자가 더 효과적이었다. 밤이면 지하상가 경비원들이 셔터를 내리거나 누워 자는 이들을 내보내기에 밤이 되면 잘 곳이 마땅치가 않았다.

그런 그녀에게는 차라리 마음 편한 똥고개가 속 편했다. 비

바람만 가릴 데가 있다면 누구 눈치 안 보고 지낼 수 있기 때문이었다. 게다가 동인천역이 가까워 벌이하러 나가기가 수월했기에 채단 씨로선 원주민들이 떠나는 똥고개가 안성맞춤이었다.

나는 폐교 아래를 오며 가며 채단 씨를 한두 번 보았다. 한눈에 그녀의 삶이 짐작이 되었으나 선뜻 말을 걸지는 못했다. 집에 돌아오니 선비 할머니가 말씀하셨다.

"거 숭덕핵교 계단 아래 얼굴에 불난 여자 있는데 맨밥 먹기에 내가 김치 한 보시기 가져다주었어. 동인천서 왔는데 얻어먹는대. 뭐 가져다줄 게 변변한 게 없네"

그리고선 뭐 남겨둔 게 없는지 하얀 저고리에 광목 치마를 휘적거리며 부엌으로 가시더니 나무 찬장 속 반합 문을 여셨다.

다음날 폐교된 숭덕여중 계단 아래 양지쪽에 체머리를 흔들며 오후의 햇볕바라기를 하고 있던 채단 씨와 마주쳤다. 관심을 보여준 할머니 덕에 용기가 생겼나 보다.

"거 뭘 먹고 삽니까?"

하고 아무런 관심 없는 척 한마디 던졌는데 덥석 물었다.

"꼬지(앵벌이) 해서 국밥 먹고 삽니다"

하는, 다소 심드렁한 대답이 돌아왔다.

"그래요? 꼬지한다구요? 어디서?"

"나와바리가 동인천이유. 이래 봬도 여럿 먹여 살립니다."

처음에는 그녀의 말이 아리송한 선문답 같았으나 조금 후에는 그 대답의 의미를 알아차렸다. 이처럼 한 박자 느린 나의 스텝은 누군가와의 첫 대면을 종종 꼬이게 만들곤 했다.

그렇게 시답잖은 첫인사를 나눈 지 한 주일이 지나고서 한 끼의 아침이라도 해결해 주려고 버너와 냄비, 물을 가지고 가서 라면을 끓여주기 시작했다. 식은 밥은 두었다가 라면 국물에 끓여주었다.

그녀는 내가 건네는 냄비에 든 뜨거운 라면을 후후 불어대며 순서 바뀐 이를 드러내고 웃으면서 라면을 먹었다. 그 곁에서 그녀가 다 먹을 때까지 기다리다 그녀가 동인천으로 출근(?)을 나가면 그릇을 가져와서 선비 할머니 댁 물탕에서 그릇을 씻어 살강에 올려두었다.

그녀는 동인천역 지하보도에 엎드려 있다가 운이 좋아 많이 번(?) 날에는 만약을 위해 꼬불쳐 두지 않고 비슷한 처지에 놓인 사람들에게 구걸한 돈으로 국밥도 사주면서 하루하루 살았다. 주머니가 넉넉할 때는 비슷한 처지에 있는 사람들에게 먹을 것을 사서 나눠주는 게 나름 그 세계의 불문율이자 보험이기도 했다. 채단 씨 성질에 보험을 생각하고 구걸한 돈으로 국밥을 사준 건 아니다. 춥고 배고프니 있을 때 나눠 먹여 두자는 셈이었다. 꼬지가 언제나 운수 좋을 리 없기 때문이다.

재수 없는 날은 밥도 한 끼도 못 먹고 겨우 막걸리 한잔 얻어먹고 한뎃잠을 청하는 날도 있었다. 구걸할 때는 말짱한 얼굴이지만 근무를 마치고 똥고개로 돌아올 때면 얼굴이 불콰해서 팔다리를 휘적이며 걸어왔다. 노숙의 추위를 이기기 위해 술을 마셨던가 보다.

하루는 멀쩡한 얼굴이기에 "오늘은 안 마셨나 봐요?" 하고 물었더니, 그녀 대답이 걸작이었다. "근무 중에는 술 마시는 거 아녀요"라고 대답하는 것이다. 빈틈없고 투철한 직업의식과 반듯한 근무태도를 가진 직업인이 아닐 수 없었다. 구걸로 돈을 벌어도 혼자 다 쓰지 않고 배고픈 친구들에게 밥을 사주거나 국밥집에 쟁여두고 아쉬울 때 꺼내 쓰곤 했다. 누군가 먹여야 할 사람이 있다면 국숫집으로 데리고 가서 '지나리 국수'를 한 그릇 시켜주기도 했다. '지나리 국수'는 이 바닥 생활자의 속어로 가락국수 따위의 싸구려 국수를 지칭하는 은어다.

똥고개 파란 하늘 아래엔 채단 씨 혼자만은 아니었다. 라면과 식은 밥을 끓여 주었을 때 한 사람의 식구가 더 늘었다. 동인천으로 일 나갔던 채단 씨가 혹을 하나 더 달고 들어왔다.

송 씨라는 불리는 키가 작고 반백의 쌍꺼풀진 큰 눈을 가진 남자가 어느 날부터 채단 씨와 함께 있었다. 나는 그 사람을 왕눈이 송 씨라는 불렀다. 몸피도 작고 쌍꺼풀진 눈이 커서 순진하고 겁이 많았다. 나름 거친(?) 지하도 세계를 감당하기가 어려웠나 보다. 이 바닥 경험도 오래되고, 화상으로 일그러진 얼굴 때문에 첫인상이 험악해서 남들도 접근하기 어려워 보이는 채단 씨에게 의지하려고 똥고개로 따라온 것이다. 채단 씨가 말해주기를 '똥고개 가면 아침에 해장라면 끓여주는 남자가 있다'고 해서 궁금(?) 해서 따라온 게 더 큰 이유였다.

왕눈이 송 씨가 똥고개로 올라온 뒤 한 가지 흠이 생겼다. 송 씨는 아직 떠나지 못한 남은 이들에게 안면을 트지 못했기에 동네 사람이 공동으로 사용하는 뒷간 사용이 어려운 처지였다. 그래도 채단 씨는 이미 지역 주민으로 자리를 잡았는지 무당 할미네 뒷간을 제집처럼 사용하고 있었다. 공중도덕은 확실했다. 아무 데서나 엉덩이를 내리고 용변을 보는 일은 없었다.

그러나 숫기도 없고 게으른 데다 변죽도 없던 송 씨는 아직 가까운 이웃집 뒷간을 사용하지 못하고 밤에 볼일을 봐야 했다. 밤사이 움막 주변 아무 데나 볼일을 보는 것이었다. 그래서 자고 나면 여기저기 무더기, 무더기 똥 지뢰가 생겼다. 채단 씨네 움막 주변의 땅바닥을 주의 깊게 살피며 조심성 있고 공손하게 걸어야 했다. 나처럼 주의력 결핍이거나 주의가 산만하면 죄 없는 발이 봉변을 당하기 일쑤였다.

그해 겨울 몹시 춥던 어느 날 아침이었다. 나이답잖게 볼살이 붉었던 왕눈이 송 씨가 라면을 입에 넣다가 연달아 기침하더니 각혈했다. 라면이 담긴 코펠 위로 선혈이 낭자했다. 인천의료원에 데리고 가니 결핵이란다.

그럴 수밖에 없었다. 대나무같이 마른 몸에 굶기를 개 보름 쇠듯 했으니 말이다. 인천의료원에 입원한 송 씨를 돌봐야 하는 건 내 몫이었다. 그 후 왕눈이 송 씨는 퇴원 후에도 갈 곳이 없어 결국 도화동 섬김의 집을 거쳐 용현시장 뒷골목서 IMF 끝날 때까지 함께 지냈다.

겨울이 다가오자 채단 씨는 늘 술에 취해 있었다. 밤이면 추위를 견디기 위해 소주든, 막걸리든 술로 몸을 데웠다. 채단 씨의 움막은 때 절어 시커먼 솜이불 위로 계단을 지붕 삼아 농사용 비닐로 비 가림을 했는데 나름 찬바람과 밤이슬을 피하긴 그런대로 가능해 보였다. 바닥은 냉기를 막기 위해 두루마리 은박 스티로폼을 깔았고 벽이라고 해봐야 하우스 비닐 두 장 겹친 거였다.

그래도 계단 밑에서 밤이면 때에 절어 반질반질하게 윤이 나는 솜이불을 덮고 꿀잠을 잤다. 때론 안쓰러워하다가도 한편 그녀의 태평함이 부럽기도 했다. 근처 임시로 빌린 판잣집 '나그네의 집'에 와서 쉬라 해도 말을 듣지 않았다. 그곳엔 볼썽사나운 남자들이 모여 있었다. 한쪽 방에는 고약한 고름 냄새 풍기는 사납게 생긴 여인이 도끼눈으로 노려보고 있어, 그 방에 절대 들어갈 수 없다고 버티던 터였다. 쉴만한 방으로 들어가지 않은 이유는 그게 다가 아니었다.

채단 씨는 세상으로부터 홀로 있고 싶어 했다. 오래전 아이들과 함께 살던 그녀는 지하방에 아이들을 남겨두고 일을 나간다. 그날도 돌아와 쉬다가 집에 불이 난 것이다. 결국 아이들을 구하지 못하고 떠나보냈다. 본인도 전신화상을 입고 겨우 목숨을 건졌다. 그 후로부터 그녀는 따뜻한 방에서 등짝을 지지며 잠들 수 없다고 했다. 그녀가 거리에서 잠을 청할 수밖에 없었던 단 하나의 이유였다.

똥고개 이티 닮은 채단 씨와의 만남은 그리 오래가지 못했다. 며칠 피정을 떠났다가 돌아왔더니 그녀가 누웠던 자리가 말끔히 치워져 있었다. 아침에 일어나보니 몸이 빳빳하게 굳은 채 일어날 때가 되었는데도 누워 있는 걸 이상하게 여긴 마을 사람들

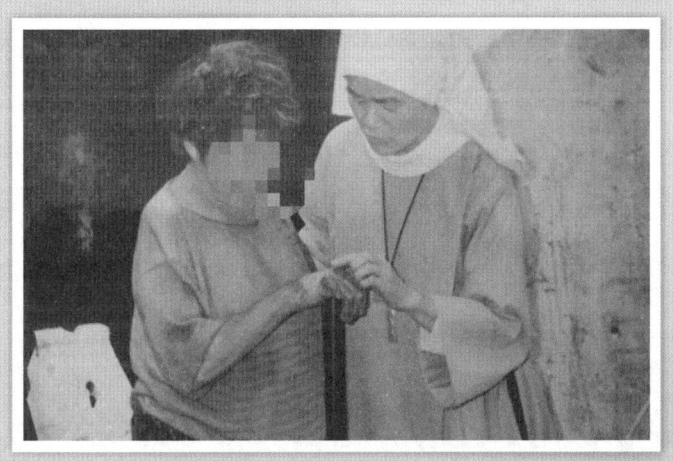

채단씨는 찾아온 오인숙 수녀님께 손의 화상을 보여주다

이 몇 번 뒤적여 보고는 움직이지 않는 것을 확인한 후 119에 신고한 것이다.

내가 끓여주던 라면이 세상에서 제일 맛있다고 속없이 웃어주던 그녀였다. 119는 병원으로 채단 씨의 시신을 운구했고 이후 구청에서 무연고자로 화장했다. 그렇게 채단이 아주머니는 속절없이 가버렸다. 똥고개에서 처음 만난 그녀를 나는 그렇게 떠나보냈다. 그녀를 위해 아무것도 할 수 없었다는 무력감이 나를 슬프게 했다. 허무했다. 선비 할머니의 의도된 배려가 없었다면 그녀를 그냥 지나쳤을지도 모르는 일이었지만 말이다. 똥고개 사람 중에서 하늘나라 천국으로 보낸 첫 번째 인연이다. 내 나이 서른셋의 겨울이었다.

춘희 할매 내림굿하던 날

수도국산에서 쏟아지듯 내려오면서 북쪽으로 삐끗하니 어긋나게 고개를 내민 춘희네 응달진 판잣집이 있었다. 선비 할머니 집에서부터는 두 집 건너 골목 안엔 춘희네 3대가 두 개의 오두막을 잇대어 살고 있었다. 춘희는 열여섯 먹은 남자아이였는데 키가 작아 제 또래의 가슴팍에나 닿을까 말까였다. 처음 만났을 때 초등학교 저학년쯤으로 알고 있었는데 알고 보니 열여섯, 고등학교 일 학년으로 두꺼운 안경을 끼고 있었다.

또한 심한 사팔뜨기였는데 뱅글뱅글 도는 안경 너머로 보이는 눈이 대체 어디를 보고 있는지 도무지 알 수 없었다. 오목눈이처럼 눈동자가 가운데로 모였다가 어떤 날에는 한쪽 눈은 바깥으로 향하고 한쪽 눈은 안을 보는듯한 아리송한 시선을 하고 있었다. 녀석은 아직 한글을 깨치지 못하고 책가방만 메고 건성으로 학교를 시계추처럼 왔다 갔다 할 뿐이었다.

아들 부부와 자녀가 모두 지적장애인이었다. 춘희네는 판잣집 3대가 한 울타리 안에 살면서도 정신이 온전한 이는 조부모뿐이었다. 외동인 춘희는 할아버지의 유일한 근심거리였다.

춘희의 할머니는 만신이었다. 젊었을 적엔 서해안 조기 파시에 풍어를 비는 큰굿을 할 당시에는 큰 만신 따라다니며 보좌역도 하였고 굿판 허드렛일도 하면서 생계를 이었다. 나름 사람 팔자도 알아보고 명리도 깨우친 분이었다. 그러나 세월 앞에 어디 장사가 있겠는가?

내림굿을 앞둔 팔순을 넘긴 만신은 사시사철 밭은기침을 해대며 천식을 앓고 있었다. 춘희 할미는 나를 만나면 자기도 예전에는 예수를 믿었으나 무병이 와서 신내림을 받았는데 이제 내림굿을 마치면 신딸에게 '저것들巫具' 모두 넘겨주고 교회로 돌아가겠다고 말하곤 했다. 아마 만신 할미는 내가 춘희에게 공책이나 연필 따위를 이것저것 얻어다 주는 뭔가에 보답하려고 빈말로 인사치레하는 것만은 아니었다. 적어도 반쯤 진심이 담긴 인사였다.

어느 날이었다. 춘희네 골목이 시끌벅적했다. 무슨 일인가 했더니 춘희 할미가 신딸에게 내림굿하는 날이었다. 그러니까 며

느리나 딸에게 무구巫具를 전수하며 내림굿하는 게 아니라 무병을 앓던 어느 과수댁에게 내림굿을 하기로 약조하였던 모양이다. 집으로 돌아와 볼일 다하고 마루에 앉아 있는데 징 소리에 꽹과리 소리가 요란했다. 어두운 골목을 지나 가로등이 훤하게 밝혀진 춘희네 골목에 가보니 진풍경이 벌어진 것이다.

차일遮日을 친 마당 아래 멍석을 깔고 춘희 할미 만신이 낡은 오방색의 저고리를 입고 앉았는데 표정만은 세상 근심 다 내려놓은 듯했다. 외려 구경꾼들은 앞으로 벌어질 구경거리에 대한 기대감으로 가득 차 있었다. 구경에는 약장수의 쫄깃한 뱀 구경과 쌈 구경이 있지만 굿 구경이 그중 으뜸이었다.

차일을 친 골목 안 임시 굿당엔 나무 향의 짙은 연기가 공기 중에 무겁게 떠도는데 구슬이 달린 화려한 무복巫服을 입은 애기 무당이 중앙에 서서 귀신들을 부르고 있었다. 무당의 손에는 신령을 부르는 종이 들려 있고, 그 소리가 골목 안에 울려 퍼졌다. 멍석을 깐 골목 한구석엔 내장 속을 다 비워낸 돼지가 커다란 교자상 위에 길게 엎어져 웃고 있었.

한구석 날이 시퍼렇게 선 작두가 신들린 애기 무당의 하얀 발을 기다리고 있었다. 마당의 애기 무당의 눈은 천천히 감겨 있다가 이내 번쩍 뜨인다. 마치 다른 존재가 그 몸을 빌려 움직이는 듯, 무당의 동작은 점점 격렬해졌다. 그녀의 입에서는 알아들을 수 없는 말들이 터져 나와 공기 중에 떨림을 남긴다. 골목 굿당에 모인 나를 포함한 구경꾼들이 모두 숨을 죽인 채 그 광경을 지켜보았다. 북과 장구 소리가 점차 빨라지고, 무당의 춤사위는 더욱 거칠어졌다.

"깽매깨갱, 깨개개개갱갱갱갱갱!" 꽹과리를 잡은 박수의 손놀림에도 신발이 오른 듯했다. 그녀의 몸은 한순간 멈추었다가 다시금 힘차게 흔들리며 신령(神鈴)[1]을 흔들었다. 이제 신이 들리려는가? 눈을 부릅뜬 신딸무당이 신령의 목소리로 사람들에게 말을 걸기 시작한다. 그녀의 목소리는 낮고 무겁게, 때로는 높고 날카롭게 변하며 굿당을 압도했다. 비록 냉정한 마음으로 '단지 구경만'이란 단서를 달고 나선 구경꾼인 나에게도 여타 구경꾼들의 기대와 두려움만치 내 가슴도 두방망이질 치고 있었다. 쿵쾅거리는 심장 소리가 굿판을 가득 채우는 듯했다.

마침내 애기 무당은 작두 앞에 섰다. 작두날이 차갑게 반짝였다. 애기 무당의 표정은 결연하고, 그녀의 발은 작두를 향해 천천히 나아갔다. 굿 구경하던 이들은 아연실색하며 침을 꼴깍 삼켰다. 주변의 사람들은 숨을 죽이고, 이 순간을 지켜보았다.

작두 앞에 서서 짧게 기도문을 읊조린 후 눈이 다시 번쩍 뜨이며 마치 다른 존재가 그 몸을 차지한 듯한 기운이 펼쳐지더니 사부작사부작하며 이내 작두 위에 올라서기 시작했다.

시퍼렇게 날이 선 작두 위를 걷는 그녀의 발걸음은 놀라울 정도로 당당하고, 전혀 두려움이 없는 듯했다. 박수의 북과 징 소리가 점차 빨라진다. 그녀의 몸은 단순한 춤사위 동작을 넘어서, 마치 신령의 의지가 담긴 듯 힘차고 경건했다. 애기 무당의

1 신이 내릴 때 울리는 방울이라는 뜻으로, '당방울'을 이르는 말

발이 작두 위에서 춤을 출 때마다 칼날 위를 스치지만, 그녀의 발은 전혀 상처를 입지 않았다. 이 순간, 무당의 눈은 하늘을 향하고, 그녀의 입술에서는 신령의 이름을 부르는 소리가 터져 나온다. 그녀의 춤은 점점 더 격렬해지고, 작두 위를 달리는 모습은 마치 공중을 떠다니는 듯하다. 무당의 몸은 신령의 힘을 받아, 이제 인간의 한계를 초월한 것처럼 보인다. 골목 안에 신내림 굿을 보러 모인 사람들은 두려움과 경외심에 사로잡혀 무당의 작두 타는 모습을 지켜보았다. 신성한 순간이었다. '아! 저이들의 신은 저렇게 움직이는구나.' 나는 속으로 생각했다.

애기 무당의 춤이 절정에 달하자, 그녀는 마지막으로 작두 위에서 한 바퀴를 돌고, 이내 가볍게 거적으로 내려왔다. 작두의 날카로운 칼날은 여전히 반짝이고 있지만, 무당의 발은 가뭇없이 멀쩡했다.

무당은 작두 앞에 무릎을 꿇고, 머리를 숙인다. 그 순간, 굿판의 구경꾼들은 '아!' 하고 깊게 탄식했다. 신비한 작두타기가 끝나고 장군신령이 애기 무당과 함께 있다는 것을 확신하며 신령이 신딸에게 전해지는 순간, 무당의 몸은 경련하듯 떨리며 땅에 주저앉았다. 이내 그녀는 마치 힘을 잃은 듯 조용해졌지만, 경외심 가득한 표정으로 신령의 메시지인 공수를 기다렸다.

굿은 한참을 더 이어지고, 신령이 떠나간 후에야 무당은 숨을 몰아쉬며 조용히 무릎을 꿇는다. 신내림이 끝나자, 굿이 끝나고 긴장이 서서히 풀리면서 사람들은 얼굴을 마주 보았다. 누구는 팔십 평생 굴레를 벗고 누구는 천형 같은 무속인의 굴레를 썼다. 신령의 뜻이 전달된 이 순간, 그들은 육신의 인연을 넘어 신딸과 신모로 부녀의 인연을 맺었다.

나의 신이나 저이들의 신이나 신령의 힘이란 어느 신에게서도 크게 다르지 않을 거라고 생각했다. 서로 신의 마음을 조금 다른 방식으로 느끼고 표현할 뿐이었다. 내가 신의 존재를 믿었던 것처럼 저이들이 신령이라 부르는 존재들 역시 마찬가지일 것이다. 이들의 신령은 조상들의 영혼이거나 자연의 정령들일 것이다. 그들은 무당들과 함께 살아가며, 때로는 무당을 돕고, 때로는 경고를 주기도 한다. 굿이나 의식들이 신령들을 부르고, 그들과 대화를 나누기도 한다. 믿음이라는 것은 그런 것이다.

기독교도는 기도를 통해 신과 대화한다. 이들도 마찬가지로, 의식을 통해 신령과 소통한다. 서로 다른 방식의 길을 걷고 있지만, 종교인의 목적지는 크게 다르지 않다고 생각한다. 다만, 내가 걱정한 것은 인간의 욕심이 종교의 이름을 빌려 뭇사람의 영혼을 혹여 잘못된 길로 이끌어 가지 않을까 하는 두려움이었다. 그건 양식 있는 종교인이라면 누구에게나 마찬가지 염려였다.

이곳에서 느낀 힘이 저분들의 신의 뜻과 어긋나지 않기를 바랐다. 저이들은 저이들 방식대로 사람들에게 평안을 주고, 신령의 뜻을 전하는 일을 계속할 것이다. 무속과 기독교의 방식이 다르다 해도 뭇사람들을 위한 마음은 같은 곳을 향하고 있을 테니까.

밤이 이슥해져 집으로 돌아와 몸을 뉘었다. 수도국산 숲에서 새들의 울음소리가 희미하게 들려왔다. 나는 저 무당과 서로 다른 길을 가면서도 같은 목표를 향해 나아가고 있음을 알게 되었다.

그 후로 만신 할머니가 교회로 돌아갔는지는 알 길이 없다. 사실 돌아가지 않으셨을 것이다. 만신 할미는 지독한 골초였고 교회는 담배 피우는 신자를 반갑게 맞이하지 않았을 것이기 때문이다. 그래서 그랬는지 변소 지붕에는 남녀노소 누가 들어가도 모락모락 담배 연기가 피어올랐다. 교회는 가지 못하셨으나 한창때 배웠던 예수 찬송을 불러대면 옆집 마늘 까던 할머니가 밤엔 잠 좀 자자며 널빤지로 잇댄 얇은 바람벽을 지팡이로 두드리곤 했다.

똥고개의 삶이 그리 만만했던 건 아니다. 곤혹스러운 건 곤혹스러운 대로 어색하면 어색했던 대로 저이들과 어울려 견디어 낼 일이었다. 그해 겨울, 삶은 충만했고 따뜻했으며 눈물겨웠다.

바퀴벌레와 임 씨

송현동 똥고개 임 씨가 사는 집도 북향으로 돌아앉은 모양새였다. 루핑[2]으로 지붕을 덮고 생선 궤짝을 주워서 얼기설기 지붕을 잇고 날아가지 못하게 큼직한 돌과 낡은 타이어를 올려두었다. 기둥과 기둥 사이 벽은 속 빈 블록으로 세워두고 작은 벽은 수숫대 위로 진흙을 이겨 넣었다.

---

2   지붕을 이는 일. 또는 그 일에 쓰는 재료. 보통 섬유 제품에 아스팔트 가공을 한 방수포를 이른다.

벽체의 낡은 속살이 허옇게 드러나 보이지만 왕년엔 집짓기 공력이 꽤 들어간 허름한 니은(ㄴ) 자 집이었다. 똥고개를 지나 수도국산 꼭대기를 향해 구불거리며 올라가는 비좁은 골목길 막다른 끝 집에 살던 이로 기억한다. 육안肉眼으로는 육십 대 중반으로 보였지만 실제는 사십 대 초반의 젊은 남자였다. 뇌출혈로 쓰러져서 전신마비가 되어 삼 년째 누워만 지냈다. 아내는 그가 알코올 때문에 생긴 뇌출혈로 쓰러지고 나자 얼마 후 딴 살림을 내서 집을 나갔다. 남은 건 초등학교에 다니던 두 명의 자식과 몸을 쓰지 못하고 누워 피골이 상접相接한 그 봉두난발의 사내뿐이었다.

아이는 아직 부모의 손길이 많이 필요한 철부지 어린이들이었다. 산동네 임 씨네 집 아이들의 미래는 아무도 관심을 두지 않았다. 미래는 고사하고 지금 당장 여기서 아이들을 구해내고 상황을 돌이킬 아무런 방안이 없었다. 칠순이 넘어 홀로 계신 어머니가 영세민 취로 사업장에 나가서 벌어 오는 약간의 돈으로 근근이 가족들의 생계를 연명하며 살고 있었다. 그나마 쓰러져 가는 집이라도 자택이라 나라의 지원을 받는 울타리 너머에 있었다. 대문이랄 것도 없이 열려 있는 문간을 넘어 안으로 들어가니 학교엘 안 갔는지 간간이 아이들 소리가 들린다.

니은 자 판잣집 문간에 달린 방에는 아이들 신발이 어지러이 널려 있다. 문밖에서 할머니를 부르니 대답이 없다. 아이들이 나올까 했지만 아무도 기척을 하지 않는다. 자는 척하나 보다. 자는 사람이면 몰라도 자는 척하는 사람은 깨우기 어렵다. 임 씨

가 누워 있는 끝번 문을 조심스레 여니 코를 찌르는 듯한 지린
내가 진동한다. 소변을 놓아 버린 지 오래되었는가 보다. 어두컴
컴하고 지린내 나는 방안엔 수염이 아무렇게나 자라고 머리가
산발인 남자가 자는 듯 누워 있었다.

"몸은 좀 어떠세요?" 먼저 내가 말을 건넸다. 대답은 없고 끙
끙 앓는 소리만 들려온다. 깔린 요 바닥으로 손을 넣어보니 방
이 차다. 불기 없는 싸늘히 식은 방에 홀로 누웠고, 누군가 들어
온 지 오랜 것 같았다. 욕창이 어느 정도인지 보려고 이불을 들
추자 강낭콩 만한 바퀴벌레 수십 마리가 그의 몸과 이불에 붙어
있다가 후다닥 사방으로 흩어지며 달아난다. 놀라서 뒤로 자빠
질 뻔하며 물러났다. 마음속으로 강해지는 주문을 걸었다.

"이건 아무것도 아니야. 바퀴 지옥은 이것보다 더할 거야. 괜
찮아, 넌 할 수 있어!"

그러곤 문을 열고 마루 끝에 나와서 숨을 몰아쉬었다. 보건
소서 얻어온 소독약과 방 빗자루를 챙겨 들고 다시 문을 열었더
니 바퀴벌레가 흩어져 숨은 방으로 들어갔다. 이불을 들어내니
사방으로 흩어졌다. 발버둥을 쳤나, 이불을 감고 누운 그가 고
통스러워했던 흔적들이 보인다. 누운 사내를 씻기려고 방을 치
우기 시작했다. 소독약과 빗자루를 든 양손이 덜덜덜 떨렸다. 웬
만큼 불편한 상황은 견디는 체질이지만 몸속에 붙어 숨은 바퀴
를 털어내는 일이란 몹시 당황스럽고 여간 고역이 아니었다.

수건을 빨아 몸을 씻겼다. 몇 번을 거푸 씻겨도 암모니아 냄
새는 쉽사리 가시질 않았다. 하반신 마비 환자의 자세를 바꿔주

질 못해서 대퇴부가 눌려 피부가 상하고 발진이 화농化膿했다가[3] 욕창으로 발전해서 큰 구멍이 시커멓게 뚫려 있었다. 다리는 퉁퉁 부었다. 한쪽 다리는 새 다리처럼 말랐고 구멍이 뚫린 다리는 상처 부위가 분홍색으로 변했고 넓게 화농해 부어올랐다. 구멍에 핀셋을 넣어도 욕창 부위가 넓어서 별 효과가 없었다. 아예 싸 간 포타딘을 구멍에 들이부었다. 욕창으로 뚫린 구멍에서 허연 거품과 함께 쌀알 같은 구더기가 스멀스멀 기어 나온다. 이를 악물고 참았다.

'오, 하느님, 어쩌면 이럴 수가…….'

사람이 만물의 영장이라지만 사랑과 관심이 없다면 이렇게 무기력하게 파괴되는 존재가 바로 사람이다. 자녀들은 아직 어리고 늙으신 어머니는 취로 사업에 나가 약간의 생계비를 마련해야 한다.

사실 어미 없는 손자들이 넷이나 되었다. 큰아들 아이 둘, 작은아들 아이 둘, 그리고 병들어 몸져누운 임 씨까지 거둬야 할 식솔이 다섯, 늙은 어머니가 무엇을 얼마나 할 수 있었을까? 늙은 어머니는 무슨 힘으로 어미 없는 손자들을 살뜰하게 챙겨줄 수 있었을까? 고단한 영혼들이었다. 세상은 어둡고 지고 갈 짐은 무겁기만 했다.

선비 할머니의 건넌방은 그날도 늦게까지 불이 꺼지지 않았다. 오늘 낮에 겪은 불편함 때문이었을까? 편한 잠을 이룰 수가

[3] 외상을 입은 피부나 각종 장기에 고름이 생기다. 화농균 때문에 염증이 생기는 일을 이른다.

없었다. 임 씨가 마주한 현실을 묵묵히 바라보는 일이 쉽지 않았으니까 말이다.

그럼에도 뒤늦게 이 글을 기록해야 하는 이유가 뭘까? 어떤 이는 누구에게도 관심받지 못한 채, 그저 삶을 견디고 있다는 것을 담담히 밝힌다. 종종 세상의 불편한 진실이 드러나면 사람들은 대부분 외면하고 싶어 한다. 하지만 외면한다고 해서 그들이 사라지지 않는다. 누군가 그들에게 손을 내밀지 않는다면, 그들은 계속해서 고통 속에 머물 것이다.

삼봉 씨와 보낸 마지막 하루

예전에는 모두가 어렵게 살았지만, 송림동은 유난히 힘든 사람들이 많이 모여 살고 있었다. 새로 생긴 도원역에서 동북 방향으로 올려다보면, 산 아래부터 미로 같은 판자촌이 형성되어 산꼭대기까지 이어져 있었다. 송림동 산꼭대기에는 커다란 교회당이 하나 우뚝 서 있었는데, 당시에는 신통력을 지닌 목사가 있다고 하여 사람들이 구름처럼 몰려들었다. 어느 날, 그 교회 바로 아래에 생이 곤고困苦하고 절망에 빠진 남자가 살고 있었다.

삼봉 씨 집은 송림동 꼭대기 '앉은뱅이가 일어서고, 소경이 눈을 뜬다'라는 기적의 교회 담장 바로 밑에 있는 두 칸짜리 작은 오막살이였다. 낮은 지붕 아래 컴컴한 방, 빛이라고는 손바닥 두 개 합친 만큼의 작은 창으로부터 들어오는 빛이 전부였다. 방 안에는 쓰레기가 가득 차 있었다. 삼봉 씨는 누워 비닐봉지에 담긴 빵 한 개 먹고는 비닐을 휙 던진다.

아홉 살 아들이 가져다주는 우유를 마시고는 빈 곽을 다시 벽을 향해 던졌다. 처음 그를 만난 날 피골이 상접한 장발의 남자가 큰 눈을 껌벅이며 죽은 듯이 누워 있었다. 그는 아들과 단둘이 살고 있었다. 아들은 근처에 사는 형과 형수가 돌봐주고 있었다.

방 안에는 그가 누운 자리만 빼고 창틀 밑까지 빼곡히 쓰레기가 쌓여 있었다. 무척 더운 여름 저녁 무렵이었다. 삼봉 씨는 가쁜 숨을 몰아쉬며 식은땀을 흘리고 있었다. 얼굴은 누렇게 떠 있었고, 몸도 가늘게 떨리는데, 이름과 나이를 물어도 제대로 대답하지 못할 정도로 상태가 나빠 보였다. 생활 정보 신문에서 글을 읽고 찾아와 세심하게 도와주던 택시 기사 훈호 씨를 불렀다. 좁디좁은 판잣집 골목과 비탈길을 혼자서 업고 내려가기가 엄두가 나지 않기 때문이다.

훈호 씨가 도착한 후, 우리는 삼봉 씨를 교대로 업고 골목길과 비탈길을 지나 훈호 씨의 택시를 타고 가정동 인천 세브란스 병원으로 달려갔다. 응급실 의사는 삼봉 씨의 메마른 가슴에 청진기를 대보고 눈꺼풀을 뒤집어 보더니 수액만 꽂아두고 침대에 뉘어 두었다. 나는 왜 그를 가만히 두냐고 물었지만, 의사는 이미 병원에 도착할 때부터 회생 가능성이 없는 환자라고 했다. 그이를 데리고 집으로 돌아가라고 했다.

안타까운 나는 그를 도와줄 방법이 더 있을 것 같았다. 싹싹 빌 듯 요청해서 밤새 링거를 맞았지만, 삼봉 씨의 상태는 더 이상 호전되지 않았다. 다음 날 아침 의사는 그가 더 이상 가망이 없다고 병원에서 해줄 게 없으니 그만 집으로 돌아가라고 했다.

결국 풀이 죽어 그를 택시에 태우고 집으로 돌아왔다. 최선을 다하지 못한 심정이었다. 송림동 고개 아래 도착하자 업고 내렸다. 마주 오던 두 사람이 비켜 지나갈 좁디좁은 판잣집 골목을 지나고 비탈진 언덕길을 올랐다. 환자가 축 늘어져 몹시 무거웠다. 땀이 비 오는 듯했다. 삼봉 씨 집에 도착하니, 그와 나는 땀이 뒤엉켜 마치 물에 빠진 생쥐 같았다.

그를 그의 방에 조심스레 뉘었다. 누군가가 방을 깨끗이 치워두었다. 아마도 형수가 와서 치운 듯했다. 병원에서 돌아온 그 날 삼봉 씨는 아무것도 먹지 못했다. 부엌에서 어묵을 끓여 식힌 다음, 그의 메마른 입술에 한 숟가락 적셔 주었다. 그러자 잠시 후 그가 눈을 떴다. 그의 눈은 쌍꺼풀이진 맑은 눈이었다. 마치 파란 하늘처럼 그지없이 맑았다.

그 순간 그의 눈빛이 투명하게 변화했다. 어린 날 고향의 시냇물 빛처럼 투명한 눈으로 나를 바라보며 무언의 인사를 건넸다. 마치 '고마워요'라고 말하는 듯했다. 그리고 나서 멍해진 그의 눈동자는 뻥 뚫린 듯했다. 아마도 마지막 순간이 온 것 같았다.

그렇게 그와 나는 어묵 국물 한 모금을 나누어 마시고, 전대사를 주려고 준비하던 순간, 삼봉 씨는 덜컥! 고개를 떨어뜨리며 내 무릎 위에서 하늘의 별이 되었다. 아홉 살 어린 아들이 혼자 꺽꺽 서럽게 울었다.

우는 아이를 세상 떠난 삼봉 씨 곁에 남겨두고, 김 내과로 향했다. 길을 걸으며 중얼중얼, 기도인지 방백인지 알 수 없는 말을 하며 세상을 떠난 삼봉 씨를 위한 나만의 의식을 치렀다.

김 내과에서 알코올과 솜을 얻어다가 그의 메마른 몸을 씻겨주었다. 그의 몸은 바짝 말라 뼈인지 가죽인지 구분이 가지 않았다. 동인천 도깨비시장에서 추리닝 한 벌을 구해 입혀둔 뒤 근처에 사는 형을 찾아갔다. 형수댁은 기왕 수고한 김에 끝까지 봐달라고 부탁하며 고개를 숙였다. 착하지만 안타까운 사람들이었다.

병원으로 다니며 사망 증명서를 받고 화장신청서를 받아냈다. 그리고 다음날 삼봉 씨는 부평 화장장에서 한 줌의 재가 되어 만월산 언덕에 뿌려졌다. 처음으로 인간의 삶이 허무하게 느껴졌다.

훈호의 택시에 타고, 혼자 남은 삼봉 씨의 아들을 데리고 송림동으로 돌아오는 길. 내 눈가에는 땀인지 눈물인지 모를 찝찔한 액체가 흘러내렸다. 마침 일요일이었다. 예루살렘 교회는 말 그대로 문전성시를 이루었고, 소경도 눈을 뜨고, 앉은뱅이도 일어서는 기적을 부르는 목사를 보려는 사람들로 가득했다. 한복을 입은 여인들이 회당으로 들어오는 교인들을 두 팔 벌려 맞이하고 있었다.

아홉 살 철부지 아들 외에는 아무도 돌보지 않는 채 가슴에 고름이 차오르는 고통 속에서 마지막 숨을 몰아쉬던 삼봉 씨에게, 교회당 밖 예수는 누구였으며 교회당 담장 안 예수의 사랑을 갈구하는 교인들은 또 누구였을까?

그날 아침, 장님도 눈을 뜨고 앉은뱅이도 일어난다는 교회 앞으로 구름떼처럼 밀려드는 사람들을 보며 "교회에 예수 없어!" 하고 소리 질렀다. 교회로 가던 사람들이 나를 미친 사람이라며 비웃었다.

삼봉 씨는 죽어서 예수님 곁으로 갔을 것이다. 예수님 곁에 앉아, 세상에서 받은 서러움을 소상히 일러드렸을 것이다. 그이는 죽어서 별이 되어, 아홉 살 어린 아들이 사는 송림동 판자촌 언덕을 비출 것이라고 믿었다.

나는 아들을 형수댁에 맡기고 똥고개 언덕으로 올라가 선비 할머니 댁 건넌방에 들어가 누웠다. 수일간의 피곤이 몰려오며 이내 죽음 같은 깊은 잠에 빠져 들었다.

귀신 들린 여인과 마지막 인연

94년 가을이었다. 사제서품을 앞둔 친구의 방에서 차담을 나누는데 어디선가 고양이 울음소리가 들렸다. 처음에는 고양이 소리인 줄 알았지만, 창을 열고 귀를 기울이니 사람이 내는 가느다란 신음이었다. 문득 머리칼이 쭈뼛 솟았다. 아랫집 초가지붕 아래서 나는 소리였다.

소리를 따라 빙 돌아 그 집에 가보았더니, 내동에 유일하게 남은 초가집 사랑채였다. 문을 두드리니 누군가 기척이 있었다. 긴장한 채 슬며시 문고리를 당겼더니, 육십이 넘었을까, 초로의 아주머니가 누워 있었다. 인기척이 있자 위장이 아파서 며칠째 아무것도 먹지 못했다고 하소연했다. 방 한쪽 구석에는 포장도 벗기지 않은 두유 한 상자가 놓여 있었다.

사정인즉슨 지난 여름부터 위장이 답답하고 미세한 통증이 오기 시작했으며, 음식을 먹으면 자꾸만 토하게 되고, 삼킨 음식도 소화하기 어려워졌다고 했다. 하지만 병원비도 없고, 무엇보다도 동행해 줄 사람이 곁에 없었기에 석 달이 넘었는데도 병원에 갈 수 없었다며 말끝을 흐렸다.

이 집은 마당을 한가운데 두고 여러 가구가 빙 둘러 사는 집이었다. 주인은 다른 곳에 살고 있었고, 세입자들끼리 정착하지 못하는 나그네처럼 살고 있었다. 아무래도 아주머니의 병세가 심상찮아 보였지만, 이웃들 또한 모두가 어려운 형편이라 누군가 나서서 도움을 줄 수 없는 상황이었다. 아주머니의 병이 이렇게까지 악화한 것도, 그 누구도 도와줄 수 없었던 이 고달픈 환경 때문이었다.

이분은 처음부터 본인의 상태를 말하지 않았으나, 그녀의 눈빛에서 정상이 아님을 느꼈다. 사실 아주머니는 오랜 세월 조현병을 앓고 있었다. 마리아 씨의 조현병은 서서히 진행되어, 다른 사람들은 그녀가 정상과 비정상을 오가는 것을 알아차리지 못했다. 때로는 환청을 듣고, 환청에 따라 움직이며, 주기적으로 환각을 경험했다.

세 번이나 방문했을 때, 아주머니가 통증을 호소했다. 나는 그 길로 아주머니를 업고 큰길가로 나가 택시를 불러 세웠다. 가정동 세브란스 병원 응급실로 향했다. 진단 결과는 위암이었다. 병원 측은 이미 수술로 치료가 가능한 시점을 넘었다고 했다. 망설였지만, 결국 아주머니의 요청대로 수술을 하기로 했다. 직계 가족이 없어 내가 보증을 서고 종양 제거 수술을 시작했다.

수술이 끝나고 집도한 의사는 문 앞에서 기다리던 내게 철제 쟁반에 오른 울퉁불퉁한 주먹만 한 검붉은 암 덩어리를 보여 주었다. 암은 장기 여러 곳에 퍼져 있었고, 병원 측은 회생할 가망이 없다며 이별을 준비하라고 했다. 짐작은 했지만, 이렇게 빨리 다가올 줄은 몰랐다.

병원비로 낼 돈은 애초부터 없었다. 때마침 뜸과 침으로 자원봉사를 하던 김순월이라는 분을 우연히 병원 입구에서 만났다. 은인은 내가 구하지 않아도 어디서나 필요한 때에 나타나셨다. 난감해하는 내 표정을 보고는 저간의 사정을 물으시더니 남은 병원비를 모두 갚아 주셨다. 하느님께 감사의 기도가 절로 나왔다.

생을 마감하기 전, 아주머니는 자신이 지은 죄를 용서받고 떠나고 싶다고 했다. 마지막 소원이었기에 그녀의 무거운 마음의 짐을 덜어주고 싶었다. 그때 나의 신분은 사제가 아니었다. 성공회 사제 양성을 위한 사목 연구원을 마쳤을 뿐이고 부제 시험을 며칠 앞두고 있었다. 이제 5월이 되면 한국 프란시스 수도회의 첫 수품자가 될 기대에 부풀어 있었다. 운명은 그렇게 영광스러운 길을 쉽게 내주지 않았다.

그날 입원실 침상 아래에서 쭈그려 앉아 아주머니의 과거를 듣게 되었다. 그녀는 천주교 신자였으며 세례명은 '마리아'였다. 군산에서 가난한 집안의 막내딸로 태어나 어린 시절을 보냈지만, 입 하나 줄이려고 딸 없는 집에 수양딸로 보내졌다. 보내준다던 학교는 보내주지 않았고 부엌일만 시켰단다. 툭하면 욕설에 매질이었다고 한다. 양부모의 학대를 피해 인천으로 올라와 미용 기술을 익혔다.

조그만 미용실 생활을 하다가 단골의 소개로 약간의 재산이 있는 중늙은이의 재취로 갔다. 사내아이 하나를 낳아주었지만, 아들은 빼앗기고 본처에게 밀려났다고 했다. 그 후로 쭉 홀로 미용실을 하며 생계를 이어갔다. 외로움에 젖어 홀로 지내던 그녀는 돌발 행동을 시작했다. 빙의와 환각에 시달렸고, 처음엔 "어디다 무엇을 바치라"라는 환청이 들렸다고 했다. 환청 속 목소리의 주인이 시키는 대로 하며, 성모 마리아상과 아기 예수상에 모자를 만들어 씌우고, 목도리를 해드리라는 소리에 따라 뜨개질을 해서 씌워 드렸다. 그러던 어느 날 "망치로 성모상을 부수라"라는 환청을 듣고 어두운 밤 몰래 성당 마당으로 들어가 망치로 성모상을 부쉈다. 그 일이 그녀의 마음에 짐이 되었다고 했다.

그녀의 고백을 듣고는 "당신은 마음의 병으로 정신이 온전치 못한 상태에서 저지른 일이니, 하느님께서도 용서해 주실 것"이라고 말했다. 그녀는 "지금 마음속 깊이 뉘우치고 용서를 구한다"라고 답했다.

그리고 얼마 지나지 않아 혼수상태에 빠졌다. 며칠이 지나고, 임종을 기다리던 몇 사람이 그녀 곁에 모였다. 그녀의 언니를 수

소문해서 찾았다. 언니와 조카가 도착하자 인공호흡기를 떼어 냈고, 그녀는 고개를 외로 떨어뜨리고 생을 마감했다. 고단했던 세상의 짐을 내려놓고, 자신이 부수었던 성모 마리아님 곁에서 평안히 쉬고 계실 거라고 믿는다.

그녀의 장례는 특례를 받아 일요일 오후 성당에서 장례 미사로 봉헌되었다. 그녀는 한 줌의 재로 변해 인천 앞바다 파도 위에 뿌려졌다. 그녀는 죽어서 고향 군산 앞바다를 비추는 하늘의 별이 되었을까? 가난한 이들은 죽어 하늘의 별이 된다던데……. 무엇이었을까? 마리아 아주머니가 조현병으로 정신의 고통을 겪고 있었음에도 끝까지 그녀의 심장이 붙잡고 있던 것은 과연 무엇이었을까? '신의 용서'와 '하느님의 구원'을 추구했을까?

그녀는 삶의 막바지에서 자신의 죄를 고백하고 신께 용서를 구하며, 마지막 순간까지도 마음의 짐을 덜기 위해 노력했다. 그에 비해 나는 삶의 어려움과 절망 속에서도 내 잘못을 인정하고 용서를 구하는 마음을 가졌을까? 그이는 착한 여인이었다. 순수하고 맑은 여린 영혼이었다. 용서하기보다는 용서를 구하는 마음이 더 아름답다. 그러나 나는 자주 내 잘못에 대해 시원하게 인정하고 용서를 구하기는커녕, 시원하게 용서조차 하지 못하는 겁쟁이다. 그게 평상시의 나다.

그녀는 평생 조현병에 시달리다 마지막엔 암으로 생을 마감했다. 말년의 삶은 질병의 고통과 죄책감으로 가득 차 있었으나 자신의 죄를 용서해 달라고 간구한 마리아 씨가 하늘나라에서는 영원한 평화의 안식을 취할 수 있게 해달라고, 이 세상에서 고단했던 그녀의 영혼에 축복의 기도를 보낸다. 그녀는 마지막 순간에 하느님의 구원을 받았을 것이다.

자유공원 선덕화 보살

자유공원 근처에서 큰 예식장과 식당을 하던 선덕화 보살이 있었다. 이분은 자유공원 일대에서 가난한 이들에게 음식으로 선의를 베풀던 분이다. 그녀는 예식장과 식당을 운영하던 배포 있는 여성 사업가로서 많은 사람에게 존경받았다. 하지만 그보다 더 인상 깊었던 것은 그녀의 신앙이었다. 불교도였던 선덕화 보살은 인생살이에 도가 튼 분으로 내가 찾아가면 행실에서 느껴지는 무언의 가르침과 함께 항상 쌀과 부식을 아낌없이 나누어 주곤 했다.

'섬김의 집'에서 2천 포기의 김장을 하는데 고춧가루가 부족했다. 그녀의 배포와 선행을 익히 아는지라 찾아가 고춧가루를 조금 희사할 수 있는지 물었더니 더 묻지도 따지지도 않고 필요한 양보다 넘치게 보내주셨다.

또 그녀는 어느 날 나에게 많은 쌀도 보내주었다. 내가 그녀에게 "이 쌀과 부식을 기독교인인 내게 주는 게 괜찮은가요?" 하고 물었더니, 그녀는 웃으며 대답했다. "당신이 하는 선행을 불자인 내가 함께 돕는다면 하느님도 기뻐하실 거예요. 신앙의 실천이 약자의 편에 선 것이라면 신실한 신앙일 겁니다"

각자 가진 구도의 대상이 누구이든 그 신앙에 얼마나 신실한

가가 신심의 척도다. 그 순간 머리가 띵했다. 선덕화 보살의 한마디가 내 딱딱하고 건방진 머리통을 '땅!'하고 때린 것이다. 신앙이란 단지 종교적 교리나 의식에 앞서 삶 속에서 나누고 실천하는 것임을 몸으로 가르쳐주셨다. 서른 초반의 새파란 젊은이는 그때까지 도그마에 갇힌 관념론자이자 몽상가에 불과했다.

신앙은 인간의 심연을 보는 깨달음이다. 미혹하거나 도취하여 현실의 고통을 감추고 피안으로 도피하는 것이 아니다. 종교는 권력이 아니라, 가난한 이들이 비빌 언덕이 되어야 한다. 그때 깨달았다. 신앙이란 나눔을 통해 삶 속으로 스며드는 것이며, 그것이 진정한 믿음의 길이라는 것을 말이다.

나는 선덕화 보살의 가르침을 오랫동안 마음 깊이 새기며 살아가고 있다. 중요한 것은 그녀의 말처럼 내가 하는 행위가 다른 이들에게 진정한 도움이 되어야 한다는 것이다. 나는 가난한 이들, 병든 이들, 그리고 사회적 약자들을 만날 때마다 선덕화 보살의 그 따뜻한 미소와 지혜로운 말 한마디가 내 삶의 거울이 되고 빛이 되기를 바랐다. 시간이 많이 흘렀지만, 그날 그녀에게 던진 질문과 대답은 여전히 내 삶의 등불이 되고 있다. 이제는 나도 다른 이들에게 그분의 가르침을 이야기하며 나눔의 가치를 실천해 나가고자 한다.

천애 고아 영환이

가정동 세브란스 병원에서 전화가 왔다. "자동차 사고로 하반신 장애를 입은 청년이 있는데 돌아갈 곳이 없어요. 이 외로운 청년이 임시로 지낼 마땅한 시설을 알아봐 줄 수 있을까요?" 세브란스 사회사업실 강 선생의 안타까운 목소리였다.

머릿속엔 이미 "이분을 어떻게 모실까?"라는 걱정이 가득했다. 거절이란 단어는 내 사전에 없었다. 그러나 하반신을 못 쓰는 젊은 남자라니, 기거할 장소를 구하는 것이 쉽지 않았다. 데려가기로 한 그날이 되었지만 영환이를 받아줄 수 있는 곳이 하나도 없었다. 고심 끝에 일단 '안나의 집'(이후 따옴표 생략)으로 데려가서 이야기를 나눠 보자고 결심했다.

안나의 집은 성공회 성가 수도회 수녀님들이 장애 여성들과 함께 지내시던 공간이다. 그때 그곳은 이미 청주로 이전해서 마침 비어 있었다. 그날이 닥쳐오자, 마치 비밀작전을 수행하는 기분으로 그 청년을 택시에 태워 안나의 집으로 향했다. 나와 형제들은 안나의 집 한 울타리 안에서 서로 다른 공간에 거주했다.

형제들은 반갑게 맞아주기는 했으나 며칠만 지내자고 사정 얘기를 했지만 결국 청년을 데리고 나와 새로 찾아낸 집은 수도국산 아래 송현동 똥 고개였다. 철거를 앞둔 집의 방 한 칸을 빌려 그 청년을 뉘었다. 방 상태는 그야말로 폐허였다. 쓸 만한 가구나 식기 등 그런 건 없었다. 대신 쥐와 친해질 기회는 충분했다. 나는 영환이와 함께 지낼 수밖에 없었다.

며칠이 지나고 또 다른 손님이 찾아왔다. 이번엔 문씨 성을 가진 전직 깡패였다. "청량리에서 맘모스 파派 식구로 지냈는데, 이번에 청송서 출감했오. 병 나을 때까지 좀 봐줄 수 있겠소?"라며 마치 웅얼거리며 정해진 대사처럼 말했다. 불편하고 어렵겠지만 함께 지내자고 승낙했다. 서로 몸이 불편한 처지에다가 겨우 기어다니는 영환이에게 물이라도 한 컵 전해줄 수 있는 도움이 될 듯싶었기에 그래서 함께 지내기로 한 것이다.

그런데 가지 문제가 있었다. 그가 결핵에 걸렸다는 사실이다. 하지만 그보다 더 큰 문제는 알코올 중독이었다. 결핵약을 먹으면 타인에게 전염시킬 염려는 없다고 했다. 그런데 문제는 소주를 유리컵으로 벌컥벌컥 물처럼 마셨고 정신이 멀쩡해 보이는 날이 없었다. 들고 나는 것도, 먹고 자는 것도 자기 마음대로였다. 처음엔 그가 걸음조차 걷지 못했지만, 잘 먹고 쉬니 금방 회복되었다. 나는 그들이 잘 먹을 수 있도록 다람쥐처럼 열심히 먹을 것을 구해다 날랐다. 그러나 몸이 회복되자 본래의 폭력적인 기질이 되살아났다.

어느 날 저녁, 하반신을 움직이지 못하는 영환이가 부엌 바닥에서 피 칠갑이 된 얼굴로 울고 있었다. 문 씨가 "선배 대접도 안 하고 깐죽거리기에 몇 대 쥐어박았다"라고 했다. 깜짝 놀라서 선배 대접 안 한다고 걷지도 못하는 사람을 이렇게 때리는 게 맞느냐고 물었더니, "맞을 짓을 했다"라며 이죽거렸다. 나는 더는 참을 수 없어 왔던 곳으로 돌아가라고 했다. 그러자 그날로 집을 나갔다. 하지만 며칠 후 술에 취해 돌아와선 내 두 손을 붙잡고 용서를 구했다. 마음이 약해진 나는 다시는 가족을 때리지 않겠단 다짐을 받고는 그를 다시 받아들였다. 나도 마음이 여렸고 그도 불쌍한 사람이었다.

얼마간의 시간이 흐르고 나서 그가 사회에 적응할 마음이 들었을 때 영환이를 독립과 자립할 수 있는 곳으로 보냈다. 세상에 아무도 뒤를 챙겨줄 피붙이 하나 없던 영환이었다. 장애에 대한 보험도 보상도 없었고 얼굴과 전신이 부서진 채로 세상에 던져졌던 천애 고아 영환이. 그 앞에 닥친 산적한 문제를 해결할 능력이 내겐 없었다. 그저 나보다 두세 살 어린 영환이 곁에서 영환이가 싼 오물을 치우며 냄새가 심하다고 낄낄거렸다. 영환이는 하느님께서 내게 보낸 또 하나의 천사였다.

이 소란스러운 집에는 오란 데는 없어도 갈 데는 많은 나그네들만 우글거렸다. 그래서 우리는 이곳을 '나그네의 집'이라 불렀다. 운영 원칙은 간단했다. 오는 사람 막지 않고, 가는 사람 잡지 않기와 과거를 묻지 않기였다. 과거는 이미 복잡할 만큼 복잡하니, 나는 그저 현재의 그들만을 받아들였다. 이곳은 세상에서 소외된 사람들이 자유로이 오가며 잠시 쉴 수 있는 피난처였다. 가난하다는 증명서도, 주민등록증도 필요 없었다. 이곳의 주인은 그들이었고, 나는 그들의 고군분투를 묵묵히 지켜보는 구경꾼에 불과했다.

나그네의 집은 세상에서 밀려난 이들의 마지막 피난처였고, 나는 그들의 심부름꾼이자 조금 모자란 동료였다. 이곳에서 그들은 각자의 상처를 안고 살아가며 서로를 구원했다. 그리고 나는 그들의 경험을 통해 내 삶의 의미를 조금씩 배웠다. 하지만 솔직히 말하자면, 나야말로 이 집에서 제일 어리보기였다.

그들의 거칠고도 복잡한 인생 경험에서 나오는 행동 때문에 나는 늘 당황하기 일쑤였다. 결국 이곳은 삶의 진정한 훈련장이 되었고, 여전히 함께 사는 일에 익숙해지지 않았지만 적어도 그들과 부대끼면서 나는 전보다 조금은 강해졌다.

이렇게 나그네의 집은 세상의 끝에서 서로를 붙잡고, 오늘을 살아가는 작은 사람들의 안식처로 남아있었다. 그들이 더 이상 갈 곳이 없을 때, 이 집은 언제나 그들을 맞이할 준비가 되어 있었다. 그리고 나는 그들이 외롭게 떠나지 않길 바라며, 조용히 그들 곁에 서있는 사람으로 남아있었다.

멀리 가버린 수도 생활

성공회 남자 수도공동체의 멘토는 성가수녀회의 오인숙 카타리나 수녀님이었다. 카타리나 수녀님은 성정이 인자하고 자상한 어머니 같은 분이셨다. 그래서 그분을 따르고 존경했다. 수녀님은 가난한 사람들을 만나고 함께 지내기 위해 똥고개로 들어갔을 때 산동네로 찾아오셔서 당신께서 무엇을 도울 수 있을지 묻곤 하셨다.

그러나 교회의 공식적 바람은 우선 남자수도원의 안정적 설립이었다. 그 후에 사회 활동을 고려하라고 하셨다. 그러나 내 가슴속에는 가난한 사람들에 대한 연민과 그들에게 투신하고자 하는 열망이 더욱 강렬하게 타올랐다. 젊은이의 마음속 열정은 어떤 것으로도 꺼뜨릴 수 없었다. 교회 어른들은 산동네와 거리의 사람들을 만나는 일을 그만두라고 했다. 그런 말을 들으면 마음은 성 프란시스의 삶을 본받아 '당장, 지금, 여기서'라는 마음속 울림을 따르려는 결심은 더욱 강하게 올라왔다. 활동 조건이 무르익을 때까지 손 놓고 무작정 기다릴 수 없었다.

당시 교회 안에서 나의 처지를 어렵게 만든 사건의 여파는 시간이 지나도 가라앉지 않고 점점 더 커져만 갔다. 성직 시험 방식에 대한 문제 제기였고, 그 결과로 교회와 교구에 갈등을 일으켰다. 동기생과 둘이 한 행동이었지만, 그로 인해 교회 안에서 입지가 불안정해졌다.

그러한 처지에 놓여 있는데 어른들은 남자 수도공동체의 방향을 정해놓고 내가 하던 일을 멈추고 교회의 바람대로 길을 가라고 했다. 나는 캔버스 속 정물화가 되란 말이냐며 반발했다. 공동체는 설립자와 구성원의 카리스마에 의해 건설되는 것이지 누가 정해준다고 해서 그 방향으로 가는 것이 아니라고 말했다.

도시 빈민과 거리의 천사들을 만나는 활동을 계속하겠다는 내 입장을 굽히지 않았다. 나의 완강한 입장 때문에 교회와 공동체 동료들부터 다양한 압력을 받았다. 그러나 가슴은 가난한 이들 곁으로 가겠다는 열정에 불타오르고 있었다. 결국 남자 수도 공동체를 원하던 이들과 헤어지고 말았다.

산동네로 들어가겠단 말을 전하고 준비하던 어느 날 저녁기도를 마치고 짐을 싸기 시작했다. 호주 사람 크리스토퍼 존 수사가 내 방으로 들어왔다. 그는 웃으며 "짐 싸는 것 도와줄까?" 하고 물었다. 괜찮다고 했더니, 그는 내 수도복을 달라고 했다. 그에게 고동색의 프란치스칸 수도복 '해빗'을 넘겨주었다.

그와 나눈 대화는 그게 전부였다. 그의 태도는 마음에 오랫동안 남았다. 프란치스칸 형제로 삶을 함께 나누며 살고자 했지만 언어 장벽으로 깊고 넓은 대화를 나누지 못했다. 아쉬웠다. 그는 소박하고 단순하며 원칙적인 생활을 원했다. 뉴질랜드 출신인 그는 성공회 한국 프란치스칸 수도 생활의 원칙을 제시하는 데 집중했다. 언어의 장벽 때문에 행동에 따른 감정이 전해지지는 않았다. 하지만 그는 착한 형제였다.

나는 영환이와 문 씨 그리고 거리서 만난 매독에 걸린 그녀가 기다리는 산동네로 빈손으로 홀로 걸어 들어갔다. 산동네에서의 생활은 춥고 좁았고 냄새나고 불편했다. 가난한 사람들과 병자들이 기다리고 있었다. 그때의 산동네로 들어간 행위가 내 인생을 바꾼 것은 분명하다. 그 선택이 옳았든 그르든 간에 나는 나를 지키기 위해 행동했다. 그것은 이성의 빛에 따른 의지의 선택이었다.

소신이지만 언제나 옳다고만은 할 수 없다. 교회와 수도원의 보호 아래 그들과 함께 걸었더라면 좀 더 큰 영향력을 발휘할 수도 있었을 것이다. 그러나 그때 선택을 후회하지 않는다. 지금도 가난한 이들과 함께하며 그들의 기쁨과 슬픔을 나누는 것이 나의 소명임을 확신한다.

그래서 나는 아직도 이 길을 걸어가는 중이다. 비록 홀로 걷는 길이더라도, 또 그 길 끝에 아무것도 남은 게 없다 해도 말이다.

그때 그 시절

똥고개서 내려가다

95년 봄이 오자 철거가 시작되었다. 1차로 토지주인들로서 보상금을 받은 주민들은 모두 마을을 떠났다. 세입자 중에서도 이주대책이 마련된 가족들도 마을을 떠났고 남은 이들은 방도가 있어도 행동에 옮기기 힘든 쇠잔한 노인 가구들뿐이었다.

내가 기거하던 선비 할머니, 이웃에만 해도 구순을 바라보는 해주 할미, 고향이 황해도 연백이라던 연백 할미, 집안 식구가 지적장애인인 춘희네 가족 3대, 갈 곳을 마련하지 못한 '나그네들의 집'의 사람들, 인생의 끝자락만 남긴 외로운 노인들만 남아 있었다.

똥 고개 인근에서 갈 곳 없던 이들의 쉼터였던 '나그네의 집'에서는 아직 떠나지 못한 노인들에게 식사를 나눠주고 있었다. 매주 수요일이면 나는 생활 정보 신문 '인천광장'에 산동네 사는 이야기를 기고했다. 2년간 연재되던 칼럼「사랑의 생명수」를 읽고 마음이 움직인 사람들이 이 똥고개로 찾아 올라왔다. 그들은 자신의 집에서 쌀과 먹을거리를 가져와 '나그네 집'에 계신 분들과 똥고개에서 아직 떠나지 못한 노인들에게 식사를 전했다.

수도국산 철거가 본격적으로 시작되었다. 빈집에 남아있던 이들은 주소도 없고 주민등록도 말소된 사람들도 있었다. 어디 가서 시민으로 인정받지 못하는, 존재 자체가 불명확한 사람들이었다. 재개발 고시 이후에 입주했기 때문에 이주에 따른 보상금을 받을 수도 없었다. 따라서 이사비용을 청구할 데도 없었다. 우리는 그저 뿌리 없이 부유하는 부초 같은 인생이었다.

식구들을 데리고 산동네를 내려와야 할 날이 왔다. 하반신을 전혀 쓰지 못하는 영환이를 자립이 가능한 시설로 옮겨야 할 시간이 다가왔다. 나머지 결핵 환자인 겁 많던 송 씨, 그리고 매독으로 머리가 다 빠져가는 그녀를 데리고 이곳을 떠나야 했다. 똥고개 아랫마을로 내려가서 새로운 정착지를 찾아야 했다. 이보다 조금 넓은 공간이 필요했고, 그러려면 더 많은 돈이 필요했다.

부지런히 발품을 판 결과 도화동 박문 로터리 근처에 적당한 공간을 찾았다. 모두 함께 지낼 공간의 전세금을 마련하기 위해 인천 와서 알게 된 우영철 장로가 자선 콘서트를 열어 주었다. 그는 젊은 날 듀엣가수 '둘 다섯'과 '하야로비'의 멤버였다. 그날 하루 공연과 바자회를 통해 수익금 1,700만 원이 마련되었고, 인도네시아에 있던 큰 누님이 천만 원을 기부해 주셨다.

그리하여 도화동 박문 로터리에 낡은 기와집 절반과 건너편 독채를 전세로 마련했다. 이때 만난 파킨슨 환자와 그의 어린 두 딸을 지내게 할 집을 따로 얻어 첫 입주를 하게 되었다. 그녀의 남편은 간경화로 세상을 떠나고 생활이 무너지자 시설에서 지내다 파킨슨병을 얻어 두 딸과 함께 이곳으로 오게 되었다. 맞은편에는 어린 식구들을 위한 작은 집과 건너편엔 수도국산 똥고개서 만난 식구들을 데리고 도화동으로 내려왔다. 겁쟁이 송 씨와 시각장애인 인근 씨와 함께였다. 함께 살기가 도저히 불가능한 이 어설픈 조합으로 도화동 시절을 맞이했다.

인연

그녀와 처음 만난 건 1993년 자유공원 아래 미가엘 복지관 부설 '레코텍 코리아'에서였다. 1993년 2월 그녀는 인천 레코텍 코리아의 주임 교사로 부임했다. 그녀의 이력은 이러했다.

이대 총학생회서 여성부장을 맡았고, 87년 6월 항쟁을 마치고 난 그해 10월 KBS 방송사 점거 농성 사건으로 구속되어 수형생활을 하고 출소했다. 출소 후 복학하여 교육심리학과를 졸업하고 곧바로 마산으로 내려가 위장 취업 후 발각되어 고초를 겪었다. 학생운동 출신이라는 사실이 밝혀져 현장 취업이 어려워지자 '마산 노동상담소'에서 활동가로 일했다. 노동상담소에서 활동하던 시절 또다시 어려움을 겪었다.

그 후 서울로 올라와 이대 평생교육원에서 발달장애아 교육을 마치고 서울 마라 장애아 교육센터에서 테라피스트 연수를 마쳤다. 언어치료실에서 언어와 놀이 치료사로 활동하다 레코텍 코리아와 인연이 되어 인천 성공회 미가엘 복지관 부설 레코텍 코리아 주임 교사로 오게 되었다. 그녀는 인천 레코텍 코리아에서 일하다 어려움을 겪고 일 년 만에 다시 서울로 떠났다. 그 시간 동안 문경의 정토수련원과 홍제동 정토회를 오가며 '깨달음의 장'과 '일체의 장'이란 마음수련 프로그램에 참여한 뒤 그 후 불교 공부를 열심히 하고 있다며 연락이 왔다.

그렇게 잠시 인연을 맺은 그녀를 다시 만나게 된 것은 그 후로 일 년이 지난 뒤였다.

징검다리 장애아동상담소를 열다

성공회 사목 신학연구원 학생 시절 어느 자폐아 아버지의 죽음에 관한 기억을 계기로 장애아동 무상교육에 관해 고민하기 시작했다. 우선 장애아동 무상교육 시설을 세우는 일이 급선무였다. 그 일에 대한 적임자로 인천 레코텍을 떠나 서울로 돌아간 그녀를 생각했다.

어렵사리 연락이 닿았는데 당시 그녀는 '정토회'에서 불가의 비구니로 출가하려고 준비하고 있었다. 나는 장애아동 무상교육 시설을 만드는 데 함께 하자고 도움을 청했다. 그녀는 심사숙고 끝에 2년간 무급으로 주임 교사로 일하며 돕겠다고 했다. 그 후 승려로 출가하겠다며 그때 떠남을 약속해 달라고 요구했다. 나는 그렇게 하겠다고 응답했다.

장애아동 무상교육센터를 마련하겠다는 기억은 이렇다.

신학생 시절 중계동 마들 사회복지관에서 지내던 때였다. 그곳에 다니던 발달장애아의 아버지가 스스로 세상을 떠났다는 소식을 듣고 마음이 무거웠다. 그의 죽음이 비싼 교육비를 감당하지 못한 결과였다는 어느 신문 '팔면봉' 기사는 내게 충격을 주었다. 이 일이 내 마음에 불씨를 지폈고, 장애아동들을 위한 무상교육의 필요성을 절감하게 해주었다.

그때 송현동 수도국산 똥고개로 그녀가 왔다. 그녀의 참여로 개원 준비는 급물살을 탔다. 나는 제안을 했고, 그녀는 실무를 맡았다. 석 달 후, 그녀는 '징검다리 장애 아동 상담소'를 개원하고 책임자가 되었다. 인천광장의 칼럼 '사랑의 생명수'를 읽고 많은 분이 도움을 주셔서 준비한 지 석 달 만에 인천 남동구 구월동 우영철 선생의 녹음 스튜디오를 개조하여 '징검다리 장애아동상담소'를 개설했다. 전국에서 처음으로 장애아동 무상교육센터를 마련한 것이다. 그것이 바로 '징검다리'의 시작이다.

처음에는 여덟 명의 자폐아와 다운증후군 어린이들이 무상교육 대상자였다. 상담소의 첫 건물은 구월동 종합문화예술회관 앞 밴댕이 골목의 작은 공간이었다. 우리는 자금 계획이 전혀 없었지만, 준비된 공간 덕분에 다른 후원자들도 나타났다. 송현동 똥고개 급식소를 돕던 윤영주 님은 우리 계획을 듣고 보증금을 지원해 주었다.

그렇게 우리는 여러 은인과 리틀타익스, 레고 코리아, 그리고 동대문 장난감 도매상 상인 분들의 도움을 받았다. 우리는 MDF 합판을 사서 직접 톱질을 하며 교구장과 선반을 만들었다. 자원한 선생님들은 자발적으로 일하며 교재와 교구를 직접 만들었다. 모두가 한마음으로 힘을 합쳐, 1995년 4월의 어느 화창한 봄날, 우리는 구월동 순복음교회 앞에 장애아동 교육을 위한 '징검다리 장애아동상담소'를 개설했다.

상담소 설립 과정에서 나와 함께한 사람들은 각자의 분야에서 헌신했다. 성공회 대학에서 사회복지를 전공한 민수진 선생과 권진숙 선생, 사업기획과 상담역을 맡은 장명숙 선생까지, 모두가 한뜻으로 모여 이 일을 시작했다. 장명숙 선생은 소아마비와 결핵을 앓으면서도 여성 장애인 인권 보호에 크게 이바지했다. 후에 국가인권위 상임위원으로도 활동했다. 그녀의 섬세한 감성과 강인한 의지는 길벗회 모두에게 큰 힘이 되었다.

우리는 '장애아동 무상교육권 실현'이라는 슬로건을 내걸었다. 당시 제도적으로 특수학교에 장애아동 전담 교육기관은 사설 기관뿐이었다. 장애아동의 무상교육은 많은 부모에게 요원한 꿈이었다. 부모들은 아이들을 안고 사설 치료실을 전전하며 비싼 교육비를 감당해야 했다. 부모들의 답답한 현실을 바꾸기 위해 우리는 먼저 모범을 보이기로 했다. 무상교육시설로 시작한 것이다.

하지만 특수교육이 필요한 장애 아이들은 많았고, 징검다리 장애아동상담소는 작고 시설도 보잘것없었다. 은인들과 협력자들의 도움을 청한다 해도 자체 운영을 위한 재원은 턱없이 부족했다. 월말이 되면 선생님들에게 차비를 주는 것도 힘에 부쳤다. 점심으로 선생님들은 도시락을 싸 왔다. 장애아동들이 돈이 없어 교육받지 못하는 현실을 바꾸기 위해 끝까지 노력하고 싸우겠다는 결심을 굳게 다졌다. '징검다리'의 시작은 이러했다.

그 후 징검다리 장애아동상담소는 장애아동 무상교육을 하는 교육센터로 자리를 매겨갔다. 더불어 장애아동들의 무상교육을 요구하는 모토를 가지고 문서와 팸플릿 등으로 장애아동들의 현실을 알리고 나섰다. 그때만 해도 장애인 교육은 특수학교 교육과 사설교습소뿐이었다. 특수학교가 파하면 소수의 유료 교육센터에서 수용할 뿐이었다.

장애인복지관이나 종합사회복지관의 일부에서 언어나 놀이 치료실을 운영하고 있었다. 그러나 교육비는 매우 비쌌고 부담

징검다리 초창기 교사와 아이들

은 오직 부모들 몫이었다. 그나마도 시설이 부족하여 소수의 인원만이 방과 후 교육을 받을 수 있었다.

출가 대신 결혼

1996년 봄, 그녀는 출가하겠다는 결심은 여전하다며 나에게 다른 교사를 구하라고 했다. 그녀의 출가에 대한 약속을 일 때문에 깨뜨리고 싶지는 않았다. 물론 속마음은 그녀를 붙잡고 싶었다. 무엇보다도 사람과 세계를 바라보는 입장이 같았다. 일을 함께하는 과정에서 정이 들었기 때문이다. 어찌 젊은 남녀가 함께 일하면서 마음이 흔들리지 않을 수 있겠는가? 게다가 그녀는 가족과 부모 형제와 절연하고 비구니로 출가하겠다니 말이다.

생각 끝에 '출가' 대신 '가출'을 제안했다. 산속의 사찰로 '출가'하는 것이 아니라 저잣거리 세상으로 '가출'해서 극락세계, 천국을 만들어 보자고 꾀었다. 사실 천국과 극락이란 거짓말로 순진한 그녀를 꾄 것이다. 말이 그렇지 진심이었다. 그녀는 나를 따라오기로 했다.

그러고 나서 그녀의 부모님께 허락받으러 우영철 선생과 함께 그녀의 집을 방문해서 부모님을 만났다. 두 분은 혼란스러워하셨다. 불가에 입문하여 비구니가 되겠다더니 이젠 정체도 불분명한 남자를 따라나서니 당연했다. 하지만 그녀는 부모님의 만류를 뿌리치고 나와 함께 인천의 '섬김의 집'으로 들어갔다. 1996년 봄의 일이었다. 그날 밤 나를 따라온 그녀는 부모님의 집을 떠나 나와 함께할 결심을 다졌다. 그리고 그날 밤 서로의 마음을 다시 한번 확인했다.

얼마 후, 다시 그녀의 부모님을 찾아가 우리가 결혼을 해서 이 일을 함께하려 약속했으니 결혼을 허락해 주십사고 말씀드렸다. 이미 이렇게 일이 진전될 것을 예견하셨던 부모님은 내 손을 붙잡고 그렇게 결정해 줘서 고맙다고 하셨다.

그해 7월 13일, 우리는 결혼식을 마치고 섬김의 집 한편의 단칸방에서 신접살림을 시작했다. 그곳은 거리의 노숙인들과 중증 장애인들이 모여 사는 소굴이었다.

그녀는 시를 좋아하고, 로자 룩셈부르크의 삶을 동경했다. 도스토옙스키와 톨스토이의 문학을 좋아했으며, 러시아어 사전을 들고 다녔다. 우리는 바쁘게 지내면서도 리얼리즘과 사실주의 문학에 대해 많은 이야기를 했다. 나와 공부한 배경과 학습 내용이 같았으니 얼마나 많은 이야기를 나눌 수 있었겠는가? 심지가 굳고, 행동과 사상이 일치하는 사람이었다. 벼락같이 결혼한 우리는 박문여고 돌담길 옆 섬김의 집이라고 마련한 옛날 한옥 문간채 단칸방에서 끼여 살았다. 신접살림이라고 차릴 것도 없었다. 안채와 독채(?) 방은 함께 한 식구들 차지였다. 우리는 약자들을 기쁘게 맞이하고 그들의 목소리에 귀 기울이자는 가치를 나누며, 서툴지만 섬김의 집을 꾸려갔다.

김장하던 날

섬김의 집은 항상 대문이 열린 집이었다. 대문만 24시간 열려 있는 건 아니다. 장애가 있는 분들과 연대했다. 매년 겨울이면 김장이 많이 필요했다. 배추는 트럭을 가지고 자원봉사자들과 서산 간척지 배추 농장서 직접 뽑아왔다. 마당으로 옮겨다가 씻고 절이고 비비고 담그고, 김장한 날엔 술과 돼지고기가 충분했다.

김장 속을 만들고 배추 고갱이로 보쌈을 만들었다. 봉사자들은 이곳저곳에서 밀물처럼 몰려와서 소나기처럼 김장을 만들어 썰물처럼 가지고 가버린다. 그러면 마당에 가득했던 비닐봉지에 담긴 김치가 각 가정에 배달되었다. 자신들이 배달해야 할 분량을 차에 싣고 산동네를 비롯해 인천 전 지역을 누볐다.

섬김의 집 김장은 이박삼일에 배분까지 마치는 특별 임무였다. 봉사자들은 사방에서 왔다. 지금이야 많은 분들이 각처에서 김장을 연례행사처럼 하지만 90년대 중반까지 그리 흔한 행사가 아니었다. 작은 기적이지만 우리는 언제나 하느님의 은총에 감사드렸다.

앞서 말했듯이 배추는 봉사자들과 간척지에서 직접 뽑아왔다. 그 과정은 단순한 노동이 아니라 우리가 손수 기른 배추처럼 이 공동체도 함께 키워가고 있(싶)다는 상징이다. 배추를 트럭에 싣고, 씻고, 절이고, 양념을 비벼 담그는 모든 과정이 섬김의 집에서 이루어진다. 봉사자들이 섬김의 집에서 함께 하는 김장은 누군가를 돕는 행위 이상의 것이었다. 그들은 이 활동을 통해 몇 가지 중요한 가치를 실천하고자 했다.

우선 약자들과의 연대감이다.

서로의 삶과 만나야 했다. 봉사자들은 각기 다른 배경을 가진 사람들이지만 섬김의 집에서 함께하는 순간 그들은 하나의 끈으로 연결되었다. 서로의 손을 잡고 함께 사는 연대의 중요성을 마음속에 새겼다. 물론 지속적으로 이런 사회를 지향했다면 이상적인 사회를 건설했을 것이다. 그러나 이상은 현실을 따라주질 못했다.

둘째로 나눔과 서로 섬김의 정신이었다.

김장의 결과를 나누니 그 자체가 나눔과 섬김의 상징이 되었다. 봉사자들은 자신들이 만든 김치를 장애인과 노숙인, 도움이 필요한 이들에게 나누며, 진정한 의미에서의 섬김을 실천했다. 그들에게 봉사란 일방적인 도움이 아니라, 서로의 필요를 채워주며 함께 성장하는 과정이었다. 나눔이란 그것을 실천하는 과정에서 하나님의 은총을 체험하는 일이다.

많은 봉사자가 이 활동을 통해 각자 믿는 신의 은총을 체험하고자 했다. 그들에게 김장은 각자 믿는 신께 드리는 신앙 행위 그 자체였다. 즉 구도와 사랑을 실천하는 기회였다. 이 과정에서 만나는 약자들에게 연민을 느끼고, 이를 통해 자신의 신앙을 깊이 있게 실천하기를 바랐다.

셋째는 나눔의 행위는 겸손을 배우는 자리라는 것이다.

김장은 겨울 식량이고 누군가의 생명을 지탱하는 중요한 자원이 된다는 사실을 알게 된다. 작은 것이라도 정성을 다해 준비하고 약자들과 나눌 때 나눔이 얼마나 큰 의미를 지니는지를 경험한다.

　결국 봉사자들이 섬김의 집에서 김장을 통해 지향한 것은 더 나은 세상을 만드는 작은 발걸음이었다. 이들은 연대, 나눔, 신앙의 실천, 그리고 겸손의 가치를 실천하며, 자신과 타인을 동시에 성장시킨다.

　그래서 김장하기는 함께 살아가는 세상을 만들어가는 중요한 여정이 되었다. 우리는 매년 김장을 해서 이웃과 나눴다. 이런 일들이 오래 지속되자 사람들은 김장을 해서 나누기 시작했다.

IMF 시절 국수 삶고 치료하고

　IMF가 오자 용현동 시장 골목으로 섬김의 집을 옮기고 징검다리 센터는 용현시장 앞 김 내과 4층으로 이주했다. 법인 설립을 준비하면서 자원 활동은 더 활성화되었다. 급식봉사대와 의료봉사대가 활동을 활발히 전개해 나갔다. IMF 당시 실업자가 급증하자 수봉공원까지 올라온 노숙인들과 실업자들에게 용현동 김 내과의 계원숙 원장이 무료 진료를 해주고 있었다. 징검다리를 김 내과 4층으로 옮겼다.

　그동안 지내왔던 셋방살이 가운데 가장 크고 번듯했다. 한 건물 안에 정신과와 가정의학과가 있어 징검다리 상담소 아이들은 언제나 진료받을 수 있었다. 우리 활동은 날개를 달고 사방으로 퍼져 나갔다.

섬김의 집은 용현시장 안 골목 끝 집으로 옮겼다. 이곳에서 이른바 IMF 급식을 시작했다. 시장 상인들이 조금씩 관심을 가지고 도와주기 시작했다. 그들은 수봉공원에서 실직자들을 위한 무료 급식에 반찬거리를 대주었다. 우리를 돕던 만이 상회를 비롯한 시장소상인들은 착하고, 소박하며, 인정이 많은 선한 사람들이었다. 용현시장 안에 자리한 섬김의 집은 시장 상인들이 보내주는 지지에 늘 먹을 것이 넉넉했다.

섬김의 집 마당에 솥을 걸고 밥을 지었고 '우리 밀 살리기 운동본부'에서 트럭으로 실어 오는 우리 밀 국수를 삶았다. 우리 밀 운동본부의 창고는 섬김의 집 창고와 다름없었다. 본부장이신 정성헌 선배님과 이헌수, 이창배 선배 등 대인배들이 통 크게 지원했다. 우리 밀 국수 맛은 일품이었다. 용현동 섬김의 집 식구들은 덩달아 신이 났다.

급식 이동 봉사 팀은 수봉공원이 그 주요 활동 무대였다. IMF로 인한 실직자들이 공원으로 몰려들었다. 그중에는 늘 술에 취한 사람들도 있었다. 하지만 독쟁이 수봉공원에는 방범 대장이 있었다. 그는 키도 작고 체구도 작았으나 단단한 사람으로 느껴졌다. 사람들은 이 회장님이라 불렀다. 그분은 나를 참 좋아했다. 어쨌든 그 기세가 대단했다. 덕분에 질서(?)를 유지할 수 있었다. 인천으로 돌아온 뒤 공원에 가서 그분을 찾았지만 보이지 않았다 수소문해 보니 위암으로 돌아가셨다고 했다. 기억에 남는 사람이다.

이때 급식 인원은 하루에 작게는 이백 여명에서 어떤 날은 삼백 명까지 늘어나기도 했다. 아마도 IMF로 가장 어려웠던 시절이었고 실업자들이 넘치던 때였다. 비록 우리 몸은 힘들었지만 언젠가 그들이 다시 일어서서 일터로 나가리란 희망을 품고 일했던 보람 있는 시절이었다.

급식소 옆에는 항상 진료 팀이 따라다녔다. 이른바 진료 봉사 팀이었다. 김 내과 계원숙 원장의 주도하에 이루어졌다. 급식을 하면 곁에서 진료를 시작했다. 진료와 투약 그리고 건강상 문제가 있다고 의심되면 김 내과로 불러서 더 심도 있는 진료를 해주었다.

이 활동 이후로 그때 참여했던 간호사들의 모임이 조직되었다. 그들과 자원봉사 팀을 연계해서 길벗회 회원 가족들의 방문 진료를 진행했다. 진료봉사대가 지나가면 방문 간호사들이 뒤를 잇고 가정봉사대와 차량봉사대가 이동 봉사를 하면 급식봉사대가 밥과 반찬을 제공했다. 이른바 봉사대의 순환 구조가 만들어지고 그들은 인천 각각의 구마다 꽤 원활한 조직 활동을 벌여나갔다.

요한과 혜린과 나의 어머니

섬김의 집에서 우리는 두 아이를 얻었다. 해가 바뀌고 첫아들 요한이 태어났다. 요한의 첫돌이 얼마 지나지 않아 동생 혜린이도 태어났다. 무엇보다도 우리 사이에서 태어난 생명들을 바라보는 일은 큰 기쁨이었다. 아들 요한이 태어났을 때 눈이 보이지 않는 어머니가 춘천에서 올라오셨다. 내가 요청을 드렸는지 자발적이었는지는 기억이 나지 않으나 어머니는 섬김의 집에서 요한이를 키워주시면서 파킨슨병 거동 불가능 환자 등 중중 장애인 여성을 돌봐주셨다.

다른 이들은 시각장애인 어머니가 어떻게 그럴 수 있냐고 물었다. 나도 불가사의한 일이지만 어머니에게는 가능한 일이셨다. 어머니는 늘 기도로 하루를 시작하고, 기도로 하루를 마쳤다. 어머니는 나에게 육체를 주신 것만은 아니었다. 나의 정신을 형성하는 데에 어머니의 역할에 버금가는 것은 없다. 나는 훌륭한 사람을 만나고 지혜로운 이들을 만났지만, 그 모든 이들을 천칭 저울에 달아 올린다 해도 영향력의 크기는 어머니 쪽으로 기울 것이다. 어머니는 시각장애인임에도 불구하고 우리 가족 아홉 식구의 음식은 모두 어머니가 만들어 주셨다.

빨래를 비롯한 청소 등 온갖 힘든 집안일도 어머니 손끝을 거치지 않는 것은 없었다. 이른 새벽 어머니가 가장 먼저 하시는 일은 하느님께 기도를 바치는 것이었다. 집 앞 언덕에 마주 보이는 제일 감리교회로 가려면 적어도 사오백 미터는 돌아가야 했다. 마을 길을 돌아 다시 큰길을 건너 언덕을 오르면 그곳에 당신이 다니시던 교회가 있었다. 어머니는 새벽 네 시면 새벽기도를 드리기 위해 그곳으로 올라가셨다, 모든 일의 시작과 끝은 기도가 전부였다.

아이들이 태어났을 때는 가슴이 벅차고 기쁨이 컸다. 그러나 현실은 그 기쁨을 온전히 누리도록 놔두지 않았다. 아기들에게 줄 음식조차 충분하지 않았고, 그들을 키우기에 환경은 쾌적하지도 편안하지도 않았다. 우리가 선택한 가난이었다. 하지만 아기들은 아무것도 선택한 바 없다 부모가 선택한 삶 한가운데 태어난 것뿐이다. 두 아이의 탄생은 내게 가장의 책임을 일깨워 주었다. 현실을 개선하고자 반성했지만, 이내 관심은 다시 섬김의 집 식구들에게로 돌아갔다. 아이들이 자라기엔 너무 불편한 환경이었다.

어머니가 요한이를 보고 계실 때, 나는 아내와 함께 섬김의 집과 징검다리 장애아동상담소의 일을 계속했다. 경제적으로도, 육체적으로도 힘든 시기였다. 가정생활에서 돈으로 해결해야 하는 많은 부분이 생략되었다. 그들과 한 울타리에 살면서 사생활을 누린다는 것은 사치에 불과했다. 어머니는 우리의 모든 어려움을 알고 계셨다. 누나들이 어머니에게 약간의 생활비를 전달했고 그 돈은 다시 우리 부부에게로 왔다. 아내의 부모님 역시 그러했다.

용현동 시절, 섬김의 집에서 태어난 지 6개월 된 혜린이가 기침을 멈추지 않았다. 섬김의 집에는 산동네부터 함께 해온 결핵환자가 살고 있었다. 결핵약을 복용 중이라 전염되지 않는다고 했지만, 아기들을 그런 환경에서 키우는 것은 위험하다는 걸 잘 알고 있었다. 기침이 멈추질 않는 혜린이를 보며 마음이 불편하고 울렁거려서 새안의원 정형서 선생님을 찾아갔다. 엑스레이를 찍어보시더니 식도에 은박지가 걸린 것을 확인하시고 핀셋으로 꺼내주신 뒤 폐 사진을 심각하게 보시고는 인하대 병원으로 입원을 권하셨다. 그길로 인하대 병원에 입원했다. 진단 결과는 폐결핵이었다. 생후 6개월밖에 안 된 아기가 폐결핵이라니, 자칫하면 아기를 잃을 수도 있는 상황이었다. 우리 부부가 선택한 자발적 가난이라지만, 아이들에게까지 그 짐을 지울 수는 없었다. 가난한 현실은 우리의 마음을 점점 황폐하게 했다.

많은 사람이 용현동 섬김의 집에 들끓다시피 했다. 급식을 준비하는 봉사자들, 실무로 돕는 이들, 몸이 아픈 사람들, 살려고 찾아오는 장애인들, 소문 듣고 찾아오는 노숙인들까지 북새통을 이룬 곳이 섬김의 집이었다.

아내는 아내대로 첫돌이 지난 요한과 백일 지난 아이들을 어린이집에 맡기고 나면 그길로 징검다리로 달려가 이십 명이나 되는 장애 아이들을 교육하고 돌봐야 했다. 언어나 놀이 심리치료사가 있었지만, 센터 운영의 전반을 아내가 책임지고 있었다. 시설 운영은 현실이었다. 결국 무상교육에서 벗어나 약간의 운영비를 부모들에게 부담킬 수밖에 없었다.

나와 아내 조정일 선생의 마음을 황폐하게 한 것은 가난만이 아니었다. 오고 가는 많은 이들이 우리 삶을 호기심으로 바라보았다. 집 방바닥이 깨끗해도 안 되고 더러워도 안 됐다. 아기들에게 비싼 분유를 먹여도 안 되고 비싼 기저귀를 써도 안됐다. 현실은 먹일 수도 쓸 수도 없는 형편이었다. 개인적으로 선한 의지를 가진 이들의 도움을 거절해도 안 되고 넙죽 받아서도 안 됐다. 우리 부부와 아기들의 삶은 샅샅이 공개되고 독립된 것은 아무것도 없었다.

아내와 요한 혜린 그리고 기도하시는 나의 어머니

그 속에서 함께 살던 아기가 결핵에 걸리고 병원에서 치료받고는 퇴원 후 결핵약을 먹기 시작할 무렵의 추석이었다. 아기는 결핵약을 먹으면 까무룩 하며 시든 꽃처럼 옆으로 쓰러졌다. 피를 말리는 시간이었다. 그전에도 아내와 나는 일과 관련해서 잦은 충돌이 있었다. 뜻이 달라서도 아니었고 민중들과 함께하는 가난한 삶에 대한 헌신의 순도가 옅어져서도 아니었다. 일의 방식과 관점의 차이가 사라지고 의견이 일치될 때까지 싸웠다.

옆에서 우리 삶을 지켜보던 이는 누가 더 일을 열심히 하는지 경쟁하는 듯 일한다고 했다. 부부가 아니라 활동가들이 이론 투쟁 하듯 밤을 새워서 자기 견해를 관철했다. 그녀는 학생 시절 들어갔던 겨울 감옥에서도 자기 입장을 철회하는 반성문(?)을 쓰지 않았다고 했다.

추석 무렵 이번엔 감정이 실린 대판 싸움을 벌였다. 말로 서로를 다 부수고 부엌살림도 허공으로 다 날아갔다. 이른바 '추석 대첩'이었다. 우리는 왜 이리 살아야 하는지 근본적인 질문을 해야 했다. 결국 모두를 위해 요한과 혜린이는 섬김의 집을 떠나 따로 살기로 결정했다. 대신 이 집은 어머니와 실무자들이 함께 살기로 한 것이다.

무엇보다 이제 스무 명이나 되는 징검다리 장애 아이들을 돌보는 책임을 진 아내도 섬김의 집 식구들과 분리된 삶이 필요해지기 시작했다. 그래서 아기들을 데리고 이사한 곳은 연수동 아홉 평 짜리 영구 임대 아파트였다. 영구 임대아파트는 갓난아기 둘을 키우기에는 생각하기 나름이지만 섬김의 집과 비교해서는 좋은 환경이었다.

'섬김의 집'과 '징검다리'의 주안2동 양짓말 시절

똥고개서 내려와 도화동 시절을 지나 용현시장 뒷길 골목집 시절을 지나 주안2동 양짓말로 섬김의 집을 옮겼다. 인천기계공고 뒤쪽 볕이 잘 드는 양옥집 2채가 한 마당 안에 들어있는 제법 규모가 큰 집으로 옮겼다. 시간이 흐르면서 섬김의 집은 안정을 찾아갔다. 우리는 이곳에 징검다리 주간 보호 센터를 개원하기로 했다. 이 건물은 주간보호센터로 안성맞춤이었다.

'징검다리 장애아동상담소'가 '징검다리주간보호센터'로 이름을 바꾸었다. 의미 있는 변화였다. 그리고 변화하는 시대적인 요구를 반영하고 현실적인 운영이 가능하도록 조건을 갖추어 지자체로부터 운영 지원금을 요청하기로 하고 교육운영과 행정 체계를 법적 지위에 맞도록 변화시켰다. 더 이상 무상 시설로 운영이 어려웠다. 우리의 무상교육계획은 방향과 방법의 수정이 필요했다.

5~6년 이상 학부모에게 부담을 주지 않고 교사들과 봉사자들에게 약간의 활동비만 주면서 무상으로 운영하는 장애아 교육시설은 더 이상 지속할 수 없었다. 우리 부부의 운영 스타일로는 더 이상 버틸 수가 없었다. '우리가 이런 선한 일을 하니 후원해 주세요'라는 말을 그녀도 나도 입 바깥으로 낼 수 있는 사람들이 애초부터 아니었다. 그래서 '징검다리 장애아동 주간보호센

터'로 이름을 바꾼 것이다.

그때까지 장애아동 조기 교육은 개인의 책임으로 사설 조기 교실로 운영되고 있었다. '함께 걷는 길벗회'는 그동안 '징검다리 장애아동상담소'로 운영하다가 이제 국가의 지원과 운영 체계를 가지는 '주간 보호 센터'로 동마다 마을마다 설립해야 한다고 주장했다.

어느 따뜻한 봄날에 개원식을 가졌다. 마당엔 하객으로 가득 차고 먹을 것과 아이들의 노랫소리와 축하 장식으로 매단 풍선이 화사한 뜰 안에 가득했다. 그 속에서 아이들은 행복해 보였다. 기존의 징검다리 장애아동상담소와 장애아동 교육센터가 아닌 '징검다리주간보호센터' 첫 번째 책임교사는 문미정 선생이었다. 그녀는 스물한 살에 징검다리 장애아동상담소에 입사했는데 면접시험에서 노래를 잘 불러 징검다리에 입사한 특이한 경우다. 면접 때 노래를 잘 부른다고 하길래 한번 해보라 했는데 서슴지 않고 '심청이 인당수 빠지는 장면'을 멋들어지게 불렀다. 근성을 가진 사람이라고 생각했다. 일을 잘 해낼 수 있으리라 믿었다. 그게 선발의 이유였다. 뜨거운 열정의 소유자였다고 기억한다.

우리는 처음부터 환영받는 이웃은 아니었다. 동네에 장애인들이 몰려온다고 소문이 났다. 우선 조용히 이사를 마쳤다. 며칠 후 문 앞에 나가니 동네 할머니들이 모여 수군거리고 계셨다. 하시는 말씀들이 "저런 사람들이 마을에 들어오면 집값 떨어져서 안 된다"라며 우리를 막아섰다.

동네일에 관해 말하기 좋아하는 평범한 이웃 할머니들이었다. 말로만 듣던 님비현상이 인생을 오래 사신 노인들에게도 감염되어 있었다. 외려 젊은이들은 경계의 대열에 서진 않았다.

어떻게 이 난국을 돌파해야 하는지 고민하고 있을 때, 마침내 기회가 왔다. 유난히 노인들이 많이 사는 동네였는데 이사를 온 지 한 달쯤 지나서 노인들을 점심에 초대했다. 그리고 징검다리주간보호센터의 장애 아이들과 교사들의 수업 모습을 보여드렸다. 섬김의 집 안에 사는 식구들도 만나게 해 드렸다. 특히나 어머니가 노력을 많이 하셨다.

어머니의 특기인 '남 주기 신공'을 발휘하신 것이다. 가장 반대가 심했던 바로 옆집 할머니에게 항상 자잘한 먹을거리를 담 너머로 넘겨주셨다. 오래지 않아 할머니는 섬김의 집 문턱을 넘어오셨다. 어머니의 열린 마음과 '남 주기 신공'이 효과를 보이기 시작했다.

섬김의 집에는 식구들이 많았다. 그러니 일도 많았지만, 먹을 것이 많았다. 쌀도 라면도 김치도 비누도 세제도 화장지도 넉넉했다. 어머니는 뭐든 생기면 창고에 쌓아두는 법이 없었다. 나의 퍼주기 솜씨는 어머니한테서 왔지만, 결코 어머니의 '퍼주기 신공'을 따라잡을 수는 없었다.

나중에 넓은 잔디 마당은 동네 할머니에게 개방되었다. 문간에 차고로 쓰던 넓은 창고를 개조하고 난방을 들이고 샷시문을 달아 그곳에 동네 노인들을 위한 공간을 만들어 점심과 간식을 제공해 드렸다. 경로당이 먼 관계로 이용하지 못하는 동네 할머

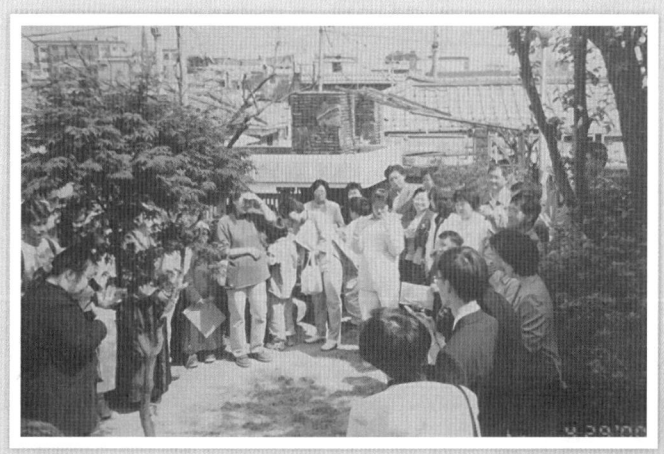

징검다리 센터 개원식 날

니들의 놀이터가 된 것이다.

쉴 수 있고 점심이 있고 대화할 친구들이 있기에 마침내 섬김의 집은 동네의 명소가 되었다. 봄이면 정원의 꽃들은 또 얼마나 예쁘게 피어났던가.

어느 여름날에는 낭창낭창한 남도 소리와 성주풀이가 흘러나오고 그 가락들은 흐드러지게 핀 수수꽃다리 향기와 어울려 골목길을 가득 메웠다. 참 좋은 시절이었다.

사막의 오아시스 '섬김의 집'을 매입하다

'섬김의 집'은 포화 상태였다. 중증 장애인들과 노숙자들로 넘쳐났고 돌봐야 할 식구들은 끊임없이 늘어났.

어느 날 집주인이 계약 만료를 통보하며 집을 비워달라고 요구했다. 바깥 건물에 있던 징검다리주간보호센터도 함께 나가야 했다. 사오십 명이나 되는 식구들을 어디로 데려가야 할지 막막했다. 이곳이 유일한 놀이터였던 동네 할머니들마저 섬김의 집이 떠날 위기에 걱정을 감추지 못했다. 이곳은 노인들에게도 장애인들에게도 그야말로 사막의 오아시스 같은 곳이었다.

집주인의 태도 변화는 더 큰 충격을 주었다. 처음 계약할 때는 오랫동안 쓰라고 말했다. 그는 부동산 업자이자 굴착기 기사였다. 4년이 지난 후 그는 '나눔과 섬김의 교회' 목사라는 명함을 내밀며 그의 변화된 신분을 밝혔다. 우리가 건물 용도를 노유자시설로 전환하는 데 허락을 해주고 난 뒤에 이제 기한이 지났으니 집을 비워달라고 했다. 후에 알게 되었지만, 그는 우리가 그곳을 떠나고 나서 그곳에 우리와 비슷한 복지시설을 하려 했나 보다.

이사할 곳을 찾는다는 우리 사정을 알리러 동장에게 갔더니 집주인이 우리를 내보낸 뒤 본인이 장애인 요양 시설을 만들 계획이라는 말을 들었다 한다. 심지어 장애인 시설을 얼마에 넘겼느냐는 투로 물었다. 기가 막혔다. "장애인들의 삶터를 돈 주고 사고파는 게 말이 됩니까?" 질문을 하면서도 빈자의 설움이 밀려왔다. 나는 정말 세상살이를 잘 모르는 철부지 같다는 느낌이 들었다.

바늘 하나 꽂을 내 땅이 한 평도 없다니, 그동안 나는 무엇을 위해 동분서주했던 걸까? 어린 장애아동들이 제대로 된 교육을 받게 하겠다고 발로 뛰던 시간이 헛되게 느껴졌다. 십 년이 다 되도록 우리 소유 건물을 마련하지 못한 게으름과 후회가 밀려왔다. 하지만 당장 할 수 있는 일은 아무것도 없었다.

아내 조정일 선생과 함께 의논한 결과 징검다리주간보호센터만이라도 도심에 남아 있기로 하고 도화동 5공단 입구로 옮겼다. 섬김의 집은 지금 살고 있는 곳을 떠나기로 했다. 도심에서 중증 장애인들 스무 명이 모여 살겠다는 이들에게 집을 빌려줄 주인도 공간도 찾는 건 어려웠다. 집을 지을 곳을 찾았으나 우리가 가진 돈을 가지고는 인천에서는 가능하지 않았다. 땅값이 싼 곳을 찾아 강화로 가기로 했다. 강화읍 관청리에 백 평짜리 땅을 계약했다. 땅값이 모자랐다. 매매대금을 당장 줄 수가 없었다. 현금을 요구하는 토지주의 마음을 돌릴 수가 없었다. 결국 백만 원의 계약금 중 절반을 돌려받고 강화도 이주 계획을 포기했다.

나나 아내나 둘 다 세상 물정에 어두운 꿈 꾸는 사람이었다. 갈 곳이 없으니 무작정 버티기로 했다. 집주인은 결국 손을 들고, 우리가 집을 구하고 나갈 때까지 기다려주겠다고 했다.

주말마다 아이들을 데리고 땅값이 싼 시골을 찾아다녔다. 멀리 충청도, 강원도를 비롯한 싼 땅을 찾아다녔다. 싼 땅도, 우리가 가진, 겨우 전세금 몇천 가지고 매입할 수 있는 곳은 찾을 수 없었다. 그러던 어느 날 섬김의 집 가족이 돌아가셔서 일을 돕던 총무님과 수의와 관을 가져다가 놓고 시신 염습을 하고 있었다. 그때 수행비서와 둘이 지역을 순방하시던 당시 박우섭 청장님이 섬김의 집에 오셨다가 보신 것이다.

그 후 돌아가신 가족이 도운 것일까? 복권 기금이 배정되었으니 섬김의 집 건물을 매입하라는 통지였다. 우리가 가진 돈과 복권 기금으로 주안2동 새안의원 곁에 깨끗한 3층 다가구 주택 한 동 전체를 매입할 수 있게 된 것이다. 복권 기금 지원을 받아 섬김의 집을 마련하게 되었다.

장애인 공동체를 도시에서 유지하는 일은 결코 쉬운 일이 아니다. 섬김의 집은 새로운 시작을 준비하게 되었다. 이제 이곳에서 더 많은 이들이 안식할 수 있게 되었다. 연고 없는 장애인과 거리의 노숙인 같은 분들이 함께 지내는 데는 많은 어려움이 있다. 특히 인권유린과 비리가 일어나는 어둠의 사각지대

도시사막의 오아시스 섬김의집(위)과 섬김의 집 미사(아래)

로 지목하고 잊을 만하면 언론의 조명을 받고 어둠의 자식들로 튀어나왔다. 섬김의 집도 그러한 시각에서 크게 벗어나지 않았을 것이다.

섬김의 집은 자립할 수 없는, 연고도 없고, 갈 곳도 없는 중증의 장애인들과 노동능력도 없고 독거도 가능하지 않은 무연고자들이 함께 의지하며 지내는 곳이다. 송현동 수도국산 똥 고개부터 도화동 용현동 주안 양짓말 그리고 주안2동 현재까지 서로 돕고 의지하려는 생활공동체로 살아왔다.

지역사회 안에서 함께 살아가도록 진정한 돌봄과 연대의 두레 정신에 기초해야 한다는 말은 내 말일 뿐 현실은 '규격과 조건'에 맞춰야 한다. 규격과 조건에 맞추려면 이러한 자조 자립적인 자생공동체도 정부의 안정적인 재정 지원과 주거 공간의 지원이 절대적으로 필요하다. 그런데도 도심 재개발로 철거되고 새 건물을 짓고 이사 가기 전까지 13년을 더 그 집에서 함께 살았다. 그 세월을 합산하니 28년이었다.

함께 걷는 길벗회

그동안 추진해 온 빈민 활동과 장애아 교육사업들의 지속성과 공식화를 위해 법인 설립을 추진했다. 임의 단체로서 열성적으로 활동을 해 왔으나 법인으로서 사업을 진행한다면 책임성 강화와 공식성도 확보할 수 있었다. 10년 운영해 온 단체로서 조직 발전이라는 도약대가 필요했다. 2000년 3월, 사단법인 설립 허가서를 받았다.

초대 이사장으로 박종렬 목사가 추대되었다. 그와의 인연은 성공회에서 운영하는 송림동 '나눔의 집'에서 처음 이루어졌다. 당시에 박 목사님은 송림4동 사랑방교회 담임목사였다. 그래서 사랑방교회와 성공회에서 운영하는 '나눔의 집'은 여러 측면에서 결합하고 있었다. 초대 이사들은 대학 선배인 새벽 교회 윤인중 목사, 그리고 정한식 목사, 국회의원을 지낸 최원식 변호사, 문학과 지성사 대표이자 인하대 국문과 故홍정선 교수, 정형서 새안의원 원장 등이셨다.

2000년 3월 복지 사업을 전문으로 하는 정식 사단법인으로 출발하는 '함께 걷는 길벗회'가 설립된다.

가난한 이웃을 향한 활동이 법인화를 통해 공식적이고 체계적인 복지기관으로 발전하는 과정을 밟았다. 비공식적인 단체가 법인화를 통해 사회적 책임과 정당성을 확보하고, 정당한 사회적 영향력을 발휘할 수 있게 된다. 이 과정에서 법적, 제도적 기반을 갖추는 것이 얼마나 중요한지 알게 되었다.

법인 설립을 통해 장애인 복지 사업의 공식성을 확보하고, 자리매김하게 하는 것은 궁극적으로 더 많은 장애인에게 혜택을 제공할 수 있는 길을 열어주게 된다. 지속 가능성과 책임성을 확보하기 위한 중요한 단계이다. 복지 시스템의 안정성과 신뢰성을 강화하는 것이 책임감 있게 다가왔다.

함께 걷는 길벗회는 그렇게 시작되었다. 개인의 자발적인 열정과 노력만으로는 사회적 변화를 이루기 어려운 현실이다. 법적, 제도적인 기반이 중요하다. 법인화를 통해 비영리 단체가 더 큰 책임감을 가지고 활동할 수 있으며, 이를 통해 사회적 신뢰를 얻고 활동할 수 있다.

사회적 약자들을 위한 복지 활동이 단순히 용감한 몇몇 사람들의 헌신으로 이루어지는 것만은 아니다. 구조적이고 제도적인 기반 위에서 지속적으로 발전해야 한다. 개인의 헌신과 가족의 도움, 그리고 여러 사람들의 노력이 모여서 큰 변화를 만들어 낼 수 있다. 함께 걷는 길벗회는 법인화 이후 법적, 제도적 장치를 통해 더 사회적 약자들 특별히 장애가 있는 아이들과 그 가족들을 향해 더 열정에 가득한 활동을 추진할 수 있게 되었다.

머릿돌이 된 사람들

활동 초창기 송현동 똥 고개에 남겨둔 나그네 쉼터와 급식소, 도화동 섬김의 집, 구월동 징검다리까지 세 곳을 돌아다니면 하루해가 짧았다. 새벽부터 급식을 준비하고, 낮에 수봉공원 방문진료에 동행하며 재가 장애인 친구들의 심부름을 하다 보면 어느새 어둠이 찾아들었다. 이런 활동을 지속하도록 나를 도와준 사람이 송림동 살던 김진숙 씨였다.

그녀는 초창기 길벗회에 매우 중요한 역할을 했다. 그녀는 내가 만난 사람들의 사연과 인적 사항을 정리하고, 원고와 신문 기사 자료를 스크랩하고 파일로 정리하며 기록을 남겼다. 그녀의 성실함 덕분에 나는 일을 더 효율적으로 처리할 수 있었다. 그녀는 평생 조현병을 앓고 있었지만 말이다. 일 년이면 육 개월을 정신병원에 입원했고 육 개월은 우리와 함께 일을 도왔다.

또 다른 성실한 벗은 정인근 씨였다. 그는 화수동 부둣가 근처에서 살고 있던 시각장애인인데 왜소증으로 중복 장애를 가졌다. 만성적 위장장애로 고생했다. 그를 병원 치료를 받도록 주선해 주고 나서 그가 일상을 회복할 때쯤 나를 찾아와서 함께하기를 원했다.

그는 어디든 나와 함께 움직였다. 육체의 건강을 회복하자 법인사무실로 와서 인천광장 칼럼 '사랑의 생명수'를 읽고 찾아오려는 사람들의 전화를 받아주는 교환수 역할을 했다. 흰 지팡이를 짚고 전국 어디든 대중교통을 이용할 능력자였다. 그의 암기력과 지각 능력은 타의 추종을 불허했다.

그는 우리 활동이 관련된 모든 사람의 연락처를 암기하고 있었다. 다른 자원 활동가들에게도 상담을 통해 위로하는 정신적 멘토이자 격려자 역할을 했다. 몸이 불편한 회원들에게 전화상담을 통해 의지처가 되고 위로자 역할을 했다. 정인근 씨는 섬김의 집에서 오랜 기간 함께 살았다.

위장장애가 오고 음식을 먹지 못하게 되자 몸이 쇠약해져서 결국 세상을 떠났다. 따뜻한 우정과 동료 장애인들을 위한 그분의 헌신은 오랫동안 기억될 것이다.

함께 걷는 길벗회 초기 이 두 분은 남들에게는 왜소한 시각장애인이고 조현병을 앓는 조현병 환자일는지는 몰라도 내겐 위대한 인간의 품격을 지닌 특별한 사람들이었다. 이들이 함께 걷

길벗회의 머릿돌이 된 정인근 선생

는 길벗회의 사람들이었다.

함께 걷는 길벗회의 사람들은 돌봄에 관한 전문적인 교육을 받았거나 처음부터 사회복지사는 아니었다. 정신장애를 가진 사람, 조현병 환자, 왜소증과 시각장애 등 중복 장애를 가졌으나 다른 장애인들의 길벗이 되고자 모인 이들이었다.

이들의 수고가 밑거름되어, 함께 걷는 길벗회가 만들어졌다. 이분들의 헌신과 이웃사랑에 대한 기억은 계속 살아 숨 쉴 것이다.

이 사람들은 소외된 약자들이 공동체의 일원으로서 존재하는 데 중요한 역할을 했다. 이분들은 드러나지 않는 능력과 남들이 모르는 가치를 가지고 있었다. 자신이 장애를 안고 있으면서도 누군가를 돕기 위해 헌신하는 모습이 항상 마음이 짠하고 고마웠다. 하지만 드러내 놓고 자기 마음을 보여주진 않았다. 내가 만난 그들은 관계를 부드럽게 하려고 하거나 바라는 마음을 감추고 입에 발린 소리를 하는 이는 없었다. 그들은 솔직 담백했고 투명했다. 자신의 감정에 대해 솔직했다.

정신 질환을 앓고 있는 사람도 하얀 지팡이를 든 시각장애인도 어디든지 대중교통으로 다니며 헌신적으로 과제를 맡아서 했다. 뒤엔 보이지 않는 그들만의 외로움을 감춘 채……

첫 번째 순직자 황원오 선생

도화동 시절이었다. 우리에게는 두 분의 운전기사가 있었다. 그 중에서도 황원오 선생은 언제나 말수가 적었다. 조용하고, 묵묵히 본인의 일을 해내는 분이셨다. 그의 운전석에서는 어떤 불평도, 짜증도 들을 수 없었다. 그저 묵묵히, 장애가 있는 아이들과 교사들을 태우고 하루하루 길 위를 달렸다. 그의 성품은 우리의 사업작풍과도 맞닿아 있었다. 겉으로 드러나지는 않지만, 꼭 필요한 존재. 누구보다도 성실했고, 그 누구와도 얼굴을 붉히는 일이 없었다.

그렇게 몇 년을 함께했다. 아무런 문제도 없었다. 그런데 4년 차 가을, 추석을 앞둔 어느 날, 그는 결근했다. 늘 같은 시간에 출근하던 사람이었기에, 우리는 걱정이 되어 안부 전화를 걸었다. 전화기 너머에서 들려온 목소리는 담담했다. 마치 큰일이 아니라는 듯이, 마치 이미 오래전에 알고 있었던 것처럼 그는 말했다.

"말기 위암입니다."

그렇게 묵묵하고 강인하던 그가, 아무렇지도 않게 운전대를 잡던 그가, 도대체 언제부터 아팠고, 얼마나 힘들었을까? 하지만 그는 여전히 담담했다. 추석이 지나면 다시 출근하겠다고 했다. 병마 앞에서도 그의 태도는 달라지지 않았다. 그러나 그는 다시 돌아오지 못했다.

추석이 지나고 달포쯤 지났을까? 우리는 그의 부음을 들었다. 가족들이 지켜보는 가운데 조용히 눈을 감았다고 했다. 장례식은 북성동 해안 천주교회에서 치러졌다. 어쩌면 그는 본인의 죽음을 예감하고 있었을 것이다. 하지만 끝까지 아무런 말도 하지 않았다. 누구에게도 짐이 되지 않으려 했던 그의 성품 그대로였다.

그가 떠나고 난 후, 우리는 깨달았다. 그가 우리에게 얼마나 소중한 사람이었는지를. 그의 운전이 단순한 일이 아니었음을. 그는 매일 길 위에서 아이들의 안전을 지켰고, 누구보다도 조용히 헌신했다. 그가 있었기에 아이들이 등하교할 수 있었고, 교사들이 마음 놓고 일을 할 수 있었다. 하지만 우리는 그의 존재를, 그의 희생을 너무 늦게 깨달았다.

그는 마치 들판에 서서 눈을 맞고도 꿋꿋이 서 있는 청정한 소나무 같았다. 아무도 모르게 묵묵히 버티고, 견디고, 그러나 결국에는 조용히 쓰러졌다. 그의 영혼이 하늘나라에서 평안하기를 빈다.

장애아 부모 대학을 열고
장애아동 무상교육 운동의 실마리를 풀다

장애아동 당사자 및 그의 부모와 형제를 포함한 가족 지원은 우리 법인 활동 목표 가운데 하나였다. 장애아 보육과 교육 정책이 한계를 드러내는 상황에서 우리는 부모들이 직접 나서서 문제를 해결할 수 있도록 돕는 교육의 필요성을 절감했다. 이러한 문제의식에서 출발한 것이 바로 '장애아 부모 대학'의 개최였다.

인천 장애아 부모들을 대상으로 한 의식화의 첫걸음으로 부모 교육 프로그램을 기획했다. 이화여대 사대 김태련 학장님을 모셔서 인천 장애아 부모 대학 학장으로 모셨다. 문제 제기와 해결책을 동시에 추진하기 위해서는 부모들의 의식화와 자발적 조직화가 필요했다.

　장애아동의 부모들은 자녀들을 위한 적절한 교육과 보육의 기회를 찾기 힘들었다. 정부 정책은 당사자에게만 머물렀다. 부모들 개별적인 힘으로 이 문제를 해결하기에는 기회도 여건도 갖춰지지 않았다. '장애인 당사자주의'라는 철학을 바탕으로, 부모들이 직접 문제 해결의 주체가 되어야 한다고 주장했다. 이를 위해 부모들이 스스로 마실 우물을 파듯이 자신들의 권리를 위해 단결하고 교육과 정책의 변화를 끌어내는 힘을 갖춰야 했다.

　장애아 부모 대학은 바로 이런 필요에 대응하기 위해 설립되었다. 부모들을 교육하고 조직화하여, 장애아동에 대한 사회적 인식을 변화시키고 더 나은 교육 환경을 제공하는 구체적인 활동을 전개하고자 했다.

　입학식은 인천시청 대회의실에서 열렸으며 많은 부모가 자발적으로 참여했다. 교육장은 인천 기독교회관 5층 희망 홀에서 운영되었고 어머니들은 강의를 통해 새로운 지식을 배우고 서로의 경험을 공유하며 연대감을 형성했다. 장애아 부모 교육의 결과는 당사자 의식 변화와 실질적 행동으로 이어졌다.

　부모 대학의 가장 큰 목적은 부모들의 장애 당사자주의 의식을 고취하는 것이었다. 그래서 자신들의 문제를 스스로 해결하도록 주체로 나서는 교육이었다. 장애아 부모들이 자녀들의 교육과 복지를 위해 더 적극적으로 나설 수 있도록 응원하는 일이 필요했다. 교육 과정을 통해 부모들은 자신의 권리와 책임에 대해 배우고 사회적 편견과 싸울 준비를 갖추게 되었다. 이 교육은 단순히 정보를 제공하는 것을 넘어 부모들 스스로가 자신의 목소리를 내고, 정책 변화를 요구할 수 있도록 힘을 길러주는 중요한 역할을 했다.

부모 대학의 결과, 많은 어머니가 자신감을 얻게 되었다. 전국 처음으로 '인천 통합교육부모회'라는 자생조직을 만들고, 장애아동들이 더 나은 교육 환경에서 성장할 수 있도록 힘을 모았다. 정○영 씨와 김○실 씨가 중심이 되어 이끄는 이 부모회는 장애아동의 교육권을 주장 옹호하며, 적극적으로 활동을 전개했다. 이들은 학교와 정부를 상대로 장애아 교육 정책의 개선을 요구하고 문제점을 공론화하여 사회적 관심과 변화를 끌어냈다. 장애아 부모 대학은 단순한 교육 프로그램이 아니었다. 부모 대학을 통해 부모들이 연대하고 조직화하는 계기가 되었으며 장애아동 교육복지의 새로운 방향 제시했다.

장애아 부모 대학은 법인 설립 이후의 첫 번째 중요한 성과로, 장애아동 복지에 있어 새로운 가능성을 제시했다. 부모들의 자발적 참여와 연대를 통해 장애아동 교육 문제에 대한 사회적 인식을 변화시킬 수 있었고, 정책 변화를 요구하는 힘을 모았다. 이는 궁극적으로 장애아동들의 삶의 질을 높이고, 그들의 권리를 보호하는 일이었다. 비전은 명확했다.

장애아 부모 대학은 지속해서 부모 교육을 확대하고, 더 많은 지역사회로 확산하여야 했다. 이를 통해 장애아동 복지의 근본적인 문제를 제기, 해결하고, 장애인 당사자주의를 실현하는 토대를 마련할 준비를 한 것이다. 부모들이 함께 연대하고, 정책을 변화시키며, 더 나은 사회를 만드는 주체로서 해야 할 역할을 다할 때, 장애인 복지의 미래는 더욱 밝아질 것이다.

  장애아 부모 대학은 장애아동 부모들이 단순히 도움을 받는 존재가 아니라, 자신들의 문제에 적극적으로 참여하고 변화를 이끄는 주체가 될 수 있음을 보여준 사례다. 이를 통해 부모들은 자신의 목소리를 낼 수 있는 힘을 얻었고, 장애아동 복지의 개선과 사회적 인식 변화에 이바지했다. 앞으로도 이러한 교육과 조직화 노력이 지속해서 이어져야, 장애아동들이 더 나은 환경에서 성장할 수 있을 것이다.

  한마디로 인천 장애아 부모 대학은 부모들이 자녀를 위해 스스로 싸우고, 변화의 주체가 되는 과정을 경험하게 한 중요한 사건이었다.

통합교육 보조원 제도 제안 및 실시로
장애아동 교육의 새로운 방향을 열다

법인 설립 이후 장애아동의 복지와 교육을 개선하기 위한 새로운 사업으로 '장애아동 통합교육 보조원 제도'를 제안하고 시행하게 되었다.

이 제도는 고학력 실업 여성들을 교육하여 초, 중, 고등학교에 파견 장애 학생의 학교생활을 돕는 역할을 맡기는 것이 핵심 목표였다. 이 제도를 통하여 자신과 사회를 향해 닫힌 자폐성 발달 장애아동의 사회성을 증진하게 시키고자 했다. 이 제도는 인천에서 처음 시작하여 4년간 시행된 후, 2004년 가을 국회의 입법과정을 거쳐 전국으로 확산하였다.

입법안 발의는 당시 대구의 박창달 의원이 주도하였고 '장애아동 특수교육 보조원'이란 이름으로 전국 초중고 및 특수학교에 배치되었다. 이 제도의 필요성과 추진 배경은 장애아동의 교육 환경은 여전히 미흡했으며, 부모와 교사 모두 추가적인 지원이 있어야 한다는 문제의식에서 출발한 것이다. 우리는 장애아 부모 대학의 경험을 살려 당시 IMF 시기에 고학력 실업 여성들을 교육해 장애아동을 돕는 보조교사 제도를 구상해 냈다.

2001년 봄 국민일보 정창교 기자는 미국의 모니터 교사 모델을 참고하여 국내에도 이 제도를 도입하면 어떻겠느냐며 길벗회에 제안해 왔다. 함께 걷는 길벗회는 이 제안을 적극 수용하여 자세한 실무를 조직하고 언론과 방송을 통해 홍보하였다. 처음 제안받은 인천시 장애인 복지팀이 교육사업이란 이유로 난감해했다. 결국 인천시청 노사 고용 안정과에 제안하고 실업 대책 사업으로 방향을 전환하여 추진할 수 있었다.

이 사업 실행 성과로 이 제도는 4년간 인천에서 가장 먼저 시행되었으며, 그 결과 약 150명의 통합교육 보조원이 학교에 근무하는 새로운 여성 직업군으로 탄생했다. '인천 통합교육부모회'

이화여대 대학원 졸업식날

가 전국 최초로 결성되었고, 이 조직은 장애아 부모들의 연대와 지지를 통해 더욱 강화되었다. 이러한 인천의 사례는 전국적으로 확산하였으며, 나사렛대학 특수교육과의 김종인 교수와 국립특수교육원의 김은숙, 강경숙 교수가 이론을 강화해 전국 특수교사 연수에서 이 모델을 소개하면서 더욱 널리 알려졌다.

우리는 통합교육 보조원 제도의 경험을 바탕으로 학술적 근거를 마련하고, '통합교육권 쟁취 전국장애인부모연대'와의 협력을 통해 통합교육의 필요성을 지속해서 강조했다. 이 사업을 주도하고 추진했던 함께 걷는 길벗회의 조정일 원장은 〈통합교육 보조교사 활동이 발달장애인의 사회성 발달에 미치는 효과〉란 주제로 이화여대 대학원 심리학과 석사논문을 발표하였다. 이 사업은 장애아동 복지의 새로운 방향을 제시하며, 법제화 과정을 통해 전국적인 제도로 자리 잡았다.

통합교육 보조원 제도는 장애아동들이 일반 학교에서 적응하고 성장할 수 있는 환경을 제공하며, 장애아와 비장애아 간의 사회적 통합을 촉진했다. 장애아동 교육의 새로운 모델을 제시함으로써 교육 현장에서의 실질적인 변화를 도출했다. 미래에는 통합교육 보조원 제도가 더 많은 학교와 지역으로 확산하여, 장애아동들이 더욱더 포용적이고 지원받는 교육 환경에서 자랄 수 있게 되었다.

또한 통합교육의 가치가 사회 전반에 더욱 깊이 뿌리내릴 수 있게 되었다. 이러한 비전을 통해 장애아동 교육의 질을 높이고, 장애 비장애 아이들 모두가 함께 성장할 수 있는 사회가 오게 되었다. 이러한 시도를 통해 일반 초중고 및 특수학교에서 장애아 돌봄 교사로 전국에서 수만 명이 활동하는 직업군이 형성되었다.

남구 지역사회 재활 시설을 마련하고 재가 발달장애인 실태 조사 사업 후 잡(JOB) 코치(COACH) 제도를 제안하다

2003년 우리 법인은 '통합교육 보조교사 사업'을 인천시 교육청에서 운영할 것을 제안했다. 민간단체가 계속할 일은 아니었다. 정부와 교육청에서 주도해야 성장하고 확대될 것이 분명한 일로 판명했다. 인천시 교육청이 장애아동 통합교육을 수용했다. 작은 민간단체서 할 일이 아니라고 판단하고 물러났다.

우리는 커다란 짐을 벗었다. 그 후 새로운 꿈을 꾸었다. 장애인의 생애주기별 필요 시설을 설립하는 것이 주요한 운영 기조이자 핵심적 관점이었다. 장애아동상담소, 치료 교육연구소, 발달장애아 교육센터로 이어져 오다가 장애아동 주간보호센터, 단기 보호 센터, 그리고 장애인보호작업장, 마침내 자활꿈터를 설립하였다.

길벗회 시설 설립의 기준은 장애아의 생애주기에 따른 필요 시설의 설립이며 그 핵심 과제는 부모로부터의 경제적 독립과 스스로 자립 생활을 추진하며 사회에 통합한다는 것이 핵심적인 주장이었다.

다른 하나의 원칙은 우리 법인의 필요가 아닌 장애아 부모들의 합리적 요구에 근거한다는 견해였다. 이것은 수요자 중심 논리다. 필요한 사람이 우물을 파게 해야 한다는 논리였다. 복지는 혜택을 주는 자의 입장에서가 아니라 소비자 중심의 관점으로 진화했다. 일방적인 생산자, 즉 자본의 힘을 가진 권리자 혹은 복지 사업가 중심의 복지 사업이 아니라는 관점이다. 길벗회에서 장애인 복지 사업을 하는 원칙이었다.

우리는 새로운 일을 시작하기 위한 준비를 시작했다. 일반 고등학교와 특수학교 고등과정 및 전문과정 이상 졸업자의 '재가 발달장애인 실태 조사 사업'을 기초로 해서 '잡 코치' 제도를 제안했다. 인천시에서는 우리 제안 사업을 잘 수용해 주었다.

우선 실태 조사에 착수되었고 고학력 여성 실업인들을 고용해 인천 각 지역으로 역할을 맡겨서 파송했다. 그들은 많은 정보를 가지고 돌아왔다. 우편으로도 조사에 응답해 주었다. 길벗회의 2년간의 통합교육 보조교사 사업은 인천 각 특수학교와 특수반이 있는 학교의 통합 교사들에게 고마운 존재였다. 그들은 우리의 뜻을 이해하고 협조를 잘해 주었다. 장애인고용촉진공단, 남구청, 국민일보가 합세해서 인천 종합문화예술회관 강당에서 장애인 직업재활을 위한 공청회를 길벗회가 주최했다.

나는 향후 장애인복지정책과 직업재활을 위한 모형과 비전을 발표했다. 남구청 장애인복지과 조성현 팀장도 발표했다. 기초자료를 마련하고 잡 코치 제도를 제안하고 발표했다. 10년이 넘게 추진해 온 사업들이 이제 열매를 맺기 시작했다.

추석날 아버지 묘소가 있는 강원도로 가던 고속도로 위에서 지역의 안영근 국회의원의 전화를 받았다. 행정자치부로부터 복지시설 건축비를 확보했다는 것이다. 인천시에서 남구청으로 보낸 자금을 당시 인천 남구 박우섭 구청장은 우리의 의견을 물었고 우리는 남구 재활 시설 건립을 요청했다. 그리고 동네마다 장애인 부모들의 지원 사업을 위해 장애아동 주간보호센터 및 단기 보호 센터, 그리고 장애인 자립과 자활을 위한 보호 작업장 설립을 요청했다.

박우섭 청장은 기쁘게 받아주었다. 건축을 시작했다. 사업을 추진한 이는 남구청 장애인 복지 담당 조성현 팀장이었다. 그는 침착하고 사려 깊은 사람이었다. 큰돈이지만 복지시설을 짓기에는 땅값 비싼 도심에서 어려운 일이기도 했다. 남구 숭의동서 찾은 예정 대지가 재경부 소유 땅이니 무상으로 임대받아 그 돈으로 건축하면 3층까지 가능하다는 결론이 나왔다. 국유지를 찾아서 행정 절차를 마무리하고 건축하는 일은 여러 복잡한 단계를 거쳐야 했지만, 조성현 팀장은 오히려 우리를 격려하면서 일을 추진했다. 일은 일사천리로 진행되었다.

새로운 시작을 향하여,
남구 사회 재활 시설 [징검다리] 준공하다

'함께 걷는 길벗회'의 '징검다리 장애아동상담소'가 임의로 시작된 지 10년 만에, 공식적인 장애인 복지 시설로 인가를 받고, 국가의 지원을 받게 되었다. 장애아동 교육의 중요성을 인식하고 스

스로 나서서 이뤄낸 결과로, 우리는 드디어 자립할 수 있는 공간을 마련하게 되었다. 그동안 장애아동과 중증 장애인을 위한 노력이 헛되지 않았음을 확인하는 순간이었다.

장애 아이들은 자기들이 주인인 새 건물에 입주한 기쁨에 들떠 있었고, 마음껏 뛰어다니는 모습은 우리에게 더 큰 기쁨과 희망을 심어주었다. 이제 우리는 남의 공간을 빌려 쓰던 때와는 다른, 우리만의 자립적인 공간을 가지게 되었다. 이것은 단순한 건물의 의미를 넘어, 장애인 공동체가 안정된 생활을 이어갈 수 있는 기반을 마련했다는 것을 의미했다.

'남구 장애인사회 재활센터'의 신축과 복지시설 인가는 그동안의 수고를 인정받는 계기가 되었고, 앞으로 더 많은 장애아동과 성인 장애인에게 안정된 지원을 제공할 수 있는 출발점이 되었다.

부르심과 응답

2005년 1월 10일 준공식 직후, 우리는 새로운 꿈을 위해 시골로 떠나기로 결심했고 발표했다. 새로운 길을 찾기 위해 이 결정을 내린 것이다. 귀촌의 결정은 단순한 도시탈출이 아니라, 우리가 그동안 이뤄낸 성과를 바탕으로 새로운 공동체의 모델을 구축하고자 하는 계획의 일환이었다.

우리는 농촌에서 자급자족하는 커뮤니티를 만들고, 비장애, 장애인들이 함께 일하고 생활할 수 있는 지속 가능한 공동체를 구축할 계획을 마련하기로 했다. 이곳에서 우리는 도시에서의 경험을 바탕으로 자연과 조화를 이루며, 더 나은 삶을 향한 새로운 모델을 시도하려고 했다.

함께 걷는 길벗회의 목표는 연고 없는 가난한 장애인들의 공동체적 삶과 활동을 지원하는 섬김의 집, 징검다리장애아동센터의 무상교육 운동, 그리고 장애인의 당사자주의에 근거한 사회적 기업 설립과 운영 등 다양한 조직의 양성이었다. 우리는 장애인과 비장애인이 함께 살아갈 수 있는 새로운 형태의 공동체를 만드는 것이 목표였다.

시골로 떠나는 우리의 결정 배경에는 한국의 환경과 조건에 맞는 모델을 생각했다. 우리는 장애인들이 자연과 함께 살며 자립할 수 있는 환경을 제공하고, 교육과 돌봄이 어우러진 자급자족형 커뮤니티를 조성할 계획을 세우는 중이라고 준공식에서 말했다.

이는 장애아동과 성인 장애인들이 단순히 도움을 받는 대상이 아니라, 스스로 주체가 되어 자립적인 삶을 영위할 수 있는 기반을 마련하는 데 중점을 둔 것이었다. 우리가 이런 계획이 있다고 밝혔을 때 함께 걷는 길벗회의 이사회와 직원들, 그리고 우리를 응원해 온 사람들이 우리의 결정을 존중해 주었다. 믿음을 바탕으로, 우리는 새로운 땅에서 새로운 꿈을 위해 걸어갈 것이라고 말했다.

우리의 여정은 이제 막 새로운 시작을 맞이하고 있었다. 인천 남구 사회 재활 시설의 준공식 날이었다.

렛잇비

2004년 7월, 대전 교구장 신현삼 주교님으로부터 호출을 받았다. 주교님께서는 하던 일을 성공회 사제로서의 신원을 가지고 계속하라고 하셨다. 사제직에 대한 열망은 이미 오래전 내려놓았다고 했으나 마음이 흔들렸다. 그냥 지금의 신분으로 조용히 하던 일을 하려는 마음이었는데, 마음 한구석에 사라지지 않은 불꽃이 한 점 남아 있었던 것일까?

혼란스러운 마음으로 친구 오네시모 신부에게 전화를 걸어 의견을 물었다. 그는 대답 대신 수화기에 대고 조용히 "렛잇비" 노래를 불러주었다. '성모님의 뜻대로 이루어지기를' 바란다는 그의 조용한 노래에 흔들리는 마음이 가라앉았다. 답이 정해졌다.

그해 9월, 섬김의 집 원장과 함께 걷는 길벗회 법인 상임이사의 역할을 정한식 목사님께 부탁했다. 그리고 대전교구가 있는 대전 선화동으로 내려갔다.

2004년 8월 성공회 대전 주교좌 성당에서 예비 사제 생활을 다시 시작했다. 마당 쓸고 운전하고 교회 허드렛일을 하는 자리였다. 내가 좀 전까지 뭘 좀 했는데…

이 중요한 시기에 여기 와서 무얼 하는 건가? 하는 건방진 마음이 있었다. 하지만 사제직은 자기를 비우고 낮추는 자리다. 하방의 자리다. 평생 알고도 모르는 척 낮아지는 그런 자리다. 어쩌면 나는 낮춤과 자기 비움이란 화두가 평생 넘지 못할 숙제였을 것이다. 다른 말로 '겸손의 꼴을 갖춘 종의 모습'이어야 했다. 교만함은 사제의 가장 큰 '적'이다. 자신감과는 다른 것이다. 나는 마당 쓸고 운전하고 어린이에게도 허리굽혀 인사드리며 타인을 모시는 자리에 서야했다. 사제는 벼슬이 아니다. 종의 자리다. 그렇게 자기 비움의 과정을 거치고 나서야 비로소 2006년 부제 서품을 받고, 2008년 12월 6일 니콜라 축일에 사제서품을 받았다. 성공회 신학대학 사목신학 연구원을 졸업한 지 15년 만에 성공회 사제서품을 받았다. 서품이 이리 늦은 것도 모든 것은 하느님 뜻이라고 믿는다.

서품식 모습

2부

조화로운 삶을 향하여

조화로운
삶을 향하여

화천행

세월은 쏜살같았다. 2005년 1월 10일 준공식 잔치를 하는 날이다. 인천 남구 숭의동 남구 지역사회 재활센터가 건축 기간 한 해에 걸친 수고가 빛을 발하는 순간이다. 준공식과 입주 전날 밤 아내 조정일 선생과 나는 시골행을 결정했다.

"우리 시골 가서 다시 시작할까?"

아내 조정일 선생이 대답했다.

"나도 시골로 가고 싶어"

"그래? 그러면 뒤돌아보지 말고 가자"

결혼을 약속할 때와 똑같았다.

대답은 명확하고 단호했다. 군더더기가 없었다. 한 치의 흔들림도 없이 시골행을 결심했다. 두려움도, 염려도, 앞으로의 계획도 없었다. 마음만 맞으면 되는 거였다. 두려움은 비겁한 자들의 변명이다, 용감하게 앞으로 나아가자, 우리 인생에 후회란 없다, 고개 들고 어깨 펴고 당당하게 나아가자, 그런 생각으로 우리의 귀촌이 결정되었다.

언젠가는 떠나리라 미리 준비해 둔 곳은 강원도 화천이었다. 이렇게 급박하게 떠날 것은 아무도 예상치 못했다. 인천 남구 숭의동 장애인 지역사회 재활센터 준공식 전날 밤이었다.

이사 가던 날

강원도 화천으로 이주 결정 후 두 달이 지났다. 2005년 3월 1일, 강원도 화천으로 이사하는 날이다. 창밖에는 진눈깨비가 내리고, 하늘은 잿빛으로 물들어 있었다. 마치 우리의 앞날을 예견이라도 하는 듯한 날씨였다. 아내와 아들 요한, 막내 혜린을 낡은 트럭에 태우고 이삿짐 차를 뒤따랐다.

처가 부모님과 내 어머니와 형제들까지 모두가 말렸지만, 우리는 기어코 시골로 떠나기로 했다. 젊은 시절 세상을 바꾸겠다던 그 열정으로 도시를 떠나 거친 들판으로 나아가는 것이었다. 이사를 할 때는 배낭 하나만 메고 떠나겠다던 호언은 간데없고 단순한 이삿짐이라지만 2.5 타이탄 트럭에 가득 찬 이삿짐으로 변해 있었다. 똥고개 시절에도 버리지 못했던 책들 이번에도 이고 지고 같이 간다. '먹물의 천형'이라고 생각했다.

인천에서의 삶은 내가 세상에 진 '사랑의 빚'을 갚기 위한 것이었다. 그동안 힘들게 세운 법인과 장애인 복지 시설들, 장애가 있어 갈데없는 이들의 안식처인 섬김의 집은 우리의 땀이 스며있는 곳이다.

우리는 도시 생활에서 지친 몸을 이끌고 그곳을 떠나기로 했다. 전 재산은 전세금 6천만 원, 그것이 우리가 가진 돈의 전부였다. 화천에 가서 된장 공장을 만들고 된장과 농산물 꾸러미 장사를 하며 살아가겠다는 단순한 생각뿐이었다. 아이들에게 시골집 고향을 만들어 주고 싶다는 작은 바람도 우리 가족을 움직이는 동력이었다.

이삿짐을 실은 타이탄 트럭은 어느새 화천 하남면 원천리 고갯길을 힘겹게 넘고 있었다. '저 고개를 넘으면 화천 하남면 원천리다.' 한신 대학 시절, 강원대학교 기독학생회(SCA)의 회원들과 농촌봉사활동으로 왔던 원천산장이 보였다. 오른편엔 북한강이 흐르고, 흰 눈송이들이 강물에 낙화처럼 떨어지며 사라졌다. 어느덧 저 멀리 화천 읍내가 보였다. '다 왔다.' 묘한 긴장감에 휩싸였다.

'새로 이사 갈 집은 어떤 모습일까? 방은 몇 개나 있을까?' 생각하는 사이, 이삿짐 차는 읍내를 지나 신읍리의 한 빌라로 향했다. 바로 어제까지 우리의 목적지는 중리 배머리마을 신아아파트이었다. 간밤에 이삿짐 정리하는데 중개사에게 전화가 왔다. 우리가 계약한 집은 이삿날 당일 경매에 넘어간다는 소식이었다. 전화를 받고 마음이 불안해졌다.

조부모님의 숨결이 깃든 북한강 상류

그래도 침착하게 그날 밤으로 새로운 집을 부탁했고 마침 이웃한 지역에 빈방이 있다고 알려왔다. 오늘 우리는 그곳으로 가는 중이었다. 설렘과 두려움이 동시에 존재했다. 예상과는 너무 다른 현실이었다.

이삿짐을 실은 트럭이 도착하자 아이들이 먼저 뛰어가 현관문을 열었고 혜린이가 돌아와서 말했다.

"아빠, 방이 없어. 거실만 있는 집이네"

원룸이었다. 네모난 사각형 안에 화장실이 하나, 싱크대가 벽에 붙어 있는 단순한 구조였다. 우리 가족은 시골로 가면서 복숭아꽃, 살구꽃 아기 진달래가 만발하고, 시냇물이 흐르는 아름다운 산골을 그렸으나 현실은 미혼의 부사관이나 초급 장교들의 영외 거주지로 직업 군인들이 애용하는 원룸이었다.

온 가족이 힘을 합쳐 이삿짐을 내렸다. 요한과 혜린은 작은 짐이라도 들고 가겠다고 앞다퉈 달렸다. 인부들이 전자 피아노를 옮기다 실수로 땅에 떨어뜨려 모서리가 깨졌다. 피아노의 주인인 혜린이가 울상이 되었다. 아내와 나는 "테이프로 붙이면 돼. 소리만 잘 나면 괜찮아!"라며 달랬다. 인부들에게도 "고생하셨다"며 설렁탕값을 더 얹어주고, 이삿짐 트럭을 인천으로 돌려보냈다.

"그래, 이렇게 사는 거야. 방은 없어도 함께 누울 곳은 있잖아. 그리고 우리 가족이 함께 있다는 게 제일 중요한 거지."

초등학교 2학년 요한도 옆에서 거들었다.

"아빠, 나 여기서 새 친구들 많이 사귈 거야. 그리고 곤충도 많이 배울 거야!"

혜린도 눈을 반짝이며 말했다.

"나도 친구들이랑 놀고, 강아지도 키울래. 여기선 뭐든 할 수 있을 것 같아"

그렇게 우리는 화천에서의 새로운 삶을 시작했다. 아이들은 눈 내리는 마당에서 신나게 뛰어다녔고 우리 부부는 그런 아이들을 보며 웃었다.

"그래, 우리 이대로 잘 살 수 있어. 방은 없어도, 가족이 다 있으면 괜찮은 거야."

눈 내린 북한강과 사철 푸른 낭천산을 배경으로 돌아앉은 빌라였지만 우리의 작은 집에서 희망을 키워나가는 나날이었다. 우리는 행복하게 살아갈 준비가 되어 있었다.

'청인정방' 집짓기

이삿짐 정리를 끝낸 후 아내와 두 아이를 원룸에 남겨두고 대전으로 떠나는 길은 한없이 무겁기만 했다. 아내의 시골살이는 목숨을 건 치열한 도전이었다. 아내는 서울 사람이었고 시골 생활은 낯설고 두려웠을 것이다. 건축 계획은 농가와 작업장이 결합한 한 채의 흙집을 짓는 거였다. 우리가 꿈을 안고 찾아온 이곳은 기름진 농토가 아니라 화전민의 비탈 밭이었다. 날카로운 돌과 거친 흙이 절반쯤 섞인 가파른 비탈 밭이다. 작물이라곤 콩과 옥수수를 심을 수 있었다. 집을 짓기 시작할 무렵 알게 되었지만, 진입로가 없는 '맹지'였다.

　맹지가 진입로가 없는 땅이라는 것을 그제야 분명히 알았다. 현황도가 있으니 이 길을 이용하면 되겠다고 했는데 지적도에 구획된 도로가 없는 땅은 건축 허가도 나오지 않는다고 했다. 도무지 답이 없는 부부였다. 특히 내가 그랬다. 눈앞이 캄캄하고 보이지 않는 상황에서, 우리는 길을 내기 위한 길 찾기를 시작했다. 다행히 구거舊居가 있는 산의 비탈면 계곡으로 길을 내면 맹지를 면하겠다 싶어 땅 주인을 물어물어 찾아가니 평당 10만 원에 팔겠다고 한다.

　맹지 2천 평을 만 원씩 샀는데 맹지를 면하려고 340평을 협상끝에 1,800만 원에 사들였다. 이제 개울을 건널 다리를 놓아야 했다. 공사 견적을 받으니 길이 10미터 가로 6미터 다리를 4천만 원 견적이다. 길 내는 자투리땅 사고 다리 놓으면 돈이 남지 않는다. 고심 끝에 직접 다리를 놓기로 했다. 공사는 인천서 기계조립 공장을 하던 정천식 사장이 공장 문을 닫고 와서 2박 3일 동안 H 빔으로 냇가에 철골 구조물을 세우고, 데크 플레이트로 상판을 만들었다. 길벗회 초기 자원봉사자였던 그이를 내가 첫 번째 결혼주례를 선 인연이었다. 그 후에 섬김의 집 살던 함기선씨와 임탁씨가 오셔서 레미콘을 불러 콘크리트 바닥을 마무리했다. 재료비 포함 총 500만 원이 들었다.

　튼튼하게 만든 철골 다리 덕분에 굴삭기가 들어와서 산을 깎고 길을 만들 수 있었다. 나중에 레미콘과 펌프카가 마음껏 드나들었다. 그 후 한 달간의 집중 공사 끝에 굴삭기는 200미터의 도로와 여섯 개의 계단식 부지를 만들었고, 다시 산 중턱 잣나무 숲까지 백오십 미터의 길을 추가로 만들었다. 이제 집을 지을 수 있는 터가 마련되었다.

그러나 일이 끝난 게 아니었다. 길을 포장해야 했다. 포장해야 할 도로 길이는 총 200미터였고, 레미콘 차량 평지의 적재정량은 6루베(세제곱미터, ㎥)인데 도로 경사가 심해 레미콘을 3루베 이상 싣지를 못했다. 그래서 평지에선 열차 정도이면 완성될 일을 이곳에서 레미콘 스무 차가 동원되어야 했다. 최대한 레미콘을 밀어 올려 시멘트를 부어가며, 험난한 조건 속에서도 울퉁불퉁한 200미터짜리 콘크리트 도로를 완성했다.

시작부터 난공사였다. 산비탈을 계단식으로 깎아 농토와 집터를 구분하고, 집터 끝에 주차장부터 잣나무 숲까지 입구까지 150미터의 길을 냈다. 그 길은 포장이 불가능했다. 그대로 두고 쓰기로 했다. 그리고 나머지 이백 평 정도의 땅두릅(독활) 숲도 그대로 두었다. 그 뒤로 잣나무 숲이 뒷산까지 이어지고 있었다.

집 뒤의 경사지를 파내자, 경사로에서 물이 배어 나왔다. 우물을 파서 물길을 돌려 계곡 아래로 흘려보내고 집터로 물이 배어들지 않게 배 모양의 콘크리트 상자를 만들어 기초를 튼튼히 하고 방수에 신경을 썼다. 집짓기 기초의 모든 준비를 마치고 나니 통장의 잔고가 비었다.

건축비가 없어서 지역의 진흙과 나무를 이용한 원형의 흙집을 짓기로 했다. 근처의 산에서 황토를 퍼다가 볏짚을 섞어 소나무를 중간에 넣는 방식을 택했다. 둥근 흙집을 얼기설기 지어 살기로 했다.

　이 지역의 산들은 대부분 부서진 돌들로 이루어진 흙보다 돌이 더 많은 땅이었다. 부서진 뾰족한 돌들이 진흙과 엉기어 물이 잘 빠지지 않았다. 이런 땅은 농사를 지어도 소출이 나지 않는 땅이다. 옥수수나 감자, 콩을 심던 전형적인 강원도 산비탈 화전 밭이었다.

　화천으로 이사 온 뒤로 근처 생기 마을에 거주하시던 정성헌 선배님께 도움을 청했다. 집터, 다리, 맹지, 전기, 용수 등 수많은 문제점을 알려드리니 "여기서는 집 짓지 말고 저 아래 평지에 한 백 평 얻어서 집을 짓고 여긴 콩이나 감자를 심어 드세요"라고 하셨다. 평지에 집이 있어야 손수레 끌기도 쉽고 눈 와도 괜찮다고 하신다. 그리고 맹지를 풀려면 현황도로 주인에게 완곡한 편지로 부탁을 드려보라고 하셨다.

　아내와 상의 한 결과 그 땅에 집짓기를 포기할 수 없다고 했다. 이미 그녀의 마음은 결정이 난 상태였다. 대전서 밤새 고속도로를 달려와 아내를 달래고 아침에 다시 대전으로 돌아가야 하는 처지였다. 결국 선배님이 지적한 말씀에 아무것도 따르지 못했다. 운명이란 그런 것인가 보다. 원하지 않았으나 돌이킬 수도 없고 붙잡을 수도 없는 길이 때론 눈앞에 펼쳐진다. 앞산과 뒷산의 숲은 나의 의욕을 부추겼다.

　마침내 제일 넓어 보이는 터에다 농가와 작업장을 결합한 둥근 흙집을 직접 짓기로 했다. 어느 날 아내가 우리 집터에서 멀지 않은 곳에 한옥학교가 있다고 말해주었다. 그곳에서 집짓기 기술을 가르쳐 준다며 배우러 가겠다고 했다. 아내의 도전 정신이 빛을 발하는 순간이었다.

화천과 대전, 인천과 강릉을 왕복해야 하는 나의 현실적 한계로 인해 내가 할 수는 없는 일, 한옥학교로 가겠단 아내의 요청을 수용해 버렸다. 그렇게 집짓기 공사는 다리 놓고 길을 내는 공사부터 시작되었다.

그렇다면 왜 우리는 이 척박한 강원도 산골짜기에 집을 짓고 살려고 내려왔는가?

우선 친 할아버지 한만현님께서 황장목 산에서 소나무를 베어내 뗏목을 엮어 송파와 마포나루로 가던 길목이었다. 내 아버지와 어머니의 연이 닿았던 곳이기도 하다. 그다음은 외할아버지 강소산님께서 일제 강점기 때 외할머니가 돌아가시자 자녀들을 데리고 경기도 양평 용문면 다문리에서 강원도 화천군 화천읍 풍산리로 오셨다.

일제 말기 외할아버지와 내 어머니는 화천발전소 공사하러 온 인부들에게 현장식당을 지어 국밥도 팔고 여관도 하던 곳이다. 이곳은 내 어머니의 젊은 날의 기억이 서린 곳이다. 그리고 내 고향 춘천이 멀지 않은 곳에 있었다. 화천댐 호안의 구만리 선착장서 배를 타고 한두 시간 물길을 따라 들어가면 아버지의 고향이자 할아버지 묘소가 있는 월명리가 있기 때문이었다.

또 하나 이곳으로 결정한 이유는 관광지와 행락지가 없기 때문이다. 강원도 지역은 대부분 땅값이 치솟았는데 이 지역은 향락가나 유원지가 없었다. 행락지는 모든 것이 돈으로 환산되는 곳이다. 장사꾼들이 판을 친다. 유원지와 관광지는 술집과 음식점이 모여 있다. 그런 곳은 수입이 없으면 살 수가 없다. 그런 곳에서 벗어난 곳에다 자리를 잡고 싶었다. 우리가 선택한 화천은 그런 곳이었다.

또 우리는 자급 농을 원했다. 슬로푸드인 된장과 간장을 만들면서 천천히 살고자 했다. 조금 민망스럽지만, 속마음으로 원전이 폭발해도 안전한 곳을 찾으러 가야겠다는 생각도 했다. 한정된 작은 돈을 가지고 자연을 다룰 수 있는 능력이 필요했으며 그러려면 건강 유지가 필수였다.

그런데 돈도 없고 건강도 시골살이에 적합하지 않았고 자연을 다룰 수 있는 능력도 없었다. 돈도 기술도 건강도 가지지 못한 3무 약골이었다. 일주일에 돌아다니는 코스는 교구가 있는 대전과 임지인 강릉, 집을 지을 화천과 법인과 복지시설들이 있는 인천을 오가는 길 위의 인생이었다. 게다가 사회복지 석사과정도 진행 중이었다.

우리 가족은 정해진 시간에 한자리에 모여 함께 놀았다. 여름밤이면 차를 타고 평화의 댐 가는 길에 있는 해산터널까지 올라가 가로등 아래 기어다니는 장수풍뎅이나 사슴벌레 등을 주워 오곤 했다. 짧은 시간이었지만 화천에서 가장 행복했던 시간이었다.

우리는 자급자족, 농사, 건축이라는 숙제를 등에 지고 있었다. 그런데 오가는 차비는 어찌어찌 마련했으나 생활비가 없었

물안개 피는 북한강

다. 법인으로부터 월 100여만 원의 생활비를 받았다. 그 비용의 원천은 서른 명쯤 되는 직원들이 십시일반 보내주는 돈이었다. 그리고 교회에서 주는 약간의 노잣돈이 전부였다. 모두 길에다 뿌렸다. 집을 짓기 전까지 이웃 동네의 작은 원룸에서 지냈다. 혜린이의 말에 의하면 '방은 없고 거실만 있는 집'이었다.

우리는 아이들과 함께 소박하고 새로운 방식으로 살고자 했다. 그러나 앞서 말했듯이 농사 기술도 집짓기 기술도 없었다. 갓 초등학교에 들어간 어린아이도 둘이지만 있었다. 말하자면 우리는 문명사회에서 농촌으로 순간 이동한 사람들이었다. 우리 가족은 바지도 셔츠도 조끼도 만들어 입었다. 바느질과 재봉틀은 옷을 깁는 유일한 도구였다. 절제와 질서 속에서 농촌의 변두리 생활을 유지했다.

우리 가족은 이러한 약속을 했다. 어린아이들은 무슨 뜻인지 자세히는 몰라도 대체로 부모의 말이 무엇을 의미하는지 알아들었다. 모든 생명체는 서로 돕고 사는 것이다. 생명을 존중하고 먹기 위해 살아있는 닭을 죽이지 않기로 했다. 독성 농약을 뿌려 땅을 파괴하고 자연을 파괴하는 일을 하지 않기로 했다. 유기농사를 짓고 자연과 하나 되는 삶을 살기로 약속했다.

하지만 평화롭게 살려는 시도는 그리 오래가지 않았다. 건축을 하자니 개울에 다리를 놓아야 했고 다리를 놓으니, 집터까지 200미터의 산으로 난 도로를 내야 했고 도로를 내고 집터를 놓은 기초공사를 마치니 가진 돈이 모두 소진되었다.

땅을 담보로 마을금고서 대출받았다. 1억 5천을 빌려 집을 지을 계획을 세웠다. 한옥학교와 인연을 지음으로써 흙집에서 한옥으로 변경했다. 아내는 한옥학교에 등록해, 목수 기술을 배워나갔다. 대패질과 톱질을 배워가며, 서까래를 깎고, 통나무를 다듬는 일에 재미와 보람을 느끼는 모습이었다. 나무를 다루며 집짓기를 배우는 시골살이에서 그녀는 여유와 건강을 찾고 있었다.

아이들도 시골 생활에 적응해 잔병치레 없이 잘 지냈다. 혜린이는 결핵에서 회복된 후 매년 연례행사로 병원 입원을 했다. 시골로 이주한 후 다행스럽게도 건강해지고 있었다. 화천은 어느새 우리에게 새로운 희망의 땅이 되어가고 있었다.

가을이 되자 본격적인 조립이 시작되었다. 아내는 20명의 한옥학교 학생 목수들과 교수진을 위해 매일 식사를 준비했다. 식재료를 마련해서 집터에 솥을 걸고 밥을 짓고 반찬을 만들었다. 주말이 지나면 대전에서 화천으로 왔다 갔다 하며 공사에 참여했다. 그러니 오죽했겠는가? 건축 과정에 관한 결정과 재정문제 해결은 온전히 아내의 몫이었다. 결국 휴직을 하고 건축에 전념하기 위해 집으로 돌아왔다.

목구조 조립이 끝나고, 한겨울이 되자 벽체를 쌓기 시작했다. 열이 발생하는 미장 공구인 일명 '돼지 꼬리'로 얼음을 녹여 황토를 갰다. 실내엔 석유난로로 난방하며 냉기를 차단하고 열을 보존하려고 두꺼운 하우스 비닐로 집 전체를 둘러싸고 조적[1]과 미

---

1 돌이나 벽돌 따위를 쌓는 일

장 공사를 이어갔다. 화천의 겨울 날씨는 건축할 날씨가 아니다. 모든 걸 얼어붙게 만드는 강력한 추위가 온다. 겨울에는 쉬고 봄이 오면 공사를 할 것을 한겨울에 그 추운 곳에서 벽돌을 쌓고 미장을 하다니 나도 아내도 도깨비에 홀린 듯하였다. 눈이 오면 미끄러워 자재 차량은 집으로 진입하지 못했다. 자재 차량은 언덕 아래 빈터에 자재를 내려두고 돌아가기 일쑤였다.

봄이 되어 창호가 설치되고 보일러가 가동되자 드디어 내부 작업을 할 수 있게 되었다. 후덕산 진달래꽃이 피자 건너편 산에서 바라보니 산 중턱에 자리한 아담한 한옥이 완성되어 가고 있었다.

1년여의 공사 끝에, 2006년 5월, 드디어 공사를 마치고 우리는 당호를 '청인정방'이라 명명하고 입주를 했다. 이 집은 우리 가족 미래의 꿈을 담은 장소였다. 청인정방은 푸르고 어진 정 깊은 사람들이 모여 사는 집이라는 뜻이다. 콩 농사를 짓고 된장과 간장을 만들고, 매실을 가공하며, 자연과 어우러져 살아가는 자립의 터전이었다.

청인 정방은 우리의 미래를 위한 플랫폼이었다. 우리의 삶이 새로운 시작을 알리는 상징이었다. 우리의 꿈은 단순히 자연 속에서 삶을 즐기는 것이 아니라, 지역사회와 협력하여 지속 가능한 농업 공동체 생활을 실현하는 그곳이 될 것이다. 된장 공장을 통해 지역 주민들과 상생하고, 건강한 식품을 생산하여 지역 경제에 이바지하며, 누구나 함께 어울릴 수 있는 열린 공간으로 성장해 나갈 것이다. 청인정방은 그 시작을 알리는 첫걸음이자,

앞으로 우리가 이루고자 하는 꿈을 품고 있는 공간이었다.

청인정방은 2005년 봄부터 준비를 시작해 2006년 어린이날 쯤 완공된 한옥이다. 화천 한옥학교와 협력하여 한진 학장 최영환 교수님의 지도를 받아 이 집을 완성했다. 건축자재는 평창 산림조합에서 국산 홍송을 사들였고 인건비는 들지 않았다. 화천군의 인구 늘리기 정책의 하나로 운영되는 한옥학교의 프로그램으로 집을 지은 것이다. 한옥의 전통적인 아름다움을 현대적 감각과 결합하여 지었으며, 집을 짓는 과정은 우리 가족에게 특별한 경험이자 도전이었다.

청인정방은 화천읍 동쪽 낭천산 기슭에 자리 잡고 있다. 낭천산 두 개의 산줄기가 내려가는 사이에 둘러싸인 언덕에 자리하여 포근하고 양 날개가 높아 겨울 북풍의 찬 바람을 막아주었다. 아무리 북풍한설이 불어도 머리 위로 지날 뿐 집은 바람의 영향을 받지 않았다.

사계절의 변화가 뚜렷하고 자연의 아름다움이 가득하다. 집터는 동남향으로 잡아, 아침 햇살이 부드럽게 집 안으로 스며들고 오후에는 서늘한 그늘이 드리워지도록 설계되었다. 택지 선정 시 자연 지형을 최대한 활용하였으며, 땅을 깎아 택지를 비틀어 정남향으로 방향을 잡지 않은 이유는 주어진 환경에 순응하며 살겠다는 이유에서였다.

건축 자재는 평창 산림조합에서 구매한 국산 홍송을 주로 사용하고, 일부 대들보와 기둥에는 캐나다산 홍송과 독일산 소나무 사스나를 사용했다. 주초석은 화강암 자연석을 그대로 활용

청인정방 상량식

눈이 오는 한겨울에도 집을 지었다

하였다. 그랭이질² 을 통해 돌의 모양에 맞게 나무를 깎아 끼워 맞추는 전통 기법을 사용하였다.

청인정방이 위치한 화천은 연평균 기온이 약 10도로, 겨울이 길고 추운 곳이다. 이 지역은 눈이 많이 내리지 않지만, 겨울철엔 종종 큰 눈이 내려 도로를 덮는다. 뒷산인 낭천산은 경사가 급해 이에 대비해 집 뒷산에 잣나무를 심어 낙석과 사태를 예방하고, 집 뒤에는 자연석 견치 돌을 쌓아 흙이 밀려나지 않도록 했다. 집 뒤에 흐르는 건천을 활용해 농업용수로 사용하고 있으며, 이는 버섯 재배와 정원 가꾸기에 유용하게 쓰이고 있다.

우리 집은 기역(ㄱ) 자 형태로 지어졌으며, 남쪽에 누마루³ 가 있어 사방으로 열린 공간감을 제공한다. 처음에는 참나무 너와 지붕을 사용했으나, 10여 년이 지나면서 너와가 썩어 용마루가 드러났다. 그 후 기와로 교체하여 한옥의 전통미와 내구성을 동시에 확보했다. 추운 겨울 동안의 실내 난방을 위해 별도의 난방 시스템을 가동해야 한다. 한옥의 약점을 극복하지 못했다.

[청인정방]을 짓는 데는 단순한 주거 공간 이상의 의미가 있다. 이 집은 우리 가족과 이웃이 자연과 더불어 조화롭게 살아가는 생활 터전으로 자리 잡았다. 장류를 생산하고, 지속 가능한 농업 프로그램을 청인정방은 목표했다. 자연과 사람이 순하게 어울려 지내는 공간으로 살고자 했다.

---

2 나무 기둥, 돌 따위가 울퉁불퉁한 주춧돌의 모양에 맞게 다듬어져 기둥과 주춧돌이 톱니처럼 맞물린 듯 밀착되는 일
3 다락처럼 높게 만든 마루

고생한 김에 한 채 더 짓자. 심호재 건축하기

청인정방을 준공하고 나자 더 짓고 싶은 욕구가 생겼다. 도시의 사회 활동가들이 이용할 수 있는 공간을 만들어 보고 싶었다. 자연 속에서 휴식과 성찰을 제공할 수 있는 공간을 만들고자 했다. 조용한 공간이 필요한 사람들에게 쉬거나 공부하는 공간을 만들어 제공하자는 취지였다. 문제는 자금이었다.

마을금고의 자금을 빌리기로 했다. 삼천만 원을 더 확보했다. 건축물을 짓고 담보를 설정하는 방식인 후취담보(後取擔保)[4]를 약속하고 건축에 필요한 나무 비용을 마련했다. 나머지는 또 어떻게 마련해 보자는 생각을 가지고 또다시 작업을 시작했다.

장소는 청인정방에서 잣나무 숲 쪽으로 약 100미터쯤 올라간 곳에 있는 두릅 밭으로 정했다. 심호재가 자리할 부지는 독활(땅두릅)이 무성한 2백여 평 정도 되는 편평한 부지다. 도로포장도 안 된 급경사여서 4륜 트럭이 오르기 힘든 곳이었다. 건축 조건이 매우 어려운 공사였다. 건축업자에게 견적을 요청하니 현장을 보러 왔다가 모두 머리를 흔들고 그냥 돌아갔다. 급기야 스스로 건축을 하기로 했다.

주춧돌을 마련하는 일부터 아내와 함께했다. 둘이 낡은 트럭을 타고 화천댐 옆 구만리 고개로 갔다. 그곳에 파로호 호안도로 확장공사를 하고 있었다. 제법 규모 있는 바윗돌이 나오던 것

---

[4] 주택과 같은 대출 대상 부동산이 아직 대출자의 재산으로 등록되지 않아 담보를 설정할 수 없을 때, 먼저 돈을 빌려주고 나중에 대출자가 소유권을 취득하면 설정하는 담보

을 춘천을 오가며 눈여겨본 터였다. 우리 부부는 무조건 도로공사 현장을 찾아갔다.

도로공사 현장 감독에게 음료수 한 박스 드리고 나서 이곳을 찾아온 속사정을 알려드렸다. 주춧돌로 쓸 만한 돌을 무상으로 달라고 부탁했다. 그 감독은 웃으며 가져갈 수 있는 만큼 가져가라고 했다. 단 굴삭기를 쓰면 안 된다고 하면서 '인력으로 옮겨가라'라는 단서를 달았다.

현장 감독의 마음이 이해되었다. 도로공사 때 나온 돌무더기에서 기초가 될 만한 돌들을 골랐다. 둥글넓적하고 규모가 제법 되는 돌을 기둥의 숫자만큼 찾아냈다. 하지만 기초가 될 만한 돌들은 둘이 밀어도 꿈쩍도 하지 않았다. 인력으로 하는 데는 한계가 있었다. 그러나 궁즉통, 즉 궁하면 통하는 법이다.

주초가 될 만한 둥글넓적한 바위를 골라 밧줄을 걸어 매고 한쪽은 트럭의 견인 고리에 단단히 묶었다. 그런 다음 수동 기어를 1단에 놓고 천천히 가속하면 주초석[5]이 될 만한 돌은 바위 더미에서 꿈틀대며 끌려 나왔다. 넓은 곳으로 녀석을 끌어낸 다음 트럭 뒷부분에 매달린 기다란 리프트를 바닥에 내려놓고 후진해서 돌을 리프트 평판 위에 끼운 다음 쇠 지렛대를 이용하여 꿈질꿈질 리프트로 올려놓고 리프트를 들어 올려 짐칸에 옮겨 실었다.

이렇게 해서 무거운 바윗돌을 굴삭기 사용 없이 실어 낼 수

5 건물의 기초를 튼튼히 하기 위해 기둥 밑에 괴는 돌

있었다. 한 트럭에 두세 개씩 집으로 싣고 오면 청인정방의 주차장에서 심호재를 지을 두릅 밭까지 40도 경사를 트럭이 숨이 넘어갈 듯 굉음을 내며 올라간다. 한 번에 오르지 못하거나 한 치의 실수라도 있다면 중간에서 오도 가도 못하거나 오른편 계곡으로 처박히는 불상사가 날 게 뻔했다. 등엔 식은땀이 흘렀다. 그렇게 기초가 될 바윗돌 열여섯 개를 일주일에 걸쳐 실어 날랐다.

나무의 조립과 골조는 화천 한옥학교 8기생들이 맡아서 해주었고 지도는 연륜이 있는 이 교수님이 맡았다. 석 달 동안 한옥학교서 가공한 한옥 부재들이 주차장에 도착했다. 주차장에서 새 집터까지 40도의 경사를 백여 미터를 여럿이 줄을 맞추어 동시에 어깨에 메는 목도 방식으로 운반했다. 목수들은 누군가 "어지기 어야!" 하고 앞소리를 하면 나머지가 "어지기 어야!" 하며 뒷소리로 받았다.

화천 한옥학교 8기생 스무 명이 양쪽으로 목도하고 대목수의 구령에 맞추어 한 발 한 발 산 위로 올라갔다. 경사진 산길을 오르내리며 자재를 옮길 때마다 이마엔 식은땀이 흘렀고, 심장이 벌렁거렸다.

공사 현장은 늘 활기가 넘쳤다. 이른 아침, 부재를 나르는 목도질 소리와 메질 소리가 계곡을 따라 울려 퍼졌고, 그럴 때면 소나무 향내가 진하게 피어올랐다. 주춧돌을 놓을 때마다 바닥은 주초의 모양대로 그랭이 질을 한 굵은 기둥이 주초에 자리 잡는 순간 정확히 주초에 맞아떨어졌다. 기둥과 주초 사이에 참숯

가루와 굵은소금을 한 주먹씩 올려두었다. 한옥 목수들이 부재를 결구하는 땅! 땅! 메질 소리가 계곡을 울렸다.

쾅쾅! 소리를 내며 커다란 메로 부재를 두드리면 신기하게도 작은 오차도 없이 하나의 부재가 둘로 서로 연결되었다. 기둥과 도리 들보는 그렇게 연결되어 하나의 완전체를 이루어 나갔다. 주춧돌 위에 기둥을 하나씩 세울 때 그랭이질한 기둥이 하늘 향해 자리 잡으면 어찌 된 일인지 기둥을 밀어도 꿈쩍도 하지 않았다.

세워진 기둥 위에 기둥과 기둥을 연결하는 도리가 올라앉으면 그때부터 목수들은 기둥 위에 연결된 도리와 도리 사이를 뛰어다니며 들보를 연결하고 들보 위에 동자주[6]를 세우고 소머리만 한 메로 용마루와 연결했다. 들보가 올라가고 대공이 자리 잡으면 처마와 서까래가 뒤를 이어 자리를 잡았다. 이제 심호재의 윤곽이 서서히 드러나며 목수들은 종보[7]를 올려 상량[8]을 했다.

새로 지어진 지붕 아래에서 쏟아지는 빗소리를 들었다. 그 아래 느끼는 안도감이라니. 작업자들이 땀을 흘리며 서로 맞잡고 나무 기둥을 세우는 순간, 기둥이 하늘을 향해 일어설 때 느껴지는 떨림은 모든 이의 가슴을 두근거리게 했다.

지붕을 덮기 위해 사용한 판재는 수입 감자를 싣고 온 배에

6 들보 위에 세우는 짧은 기둥. 상량(上樑), 오량(五樑), 칠량(七樑) 따위를 받치고 있다.
7 전통 건축이나 건물에서, 대들보 위의 동자기둥 또는 높은기둥(高柱)에 얹히어 중도리와 마룻대를 받치는 들보
8 기둥에 보를 얹고 그 위에 처마 도리와 중도리를 걸고 마지막으로 마룻대를 올림

서 내려진 방부 처리된 판재였다. 예산 없이 시작된 공사라 지붕을 이을 기와를 사지 못했다. '나중에 형편이 좋아지면'이란 단서를 붙이고 방부 처리된 판재를 너와처럼 사용하기로 했다. 지붕을 덮을 때마다 지독한 방부제 냄새가 코를 찔렀다. 기둥과 들보 도리와 서까래의 소나무 냄새와 지붕을 덮은 방부제 냄새가 섞여 공기 중에 퍼졌다.

하루 세 번 밥을 지었다. 아침참, 점심, 오후 참. 인건비를 주지 않으니, 밥이라도 든든히 먹여야 했다. 솥을 걸고 밥을 지어 식사를 대거나 새참으로 국수를 삶았다. 그렇게 해서 겨울이 다 가올 때 골조 공사를 마치고 판재로 지붕을 덮어둔 다음 봄이 오기를 기다렸다.

심호재 건축이 한창일 때는 비가 자주 내렸다. 비가 내리면 공기工期가 늦춰져 준공 기일이 자꾸 뒤로 밀렸다. 계곡의 단풍 든 나뭇잎은 빗방울을 머금고 무거워져서 축 늘어졌고, 땅에서는 흙냄새가 짙어졌다. 비가 내릴 때마다 현장은 잠시 멈춰 섰지만, 그때마다 작업자들은 커다란 천막 아래 모여 두런두런 이야기를 나누며 따뜻한 차를 마셨다.

가을비가 그치고 해가 나면 다시 활기를 되찾아 작업을 이어갔다. 오후 햇살이 스며들어 단풍 진 붉은 나뭇잎을 반짝이게 만들 때가 되자, 심호재는 조금씩 모습이 갖추어졌다.

강원도 지역 방송에서 한옥학교를 취재하면서 청인정방과 심호재 건축 과정을 다루어주었다. 우리는 기꺼이 모델이 되어주었다. 『전원주택』이란 잡지에서도 취재를 왔다. 젊은 부부가 산

속에 집을 짓고 귀촌했다 하니 언론에서도 관심을 두었다. 몇 개의 TV 방송프로에서 출연 제안이 왔으나 우리는 한옥학교의 연관으로 이어진 프로그램 한 곳에만 촬영에 응했다.

심호재서 자연과의 조화를 추구하며 살아가는 법을 배우고, 많은 이들과 공유할 계획을 세웠다. 이 집의 건축 목적은 도시의 시민사회단체 활동가들을 쉬게 하려는 목적이었다. 두 번째는 생태 보전과 지속 가능한 농업을 주제로 한 귀촌 교육 프로그램을 운영할 예정이었다.

심호재 주변의 숲과 산에서 자연을 보전하는 방법을 배우고, 자원 절약과 재활용, 친환경 농업의 실천 사례를 공유하는 워크숍을 개최할 계획이었다. 지역 주민들과 함께 생태 보호 활동을 진행하며, 마을 공동체와의 협력을 강화할 계획을 세웠다. 아! 정말 하고 싶은 것이 너무도 많았다.

빚잔치를 벌이긴 했지만, 미래 비전의 기초를 놓았다는 자신감이 생겼다. 우리는 이제 행복한 미래를 만들기만 하면 된다고 믿었다.

청인정방과 심호재를 통해 우리는 자연 속에서의 조화로운 삶을 실현하고, 이를 통해 더 나은 세상을 향해 걸어갈 것이다. 심호재는 그 목표 실현을 위한 전진기지가 되는 곳이었다. 우리는 꿈을 향해 한 발 한 발 나아가고 있었다.

청인정방

눈내린 청인정방

청인정방 준공식에 찾아온 사람들

인천에 있을 때 징검다리 장애아동 교육센터에 다니던 한 아동의 어머니가 다른 발달장애아 부모들과 함께 화천으로 찾아왔다. 그때까지는 그 어머니 외에는 알지 못하던 사람들이었다. 방문 목적은 장애 자녀들을 화천에서 돌보아 달라는 요청이었다.

사실 징검다리장애아동센터와 길벗 보호 작업장 아이들의 미래를 염두에 두고 고민한 적은 있었지만, 시골집 건축하느라 3년을 정신없이 달려왔기 때문에 몸도 마음도 많이 지쳐 있었다. 그들은 나와 아내에게 자신들의 의사를 밝히고 돌아갔다.

이듬해 오월, 어린이날에 그들이 다시 찾아왔다.

"선생님들이라면 우리 뜻을 받아주실 것 같아 다시 찾아왔습니다. 저희 뜻을 받아주셨으면 합니다."

결국 그들의 제안을 이사회에 상정해 보기로 했다. 갑론을박 끝에 그 뜻이 받아들여졌고, 이듬해 봄 우리 집에서 4㎞ 정도 떨어진 화천읍이 내려다보이는 남서향 언덕배기, 이른바 배머리 절산 터에 1,200평의 대지를 마련했다.

발달 장애 청년들이 복잡한 도시를 벗어나 자연 속에서 천천히 살면서 농사와 휴식을 취할 수 있는 곳을 짓기를 원했다. 남진강을 바라보며 남서향으로 햇살이 길게 누운 터는 북쪽에서 불어오는 찬 바람을 막아주며 남향의 따스한 온기를 가두는 절산이 뒤에 자리 잡고 있었다. 전망은 훤히 트여 멀리 화악산까지도 조망할 수 있었다. 남서향이라 겨울 햇살이 오래 비치는 것도 큰 장점이었다.

청인정방은 동향이라 오후 햇살이 짧아 겨울 햇살이 짧았다. 이번에 자리 잡은 터는 오후 햇살이 오래 비치는 터라 겨울에도 따뜻하게 지낼 수 있을 거라 기대했다. 우리는 평당 10만 원씩, 총 1,266평을 1억 2천만 원에 매입했다. 부지는 당시 새로 법인 대표가 된 김 모 씨와 학부모 대표의 공동명의로 등기해 두었다.

이듬해 봄, 2009년 새로운 건축이 시작되었다. 이미 두 채 아니 둥근 흙집까지 세 채의 집을 지었는데 '또?' 하며 아이들은 불만을 터뜨렸다. 아이들에게 고향을 만들어 주고자 했다는데, 산과 들을 다니며 물고기와 새를 마음껏 보게 해준다고 말했는데 이번 집짓기만 끝나면 집짓기 얘기 말고 아이들과 자연 속에 동물들과 더불어 사는 얘기 하기로 했는데 집짓기에 또 부모를 빼앗겨 버린 것이다.

어쩌랴, 부모가 욕심이 너무 많은 탓이었다. 이번에도 화천 한옥학교에서 골조를 맡아주기로 했다. 막상 공사가 시작되자 경사진 지형 탓에 아랫집과 윗집 사이에 옹벽을 설치해야 하는 상황이 발생했다. 토목공사를 하려니 고도 차이가 너무 컸다. 사람들은 경량목구조나 철근 콘크리트 건물로 지으면 되지 왜 하필 건축비도 많이 들고 공사 기간도 오래가는 한옥을 선택했느냐는 질문이 있었다.

우리는 우선 흙과 나무를 주요 건축 재료로 하는 자연 친화적인 집을 짓자고 했다. 둘째, 생태 건축을 지향해 시간이 지나 집의 수명이 다할 때 건축 자재들이 자연으로 되돌아가길 바랐다. 세 번째, 한옥 대목수들과 이들에게 배우는 목수들의 도움을 받을 수 있었던 것도 큰 이점이었다. 마지막으로 건축에서 큰 비중을 차지하는 인건비를 절약할 수 있는 점이 한옥건축으로 결정하는데 크게 작용했다.

우리는 화천군에 전체 나뭇값의 10%를 치목비 명목으로 냈다. 치목비는 전체 건축비에서 큰 부분을 차지하진 않았지만, 스물다섯에서 서른 명에 이르는 일꾼들의 일상 운영비용은 만만치 않았다.

그래도 여러 서류와 형식적 법률적 절차를 감당하면서 치열했던 한옥 건축 과정 1년이 지나고 첫 번째 건축물인 무형재가 완성되었다. 38평의 규모 있는 한옥이었다. 나와 아내는 온전히 이 일에 매달렸다.

새 임무 '강릉에 성공회 교회를 세우라'

그 와중에도 나는 강릉시 노암동에 새로이 성공회 강릉교회를 개척하라는 임무를 교구로부터 부여받았다. 강릉은 부제 서품을 받고서 개척 발령을 받은 곳이다. 교회 건물도 없고 급여도 없고 신자도 없는 3무의 전인미답 개척지였다.

우선 교회 자리는 노암동 고바우 식당 이층에 자리했다. 보증금 칠백만 원에 월 삼십만 원, 교회 보증금은 내가 마련했다. 월세 삼십은 어찌어찌 기억도 나지 않는 비용을 매달 마련해서 냈다. 이곳에서 일 년여 시계추처럼 화천과 강릉을 오갔다.

주일에 첫 번째 신자인 정광민 버나드 형제가 찾아왔다. 버나드 형제의 소개로 강릉고를 나와 86년 서울대 지리교육과를 진학했다가 민주열사가 된, 고 김성수 군 부모님이 교회에 나오셨다. 열사의 부모님은 김종욱, 전영희 두 어르신이셨다.

민주화운동유가족협의회 총무를 지낸 전영희 어머님은 춘천민주청년회 활동하던 80년대 후반에 춘천서 처음 뵈었다. 강원대생 이*희 학생이 군사독재에 저항하는 분신을 결행했을 때, 이 학생과 가족들을 위로하기 위해 춘천에 오신 전태일 열사의 어머니 이소선 여사와 김성수 열사의 어머니인 전영희 여사를 안내하고 모신 인연이었다.

주일미사를 위해 강릉으로 오는 내가 교회 바닥에서 자는 것을 마음 아프게 생각하시곤 토요일 밤이면 친히 교회로 오셔서 나를 데리고 중앙시장 제일식당서 삼숙이탕과 소주를 받아주셨다. 그리고 당신 집으로 가서 재워주셨다. 내가 강릉교회를 떠날 때까지 품어주신 두분의 뜨거운 사랑을 잊을 수 없다.

성공회 강릉교회는 이분들로부터 개척이 시작되었다. 일반적인 교회 개척은 처음부터 내가 할 수 있는 일이 아니었다. 나는 누구에게 입으로 예수를 믿으라고 말할 사람이 되지 못했다. 그때도 "예수 믿으세요. 그리고 교회에 나오세요"라고 말할 만한 예수 신심이 없었지만 지금도 마찬가지다. 다만 신앙은 말로 전해지는 것이 아니라 그이의 삶을 보고 공감하는 것이다. 종교는 권력이 아니다. 고통받는 자들의 안식처이며 상처받은 자들이 기댈수 있는 언덕이어야 한다. 신의 계시는 사랑에서 비롯되며 신앙은 강요가 아니라 자발적 고백에서 시작되어야 한다. 믿음은 우월함을 과시 하는 게 아니라 함께 나누고 공유하는데서 피어나는 것이다.

강릉에서 한 활동은 청소년을 위한 '더불어 숲' 센터를 처음 만든 일이다. 초기비용을 위해 성공회 뉴욕교구에 UTO[9] 기금을 요청했다. 약 삼천만 원가량 건물 보증금 지원을 받아 '더불어 숲'이라는 청소년 센터의 문을 열었다. 센터를 개설할 당시 성공회 강릉 교우들의 인적자원 지원과 내부 집기, 시설 설치 지원은 '함께 걷는 길벗회'의 도움을 받았다. 또한 당시 최명희 강릉 시장을 만나 운영비 지원을 약속받았다. 그렇게 강릉에서 청소년 방과 후 센터를 마련하였다. 그 후 일 년쯤 지나고 화천으로 발령을 받았다. 아마도 교구의 인사 발령과 관련된 일은 그게 마지막이었다.

강릉교회와 관련한 짧은 기억이다. 새로이 주교직에 오른 권희연 주교는 화천을 방문하여 한옥건축 상황을 돌아본 후, 강릉교회를 떠나 '화천 성공회 개척'이라는 인사 발령을 주고는 더 이상 관여하지 않았다. 강릉교회 교우들께 전후 과정의 자세한 설명도 없고 후임자에 대한 사전 조율도 없이 갑자기 발령이 났다.

그래서 지금도 강릉교회 신자들에게 미안한 감정이 앞선다. 사제로서 책임을 다해야 했는데 교우들의 신앙생활이 자리 잡기

---

9 United Thank Offering(UTO)은 미국 성공회의 오랜 사역 중 하나로, 개인의 일상 속 감사를 기부로 표현하여 교회의 선교를 지원하는 특별한 기금이다. 1883년에 시작된 이래로, 교회는 UTO를 통해 전 세계 성공회 교회와 관구의 사역을 지원하고 있다. 특히, UTO는 교인들이 감사의 마음을 담아 드리는 헌금을 100% 배분하여, 전통적인 예산으로는 다루기 어려운 창의적이고 혁신적인 사역을 지원한다.

도 전에 훌쩍 떠나오게 된 점이 무척 죄송스러웠다. 강릉교회의 첫 사제로 받아들여 주시고 기꺼이 따르고 신자로서 섬김과 존경을 보여주었다. 강릉의 김종욱 전영희 부모님과 정광민 버나드 형제를 비롯한 첫 번째 강릉 교우들이 내게 보여준 깊은 사랑에 비해 나는 아무것도 해드린 게 없다. 아직도 마음의 빚이 많다. 더불어 숲과 강릉교회는 누군가의 열정에 의해 완공되어 지금도 열심히 지역사회를 위해 봉사하고 있다.

무형재 건축을 시작하다

두 번째 건축물인 60평 한옥 무형재 건축이 시작되었다. 주문한 집의 설계도가 와서 살펴보니 건물은 양쪽으로 팔작지붕[10]을 얹은 마치 대웅전 같은 커다란 형태였다. 소박하면 될 것을…. 장애가 있는 아이들이 지내기엔 너무 집의 규모가 컸다. 건물에는 기운이라는 게 있다. 그러나 많은 식구를 수용하려면 집의 구조가 크게 만들어져야 했다. 내심 불안하고 마뜩잖은 구석이 있었으나 이미 결정된 일이라 입 밖으로 불평을 내지 않았다. 아내 조정일 선생은 한옥학교로 가서 목구조 조립에 관한 교재 편집을 도우며 한옥학교 학생들의 점심밥을 챙기는 일도 도맡아 했다.

첫 번째 집 무량헌이 완공되자 아내 조정일 선생과 나는 이

---

10 팔작지붕은 용마루, 내림마루, 추녀마루를 모두 갖춘 지붕 형태로 가장 복잡한 형태이다.

곳에서 아이들이 원하는 꿈이 실현되길 바라는 마음으로 대들보 위 종도리[11] 안에 구멍을 파서 우리의 바람을 담은 상량문을 넣었다.

화천읍 중리 배머리 절산 터에 첫 번째 한옥 무량헌이 완성되자, 인천에서 우리 법인 시설을 이용하는 발달 장애 청년들이 찾아왔다. 일주일에 사흘씩 아이들이 방문했고, 그들이 돌아가고 나면 아내는 화장실에서 피를 쏟았다. 그러기를 몇 차례 반복하더니 화장실서 쓰러졌다.

서울로 이송하여 친정 부모님 집 근처 한강성심병원에서 제 몸 안에 있는 아기집을 헐어냈다. 아기집만 한 자궁근종이었다. 그새 우리 집 두 아이는 또 뒷전으로 밀려나 있었다. 섬김의 집과 징검다리 식구들에게 뒷전으로 밀리더니 시골 와서 엄마 아빠의 사랑을 받고 싶었는데 또다시 집짓기에 밀렸다. 아이들도 집짓기에 몰두하는 부모님과 매일 벌어지는 이런 상황을 몹시 견디기 힘들어했다.

화천에서는 돕는 선생들도 없었고, 모든 일은 우리 부부가 스스로 처리해야 했다. 건축 중인 집은 준공검사도, 완공도 안 된 예비 시설일 뿐인데 매주 찾아오는 장애 청년들을 돌봐야 했기 때문에 우리 부부의 심적 고통은 점점 커져만 갔다. 그사이 건축과의 압박이 시작되었다.

준공검사 없이 시설을 사용한다는 것을 그들이 알게 되었기

11 용마루 밑에 서까래가 걸리게 되는 도리

때문이었다. 그사이에도 두 번째 60평 한옥인 무형재 건물은 짓다 말기를 반복했다. 자금이 조금 생기면 진행하고 건축비가 떨어지면 멈추는 일이 반복되었다. 어찌어찌하여 무형재 한옥 목구조 물이 드디어 완성되어 상량식을 치렀다. 주변 사람들은 우리 건물이 커다란 절집 대웅전을 닮았다며 감탄했다. 건물이 커질수록 우리 부부의 마음은 무거워졌다. 이곳을 채워야 할 많은 것들과 운영의 부담이 건물의 크기만큼이나 커져만 갔다.

혹한의 겨울을 견디다

무엇보다도 건축비가 바닥나 있었지만, 한옥 공정상 겨울이 오기 전 지붕 공사는 꼭 필요했다. 건축비는 애초에 정한 액수만큼 모금에 의존해 왔던 터라 자금 사정이 넉넉하지 않았다. 공사 진행에 여러 가지 어려움이 뒤따랐다. 제때 공사를 끝내지 않으면 비용이 더 늘어날 수밖에 없다.

겨울이 오기 전에 지붕을 덮지 않으면 눈과 얼음 때문에 목구조 물이 손상될 것이다. 천막으로 지붕을 덮고 겨울을 나느니 차라리 공사를 강행하기로 했다. 지붕 공사에 필요한 자재비만 해도 6천만 원에 달했다. 목구조 작업은 한옥학교의 몫이라 치목비와 약간의 운영비를 쓰면 되었으나 지붕 기와 작업부터는 전문 건축업자들과 계약해야 했다.

결국 부족한 건축비를 충당하기 위해 땅을 담보로 대출을 하기로 했으나 대출신청서에 도장을 찍어야 할 사람이 보증을 서

지 않아 난관에 부딪혔다. 지붕 공사는 마쳤는데 약속한 공사비는 주지 못하고 있었다. 우리 가족의 생활비를 주는 곳도 없었다. 어려울 때마다 손을 벌리면 응답해 주던 외가의 도움도 쉽지 않았다.

인천에서도 오랫동안 법인 운영에 관여하지 않고 비워둔 탓에 실무자들이 어려움을 호소했다. 조직을 재정비하고, 인천과 화천의 사업을 효과적으로 연계시키기 위해 노력했지만, 건축비 담보대출의 건은 풀리지 않고 있었다.

그사이 법인 산하 시설 중 시설장 자리가 났는데 적임자가 없어 비워두었다가 내가 궁여지책으로 앉게 되었다. 그 자리를 유지한다면 가족들에게 최소한의 생활비를 전달할 수 있기 때문이었다.

새벽이면 트럭을 몰고 인천으로 갔다가 밤이면 트럭을 몰고 화천으로 돌아왔다. 달리는 차에서 수많은 상념이 머리를 스치고 지나갔다.

"삶의 힘겨움을 특별히 나만 겪는 거라고 말해선 안 돼."

"그 누구도 자기 앞에 놓인 생에 대하여 특별한 아픔이라고 말하지 않아"

"당신과 나는 같은 목표를 가지고 인생의 강을 건너는 거야"

"우리의 삶에 대하여 함부로 말하는 사람은 없어"

"용기를 내자고".

"우린 성실하든 게으렀든 우리가 걸어온 길에 대하여 존중하고 응원할 뿐이야."

그렇게 서로를 변호하며 혹한의 겨울을 견디고 있었다.

우울함이 깊어지다

신년 초가 되면 새해를 맞으러 강릉 바다로 갔던 우리 가족만의 루틴이 있었다. 공사를 멈춘 그해 겨울, 그러니까 아내가 떠나던 그해 첫날 우리는 새해맞이를 위해 강릉으로 향했다.

지는 해의 마지막 날 오후 아내와 아이들을 데리고 화천을 출발했다. 파로호 호안을 따라 양구를 지나 인제까지 막힘없이 달렸다. 새해 일출을 보려는 인파가 동해안으로 몰리면서 인제에서 길이 막혔다. 아내는 미시령으로 돌아가자고 했다. 미시령 옛길로 접어드니 어둠이 짙어졌다. 도로를 통제하는 셔터가 열려 있어 우리는 길을 계속 나아갔다. 경포호 근처 민박집에 도착해 하룻밤을 묵고, 방에서 새해 첫 일출을 보았다. 아침에는 아이들과 바다에 나가 파도에 발을 적시기도 하고 주문진항에 가서 오징어회도 맛보았다.

집으로 돌아오는 길에 아내는 다시 미시령을 지나가자고 했다. 큰바람을 맞고 싶다고 말했다. 우리는 주문진 소돌을 거쳐 속초 미시령까지 달렸다. 정상에 오르자 바람이 거세졌다. 차에서 내리려는데 바람이 너무 강해 문이 잘 열리지 않았다. 아내가 기어코 문을 열고 바깥으로 나섰다. 나는 그녀가 날아갈 것만 같아 덜컥 겁이 났다. 나도 운전석 문을 열고 밖으로 나섰다. 바람은 얼굴을 후려치듯 불어왔다. 시간이 실제로는 1분도 채 안

됐겠지만, 마치 영원처럼 느껴졌다.

얼굴이 벌겋게 변하고 머리가 헝클어진 채로 아내가 차로 돌아왔다. 추위를 피해 미리 차에 들어온 나는 그만 돌아가자고 했다. 한동안 말이 없던 아내가 불쑥 말했다.

"내가 죽으면, 미시령 바람 속에 날려줘."

나는 가슴이 턱 막혔다. 아무 말도 할 수 없었다. 아이들도 이 말을 들었는지 모르겠으나 아이들은 아무 말이 없었다. 엄마의 우울함을 나만큼이나 아이들도 마찬가지로 느꼈을까? 나도 아이들도 앙앙대며 울지도 못할 만큼 숨이 막히는 두려움을 느끼고 있었다.

해혼, 결혼사진을 불태우다

그해 봄의 해가 서쪽으로 넘어가고, 저녁 어스름이 짙게 깔릴 무렵이었다. 나는 토방 아궁이에 장작을 집어넣고 군불을 지피고 있었다. 이른 저녁을 마친 아내가 갑자기 결혼 사진첩을 들고 아궁이 앞에 다가왔다. 그리고 이어진 대화,

"그건 왜 들고나왔어?"

"태우려고! 우리 지금 해혼하자."

"해혼? 그게 무슨 소리야?"

"모든 게 잘못됐어. 돌아갈 길이 없어."

"얼마 전에 해산터널에 갔었어."

"거긴 왜?"

"떠나려고."

"어디로?"

말뜻을 몰라서가 아니었다. 두려웠다. 정말 떠날까 봐!

"휴대전화에 붙은 요한이 사진 때문에, 요한이, 혜린이, 그 아이들을 조금 더 보고 싶어서……."

"안 돼, 그런 생각 하지 마. 이 고비를 넘어가면 모든 게 잘될 거야."

"잠깐 자리 비켜줘."

나는 멍하니 자리를 비켜주었다. 아내는 아궁이 앞에 앉아 결혼사진을 한 장씩 꺼내 불 속으로 던졌다. 활활 타오르는 불길 속에 결혼식 사진들이 순식간에 사라져갔다. 모든 걸 초월한 듯한 내려놓은 표정의 그녀를 나는 말리지도 못하고 그저 멍하니 바라볼 수밖에 없었다. 사진이 모두 타 없어질 때까지 나는 그 자리에 그대로 서서 아내의 뒷모습을 멍하니 바라보았다.

필자가 고안해서 만든 가마를 데우던 화덕

메멘토 모리[12]

(그녀가 떠나기 전 마지막 주일 사순절 고난주간의 교구 주보)

재의 수요일이다.

오늘부터 부활절까지 이어지는 사순절이 시작된다.

오늘 밤 나는 죽음을 떠올린다.

죽음은 항상 우리 곁에 있지만, 우리는 그 존재를 애써 외면하려 한다. 그러나 죽음은 늘 우리 가까이에 있으며, 마치 어두운 그림자처럼 우리를 따라다닌다.

어느 날 문득, 당신은 공중에 떠서 자신이 누워 있는 침대를 내려다보게 될 것이다. 그곳에는 사랑하는 가족들이 있고, 아내나 남편이 곁에 엎드려 울고 있다. 아무리 불러도 그들은 대답하지 않는다. 이제 당신은 그들과 같은 세상에 있지 않음을 깨닫게 된다. 당신의 육신은 딱딱한 베옷에 싸여 있고, 메마른 솜이 입을 막고 있다. 그러나 이상하게도 숨이 막히지는 않는다. 저 멀리서 울고 있는 자신을 바라본다. 얼마 후 당신을 기억하는 사람들이 하나둘 모여든다. 영정 앞에서 어색하게 절을 하고, 서로를 위로하며 슬픔을 나눈다. 당신과 함께했던 웃고 울었던 순간들을 무심히 떠올린다. 새벽이 되면 당신의 가족들은 지친 모습으로 영정 앞에 앉아 있다.

눈을 감고 잠깐 당신의 얼굴을 떠올리거나 남겨진 현실적인 문제들을 생각할 것이다. 발인 미사 전 사제가 당신의 영정 앞에

---

12 메멘토 모리(Memento mori)는 '자신의 죽음을 기억하라' 또는 '너는 반드시 죽는다는 것을 기억하라', '네가 죽을 것을 기억하라'라는 의미를 지닌 라틴어.

서 향을 피운다. 그 순간 당신은 이 세상과의 마지막 이별을 준비한다. 차가운 흙 속에 묻히거나, 화장터의 불길 속으로 사라져 가는 자신의 육신을 바라보면서 당신은 이제 더는 이 세상에 속하지 않음을 느낀다. 이제 당신의 가족들도 남은 일을 마무리하기 위해 떠나야 한다.

그들은 당신에게 손을 흔들며 점점 멀어지고 당신은 하늘에서 그들의 모습을 지켜본다. 이젠 당신도 영원을 향해 떠날 시간이다.

> 사순절 동안 우리는 금식과 기도, 자선을 실천한다. 삶을 움켜쥐고 있는 것들을 내려놓고 더 본질적인 것을 찾기 위해서다.
> '너는 흙이니, 흙으로 돌아갈 것을 기억하라.'라는 말은 우리의 삶과 죽음의 본질을 일깨워 준다. '메멘토 모리' 죽음을 기억하라.

사순절을 시작하며 나는 이 글을 교구 주보 담당자에게 보냈다. 이 글을 쓰는 순간 죽음은 내게서 멀리 있는 것이 아니라 내 삶의 한가운데에 와 있었다.

미시령 큰바람 속으로 떠난 아내

그해 오월이 되었다. 매주 월요일이면 두 아이는 마석에 있는 산돌학교로 떠났다. 산돌학교는 감리교 재단서 운영하는 기숙형 대안학교다. 우리 부부는 아이들의 결을 살리는 인간화 교육을

청인정방 처마 끝에 달린 풍경

받게 하고 싶었다. 그래서 아이들과 함께 대안학교를 찾았고 집과 한 시간 반 거리인 마석 수동에 있는 산돌학교를 선택했다. 요한은 열다섯 혜린은 열넷 산돌학교 중2 중1 과정에 다니고 있었다.

그날도 여느 때처럼 아내와 함께 춘천역으로 가서 서울 가는 기차에 태웠다. 아이들은 익숙한 손짓으로 인사하고 기차에 올라갔다. 아내는 그날따라 무표정한 얼굴로 아이들에게 아무 말이 없었다. 여주로 가서 도자기 모형을 사 오기로 했던 계획을 떠올리며 물었다.

"여주로 초벌 도자기 사러 갈까?"

아내는 잠시 생각에 잠긴 듯 고개를 돌리더니

"아니 그냥 집으로 가자."

아내가 차를 몰았다. 평소와 달리 음악도 틀지 않았고, 길가의 풍경에도 관심을 두지 않았다. 우울해하는 것 같아서 불편한 심기를 건드리지 않으려고 그저 창밖만 바라보고 있었다. 집에 도착하자 말없이 집 안으로 들어갔다.

나는 공구를 모아둔 창고로 발길을 돌렸다. 잠시 후 차 시동 소리가 들려왔다. 문을 열고 밖으로 나가 보니 아내가 차를 몰고 언덕 아래로 내려가고 있었다. 나는 달려가서 어디로 가는지 묻지 못한 채 멍하니 바라보고 서 있었다. '드라이브하고 돌아오겠지.' 하며 공구 정리를 마치러 창고로 들어갔다.

그러나 날이 어두워도 아내는 돌아오지 않았다. 전화를 걸어도 응답이 없었다. 불길한 생각이 스치고 지나갔다. '혹시 무슨 일이 생긴 건 아닐까?' 열 시가 넘어도 연락이 없어 마석 사는 아내의 친구에게 전화를 걸었으나 그녀도 아내의 소식을 몰랐다. 불안은 점점 커졌다. 잠을 이룰 수 없어 뜬눈으로 밤을 지새웠다.

새벽녘, 잠시 눈을 붙였을 때 '쿵!' 벼락 치는 소리가 들려 잠에서 깨어났다. 무서운 꿈이었다. 창밖엔 부슬비가 내리고 있었다. 그날은 부처님 오신 날 이었다. 점심 무렵까지 전화 연락을 취하고 기다렸으나 아내의 소식은 오지 않았다.

집을 나서 근처 암자를 찾았다. 스님과 인사를 나누고 싶었지만, 그럴 수가 없었다. 절에 가서 부처님께 뼛속까지 불자인 아내의 안전한 소식을 알려주십사 부탁드리러 간 건 아니었을까 싶다.

아내는 불자였다.

성공회에서 '클라라'라는 이름의 세례명을 받았으나 속사람은 불교도였다. 그녀의 법명은 '무량형'이다. 형상도 숫자도 보이지도 않고 셀 수도 없는 커다란 '없음'의 존재다. 그래서 그 언덕배기에 지은 집의 당호도 그녀의 법명을 따라 무량헌, 무형재로 지은 것이다.

그 비 오던 부처님 오신 날의 암자에는 낯선 얼굴들만 보였다. 암자를 떠나 집으로 돌아오는 길 발걸음이 점점 무거워졌다. 마당에 주차하고 현관으로 들어서는데 시커먼 그림자가 현관에서 뛰쳐나와 공중으로 사라지는 게 보였다. 사람은 아닌데……. 두려움이 엄습했다. 집에 돌아오니 휴대전화에 아내가 보낸 문자가 있었다.

"나 미시령에 있어, 정리 좀 해줘."

가슴이 철렁 내려앉았다. 전화를 걸었지만, 여전히 받지 않았다. 불길한 생각이 엄습했다. 나는 가까이 지내던 감리교회 한주희 목사에게 연락했다. 한주희 목사는 곧장 집으로 달려와 주었다. 그가 운전하는 차를 타고 미시령 정상으로 향했다.

기억을 더듬어 미시령 옛길을 따라 올라가 정상에 오르니 휴게소가 있다. 아무리 찾아도 아내의 차가 보이질 않았다. 혹시 아래로 구른 건 아닐까? 허둥지둥 내려가 보아도 사고의 흔적은 없었다. 저 멀리 까마득히 내려다보이는 구불구불한 미시령 옛길을 따라 속초 방향으로 내려갔다. 그곳에도 휴게소가 하나 있는데 멀리 눈에 익은 차가 보였다. 차에서 내려 허겁지겁 달려가 보니 아내의 차가 맞다. 차 안을 들여다보니 아내는 마치 잠든 듯 누워 있었지만, 이미 돌아올 수 없는 길을 떠난 뒤였다.

조수석 바닥에는 재가 담긴 그릇이 놓여 있었다. 곧이어 119가 도착했고 잠긴 문을 열었다. 운전석 위로 아내의 짧은 메모가 적혀 있었다.

"부모님께 내 죽음을 말하지 않았으면 좋겠어, 화장해서 바람에 날려 줘"

나는 그만 자리에 주저앉고 말았다.

아내는 나에 대한 원망도 자녀들에게 미안하다는 말도 남기지 않았다. 그냥 '무'로 돌아갔다. '무량형'이란 그녀의 법명이 문득 떠올랐다.

119편에 고성의 어느 병원으로 옮겨진 아내는 경찰과 검찰의 일정한 절차를 마치고 장례를 치러도 좋다는 허락을 받았다. 아내의 오빠에게 전화했다 오빠가 서울서 달려왔다. 동생의 유서가 적힌 메모와 시신을 확인한 오빠는 길게 말하지 않았다. 그

부처님 오신 날

저 "동생을 잘 보내줘"라는 말뿐 더 이상 말이 없었다.

　그때까지 동행했던 한주희 목사가 운전하고 운구차에 실린 아내의 시신을 따라 춘천 어느 장례식장으로 옮겼다. 속초에서 아내를 싣고 춘천 장례식장으로 가는 길, 하염없이 눈물이 흘렀다. 고생한 아내에 대한 미안함과 일을 그르친 후회가 뒤섞인 눈물이요, 또 하나 함께 꾸었던 공동체의 꿈이 사라지는 비통한 좌절, 꿈이 산산조각 난 것 같은 절망의 눈물이었다. 그리고 아이들과 나를 버리고 떠난 그녀에 대한 배신감의 눈물이었다. 이 모든 어려운 숙제를 내게 남기고 떠나가 버린 그녀에 대한 원망의 눈물이었다. 세상에서 가장 못난 남편의 미안한 눈물이었다.

　팽팽하던 빨랫줄이 어느 순간 툭! 하고 땅으로 떨어졌다.

　모든 것이 무너졌다.

아내를 떠나보내고 난 후

아내가 떠나고 나서 내 마음은 텅 빈 채, 아무것도 할 수 없는 상태가 되어버렸다. 엄마의 장례식을 치른 후 두 아이는 지리산 둘레를 걷는 순례길 걷기를 떠났다. 아이들과 함께 있고 싶은 마음에 먼저 떠난 아이들의 뒤를 따라갔다. 호남선 완행열차는 구례를 지나 하동역에 도착했다. 아이들이 앞서 걸었던 그 길을 따라 나 혼자 터덜터덜 걸었다.

　끝없는 들판 길이 이어졌다. 한 발짝 한 발짝 내디딜 때마다 억누를 수 없이 눈물이 쏟아졌다. 아이들 앞에서 더 이상 울지 않겠다고 스스로 다짐했건만 들판 길을 혼자 걸어가는 동안 하염없이 눈물이 쏟아졌다.

    그렇게 길을 걸어 남해를 돌아 구례청소년수련관까지 걸어서 먼 길을 돌아오는 아이들을 만났다. 긴 여정을 마친 아이들을 데리고 아내가 없는 집으로 돌아왔다.

    아내는 생전에 유독 나비를 좋아했다. 여름이 되면 아들과 함께 해산으로 나비 채집을 다니던 그녀의 모습이 떠올랐다. 아내가 세상을 떠난 후 나는 자주 나비를 떠올리곤 했다. 뒤뜰에 무심히 앉아 있는데 하얀 나비가 내 앞에 날아오더니 나비는 내 눈앞에서 마치 춤을 추듯 가볍게 날아다니며, 나의 시선을 사로잡았다. 나비는 멀리 날아가지 않고 내 주변을 맴돌며 마치 나를 봐달라는 듯 한참을 머물렀다. 그러다가 그 나비는 어느 순간 내 입술 위에 살며시 내려앉았다.

    그 순간, 아내가 나비가 되어 나를 찾아온 것 같았다. 나비는 오랫동안 내 입술 위에 머물렀고 나는 눈물을 흘리며 소리 없이 울고 있었다. 나비가 울지 말라며 내 슬픔을 위로해 주는 듯했다. 아내의 마음이 나비를 통해 내게 전해지는 것만 같았다. 그 하얀 나비가 내 입술 위에 가만히 앉아 있는 동안 아내가 여전히 나와 함께 있음을 느꼈다. 그렇게 나비가 되어 돌아온 아내는 나약하고 철없는 날 위로해 주고 있었다.

    우리 부부는 서로 많이 달랐다. 같은 물건을 보아도 서로 다른 생각을 했다. 서로 자신의 주장이 강했다. 나와 아내는 지독하게 싸웠다. 싸우기 위해 결혼한 사람들 같았다. 토론하며 싸

왔다. 토론하다 지치면 다시 쉬면서 새로운 싸움의 논리를 만들어 냈다. 서로의 처지에서 이해될 때까지 토론이든 논쟁이든 눈앞에 놓인 사안에 대한 서로의 견해를 확인해야 다음으로 넘어갈 수 있었다. 언제나 두루뭉술한 듯 하지만 고집이 센 나와 두루뭉술한 듯 하지만, 원칙주의자인 아내는 서로 이해가 되지 않으면 이해가 될 때까지 온갖 논리로 무장하고 토론을 벌였다. 뭐든 감정이 깔끔하게 정리되지 않은 채 두루뭉술 넘어가는 법이 없었다. 조금이라도 불편한 감정이 남아 있다면 사라질 때까지 서로의 입장을 확인했다.

우리 부부는 세상에서 가장 싸움을 많이 한 사이 나쁜 부부였다. 또 가장 치열하게 서로를 확인한 부부였다. 그녀는 강력한 힘을 가진 그 어떤 것 에도 자신의 영혼이 휘둘리지 않았다. 언제나 자기 운명의 주인이고자 했다.

죽음마저도.

원망도 미련도 없는 듯이.

깊은 우울에 빠졌다. 그 어떤 장애보다 무서운 게 우울이다. 자신을 죽이는 장애는 우울밖에 없다. 우울은 전염된다. 나도 마찬가지였다. 누구도 내 앞에서 화살을 쏘지 않았으나 사방에서 화살이 날아왔다. 신마저도 내겐 더 이상 아무런 의지처가 되지 못했다.

그녀가 살았던 마흔일곱의 생애는 한결같이 치열했다. 그녀는 내게 사랑하는 아내이자 비판자이며 동지였다. 그녀의 전 생애는 한 줄기 타오르는 불꽃이었다. 세상에 태어나 해방된 자유

집 앞 북한강에 어둠이 내리면

인으로 자신에게 남겨진 몫을 끝까지 다 끝냈다. 그녀가 없는 세상은 암흑이다. 더 쓸 수도 없다. 우리는 하늘나라에서 다시 만날 거라고, 그때까지 하늘나라에서 편히 쉬라는 말밖에는 더 붙일 말이 없다.

불꽃처럼 타올랐던 삶.
잘 가라 나의 그대,
가장 치열했던 나의 동지,
사랑했던 나의 벗.

이 글을 쓰는 지금은 그녀가 떠난 지 14년이 지난 그날이다.

미완의 건축물을 마무리 짓다

아내가 세상을 떠나기 전 상황은 이랬다. 배머리에 짓던 공동체는 6개월 이상 건축이 멈춰져 있었고, 감리사와 군청 관계 부서로부터 건축 허가 기한을 넘긴 건축물을 어서 완공하라는 독촉을 받고 있었다. 건축비를 마련하기 위한 이사회의 재가를 요청했지만, 토지 공동명의자인 이사장 김모 씨는 답이 없었다.

건축비는 고갈되었고 완공 기한을 6개월 이상 넘긴 채 건축이 중단되고 있었다. 이를 해결하기 위해 건축비를 마련할 대출 서류에 이사장은 도장을 찍지 않았다. 토지담보 대출 서류에 도장을 찍고 나서 벌어지는 일에 책임질 수 없다는 뜻이다.

건축이 멈춰진 채 6개월 동안 대책 없는 시간이 흐르고 있었다. 그 기간도 이용자인 발달 장애 청년들은 매주 왔다. 그 와중에 아내가 갑작스럽게 세상을 떠났다. 모든 게 흩어져 버렸다. 우리 부부를 믿고 건물을 지었는데 중심에 서서 이끌던 사람이 갑자기 사라졌다. 신뢰의 주체가 사라진 난감한 상황을 만난 것이다.

혼이 나간 상태에서 정신없이 아내의 장례를 마친 내게 풀어야 할 과제가 난맥처럼 얽혀 있었다. 정신 건강도 나빠졌다. 대화하다가도 잠들어 버리는 기면증이 생겼다. 나도 우울함이 깊어졌다. 결국 나를 돕던 이사님들의 도움으로 이사회를 다시 개편하고 토지의 명의와 현재 건축물에 관한 권리 일체를 내 앞으로 돌려받았다. 그 후 토지담보 대출로 모자란 건축자금을 마련하고 화천에 짓던 공동체 건물의 건축을 마무리했다.

결국 2013년 6월 건축을 마무리하고 준공식을 마쳤다. 준공식 날 아무런 조건 없이 복지시설을 운영해 보겠다는 새로운 운영진과 처음 이 건축 제안을 한 장애 청년 부모들에게 토지와 건물 권리 일체를 넘겨주고 나는 손을 떼고 물러났다. 아내를 잃고 공동체 마을 설립 계획도 무너진 나는 깊은 상처를 안고 모든 권리를 포기하고 물러났다.

건물 소유권을 그들에게 아무 조건 없이 넘겨준 내게 어떤 장애아 부모는 자신의 건축비 반환 소송을 제기했다. 자신이 투자한 건축비를 돌려달라는 소송이었다. 어이가 없는 일이었다. 지루하고 긴 법정 싸움이었다. 건축비 반환을 끈질기게 요구하던 참여자의 요구에 변호사의 조언을 잘못 이해하고 자금 담당 직원이 써준 반환 각서를 근거로 결국 법원은 그의 손을 들어주었다. 어느 장애 청년 부모에게 은행에서 돈을 빌려 돌려줘야 하는 바보가 되었다. 그 후 그 직원도 법인을 떠났다. 그는 책임이 없다. 내 뜻에 따랐을 것이며, 모든 책임은 나에게 있었다.

아내가 떠나고 장애아 부모들도 떠났다. 아내와 엄마를 잃어버린 나와 아이들만 남았다. 아이들에게 부모는 우주다. 우주의 반이 무너졌다. 아이들은 내게 신이었다. 나는 그 소중한 신에게 지울 수 없는 상처를 입혔다.

우리들의 작은 오아시스, '섬김의 집'

우리는 시골로 이주하여 농사를 기본으로 생활공동체를 꿈꿨다. 2005년부터 2011년 말까지 시골살이 7년 동안 매실 농장을 가꾸고 한옥을 몇 채 지었다. 그러나 모든 것이 잘 이루어질 것 같았던 그때 아내의 갑작스러운 죽음으로 인해 나와 두 아이는 깊은 슬픔과 혼란 속에 빠졌다. 마침내 그동안 쌓아온 모든 성과를 시골에 놓아두고 다시 도시로 나왔다.

아이들은 학교에 있다가 주말이면 화천 집으로 돌아왔다. 나는 인천에서 그동안 설립한 이 시설 저 시설로 옮겨 다니며 지냈다. 주말이면 아이들을 데리러 학교로 갔다. 그렇게 육 개월을 제물포 사무실서 지내다가 결국 섬김의 집으로 들어갔다. 사실, 나는 이 집에 얹혀살고 있는 셈이었다.

약 30년 전, 나는 말도 할 수 없고, 움직이는 것조차 불가능한 한 여인을 알게 되었다. 그녀는 혼자서 먹거나 옷을 입을 수도, 몸을 움직일 수도 없는 상태였다. 왜 하느님이 나와 그녀를 만나게 하셨는지는 알 수 없지만, 그녀는 나의 인생에 있어 매우 중요한 전환점이 되었다. 우리는 섬김의 집이라는 작은 공동체에서 함께 지냈으며, 한 집에서 함께 살기도 하고, 내가 아이들을 데리고 화천으로 떠났을 때 그녀도 세상을 떠났다. 나는 환갑이 지날 때까지 그녀와 비슷한 처지에 있는 사람들과 함께했다.

섬김의 집은 내가 처음 설립한 작은 생활공동체였다. 아내를 잃고 돌아온 나를 이곳 사람들은 아무 말 없이 받아주었다. 이곳 사람들은 내가 어떤 꿈을 꾸었는지 시골에서 무엇을 했는지, 그동안 얼마나 마음이 아팠는지, 그리고 무슨 이유로 다시 이곳으로 돌아왔는지에 대해 아무것도 묻지 않았다. 그들은 패잔병처럼 돌아온 나를 묵묵히 받아들였다.

이곳의 사람들은 대부분 병약하다. 많은 이들이 글을 읽거나 쓸 줄 모르고 겨우 천천히 움직이거나 스스로 걷는 것조차 힘겨워한다. 심지어 음식을 씹거나 삼키는 것조차 어려운 사람도 있다. 그런데도 나는 이들이 내게 줄 수 있는 믿기 어려울 만큼의 선물이 있다고 느낀다. 이들은 사막과도 같은 세상에서 평화와 희망의 원천이 되어주며 나에게 삶의 이유와 평화 그리고 기쁨을 가져다줄 것이라고 믿는다.

이 글을 읽을 수 있는 사람들은 아마도 고등 교육을 받았거나, 책을 외부로 공개하지 않는다면 성공회 신자이거나 내 주변 사람들이다. 그런데도 나는 이 작은 공동체에 사는 사람들이 적어도 사제인 내게 생명과 구원의 원천이 되리라고 믿는다. 사제가 세상에서 버림받은 듯한 나약해 뵈는 그들에게 생명과 구원의 빵이 되지 못할망정 그들이 사제에게 생명과 구원의 원천이 되다니, 아마도 멀쩡한 정신을 가진 사람들에게 이런 이야기는 황당하거나 비논리적으로 들릴지도 모른다. 그러나 나는 자신을 위해 아무것도 할 수 없는 이 중증 장애인들에게서 깊은 우정을 느끼고 있다.

가끔 우리 공동체를 방문하는 사람들은 자기 연민에 빠져 있는 경우가 많아서 누워 있는 중증 장애인들이 전하는 메시지를 제대로 받아들이지 못할 때가 있다. 그들은 흔히 이곳의 장애인들을 베풀어야 할 시혜의 대상으로 바라본다. 종교인의 눈에는 구원받지 못한 불쌍한 영혼으로 여겨지기 쉽다. 그러나 그들은 독립된 인격체로서 자신만의 가치와 존엄을 가지고 있는 존재들이다. 이들과의 진정한 교제를 위해서는 더 많은 시간이 필요할지도 모른다.

우리 공동체의 구성원들은 장애인이든 비장애인이든 모두 서로에 대한 연민으로 하루를 시작한다. 자신이 정상이라고 믿는 사람들의 큰 착각은 이곳의 중증 장애인들이 공동체의 주인이 아니라 대상화된 객체로 취급받는다는 점이다. 그들은 주체적인 결정권을 가진 이들이 아니라 일방적인 규칙에 따라야 하는 종속된 사람들로 여겨지는 경우가 많다.

우리 공동체에는 여러 명의 중증 지적장애인이 있다. 그중에서도 은주 씨와 애자 씨는 성인이지만 혼자서는 아무것도 할 수 없는 것처럼 보인다. 그러나 이들은 타인과 사랑을 나누고 친교를 나누며, 따뜻한 연민을 지닌 공동체로 우리를 초대하고 있다. 그들은 마치 우리에게 말한다.

"나와 함께 잔치에 가지 않겠습니까?"

"나와 함께 친교를 나누지 않겠습니까?"

라고 말한다. 이것은 우리를 향한 그들의 초대이다. 이 버림받은 것 같은 사람들도 우리에게 이렇게 말한다.

"나는 당신을 사랑합니다"

"나와 함께 친교를 나누지 않겠습니까?"

만약 우리가 기꺼이 "그리하겠습니다"라고 대답한다면, 우리는 냉혹한 자본의 세계에서 공동체와 희망의 세계로 들어가는 초대에 응하는 것이 된다.

섬김의 집은 사실 고통스러운 경험을 가진 이들의 공동체이다. 우리는 서로 말다툼하기도 하고, 누가 더 중요한 사람인지 따지기도 한다. 뇌 병변으로 후천적 장애가 있는 성인 남자 중 일부는 과거에 배운 이기적인 습관을 버리지 못해 주변 사람들의 처지를 이해하지 못하고 불평을 하기도 한다. 가족들로부터 학대를 받았거나 다른 곳에서 고통스러운 경험을 한 이들은 사람에 대하여 깊은 두려움의 상처를 안고 있다. 방문자 중에는 자신의 상처를 치유하지 못한 채 다른 이들을 위로하려고 하는 사람들도 있다. 교만과 친절 사이에서 우리의 상처가 드러나기도 하고, 그 상처가 녹아 마음의 성장이 일어나기도 한다.

한때 나는 가난한 이들을 이상화하며 그들과 함께 가난하게 살아야 한다고 생각했다. 그러나 가난이라는 현실은 나에게 직접적인 고통을 안겨주었다. 가난한 이들은 많은 곳에서 상처받는다. 가난은 고통스럽기 때문이다. 나는 가난이 주는 절망에 분노하기도 했다. 그러한 삶을 선택한 지 10년이 지난 후 나는 가난에 대해 새로운 것을 발견하게 되었다. 그것은 부자가 되는 것이 아니라, 가난하지만 스스로 일하며 살아가는 것이다.

우리는 섬김의 집에서 싸구려 와인을 만들기도 하고, 전례용 포도주를 생산하기도 했다. 둘다 특별히 차이는 없다. 주당이 사면 와인이었고 사제가 사면 미사용 포도주로 변했다. 나아가 우리는 시골에 작은 땅을 마련하여 매실나무를 심고 콩을 가꾸며, 된장과 간장을 만들어 자립하고 자급자족하는 공동체를 꿈꾸었다.

2005년 3월, 우리는 강원도 화천으로 이주하여 이러한 꿈을 현실로 만들기 위한 첫걸음을 내디뎠다. 그러나 그 꿈은 나와 아내, 그리고 우리 부부의 결단에 동의했던 많은 이들의 꿈이기도 했다.

이제 스무 해가 지나고 나니, 모든 아픔과 상처의 고통이 하나로 연결되고 있음을 느낀다. 많은 상처를 지닌 사람들이 모여 살고 있다. 나 역시 상처와 고통으로 점철된 시간이 나를 억누르기도 했지만, 사랑하거나 사랑받기를 포기하지 않았다. 이 공동체로 다시 돌아와 사는 이 시간 속에서, 공동체의 성원들은 항상 사랑을 갈구하고 있으며, 그들을 보살피고 함께 살아가는 과정에서 나의 고통과 상처는 서서히 회복되고 있다.

이 사람들은 사회복지사나 요양보호사의 손길을 기다리기보다는, 서로의 따뜻한 연민과 사랑을 나누며 살아가기를 원한다. 우리는 가족의 따뜻함과 서로의 안전이라는 두 가지 책임을 우선시하며 따뜻한 연민의 마음을 지닌 공동체의 길을 모색하며 걷고 있다.

대형 시설은 가정이나 집이 될 수 없다. 섬김의 집처럼 주택가에 있는 작은 시설들이 늘어나는 것이 중요한 이유는 이들이 특별한 존재가 아니라 자연스럽게 사회의 구성원으로 함께 살아가기를 원하기 때문이다. 섬김의 집도 처음부터 주변 이웃들에게 쉽게 받아들여지지 않았다. 이웃들은 처음에는 거부감을 보였고 쉽게 마음을 열지 않았다. 인천에서 섬김의 집은 20년 동안 네 번이나 이사를 했다. 이제 이곳에 머문 지도 열 번째 해가 되어가고 있지만, 이웃들은 조금씩 마음을 열고 있다.

뇌에 심각한 손상을 입어 듣지도, 말하지도, 생각하지도 못하는 사람도 자신이 사랑받고 있는지, 미움받고 있는지를 금방 알아차린다. 이들이 사랑받지 못한다고 느낄 때, 그들의 얼굴은 변하고 눈빛도 바뀐다. 육체가 투명하게 변하며 긴장과 두려움, 외로움, 고뇌가 그들을 덮친다. 이들은 자신을 방어할 수 없다. 방어할 도구가 없기 때문이다. 아기가 부모로부터 사랑받지 못하면 자아가 부서진 모습이 되는 것처럼 말이다.

작년에는 우리 공동체에서 자립을 위해 떠났던 사람이 있었다. 그는 알코올 문제로 가족들 사이에 갈등을 자주 일으켰고, 공동체의 결정으로 다른 곳으로 가서 살 것을 권고받았다. 그러나 그는 한 달 전 다시 돌아와 공동체에서 살기를 원했다. 그가 사랑받지 못하고 또다시 내침을 당한다면, 자신의 부서진 자아를 용서할 수 있을까? 그는 자신의 요구가 다른 사람들에게 귀찮게 여겨지고, 공동체 구성원들로부터 내침을 당할 때 깊은 고통을 느낀다. 그 사람의 알코올 의존증으로 인한 과거의 고통스러운 기억 때문에 공동체는 그의 재 입주 요청을 받아들이지 않았다. 그러나 다행히도 그는 따뜻한 마음을 지닌 간호사의 집에서 보호를 받다가 근처 요양병원으로 입소해 지내고 있다.

이곳에서 은주 씨나 금동 씨를 통해 지적장애인들이 얼마나 친교를 원하고 있는지를 알게 되었다. 애자 씨는 자신의 애정을 행동으로 표현한다. 그녀는 방문자들에게 손에 입을 맞추고, 어깨를 다정하게 껴안으며 자신의 마음을 전한다. 은주 씨도 다른 이의 손에 입을 맞춘다. 금동 씨는 타인의 손을 자기 어깨 위에 올려놓고 두드린다. 이것은 "당신은 나의 친구가 되어줄 수 있습니까? 나는 당신에게 중요한 존재입니까?"라는 말로 요약할 수 있다.

섬김의 집에 사는 장애인 식구들은 대상도 아니고 종도 아니며 주인도 아니고 그냥 스스로 존재한다. 이 사람들은 자기들이 선의나 사랑을 가졌다고 바깥으로 드러낼 필요가 없다. 억지로 누르고 살아야 할 탐욕도 부리지 않는다. 수도자나 사제들처럼

어느 여름날 해 저무는 콩밭에서

감수해야 할 청빈도 없다. 하느님 섬긴다고 떠들지도 않고 이웃 사랑 형제사랑 외치지도 않는다. 자기들만 하느님 믿는다고 티 내거나 자랑하지 않는다. 십자가를 안고 살겠다는 말도, 등지고 살겠다는 말도 하지 않고, 포교도 전도도 하지 않는다. 있는 듯 하고 없는 듯하며 감추려고도 않고 드러내지도 않는다.

사제들처럼 자기 신앙을 의복으로 나타내려고 거추장스러운 옷도 입지 않는다. 그들은 뜨겁게 흘려야 할 눈물도 없고 하느님을 믿는다고 밖으로 드러낼 기쁨도 없다. 무심히 오고 무심히 간다. 그들은 진심의 사람일 뿐이다. 즉 진인眞人이다. 진인이 있으면 따뜻해서 좋고 없으면 시원해서 좋다.

상처 입은 늑대

아내가 세상을 떠난 후 나는 깊숙이 찔린 상처에서 흐르는 피를 핥아 대는 굴속에 들어앉은 한 마리 늑대였다. 그렇게 마음 둘 곳 없는 날들을 보내는 가운데 한 사람이 나타났다. 나이 지긋하신 아주머니가 내 사무실 앞 작은방에 오셔서 나의 식사를 챙겨주고 전화도 대신 받아주었다. 아내가 떠난 뒤 우리 부부를 오래전부터 알고 있던 부인이 돕기를 자원하여 오신 것이다.

그녀는 2000년 초기 통합교육 보조교사로 가장 먼저 지원한 분이었다. 우리 부부가 시골로 떠났을 때 그녀는 마치 선생님을 잃은 학생처럼 우리의 떠남을 아쉬워했다. 그녀는 언제나 다정스러운 손 편지를 써서 우리 부부에게 보내주었다. 크리스마스가 되거나 새해가 되면 예쁘고 정성스러운 솜씨로 만든 연하장을 보내셨다.

우리가 시골에서 가족들의 살림집을 짓고 나서 산 너머 동네에 여럿이 살아갈 공동체 마을을 짓고 있을 때도 그녀는 지지와 격려가 담긴 편지를 보냈다. 언제나 정갈한 손 글씨로 마음을 표현하던 그녀에게 과분한 사랑을 받았다. 아내가 세상을 떠났을 때 누구보다 안타까워한 분이셨다.

그해 늦여름 한 여인이 그 부인을 찾아 내가 있는 사무실로 왔다. 그 부인과 예전에 동화 구연을 함께 배웠다고 해서 부인과 나이 차이를 넘어 친구가 된 사람이다. 그날 부인은 자연스럽게 그들의 저녁 식사에 나를 초대했다. 그때 나는 뚜렷한 거처가 없어 법인 산하 시설을 옮겨 다니며 동가식서가숙東家食西家宿하던 시절이었다. 난 예정에 없던 식탁의 불청객이었다.

그 여인은 밥상을 앞에 두고 나지막한 목소리로 말문을 열었다.

"저는 자폐성 장애가 있는 딸을 둔 사람입니다. 오늘 선생님이 어떤 분인지 정 선생님으로부터 이야기를 들었습니다. 선생님은 온 마음을 다해 약자들을 사랑하셨다고요.

특히 가난하고 장애가 있는 아이들을 위해 헌신하셨다고 들었습니다. 더 이상 슬퍼하지 마시고 선생님의 삶을 살아가셨으면 좋겠습니다."

대략 이렇게 말했던 것으로 기억한다. 말을 마치는 여인의 눈에 그렁한 눈물이 맺혀있었다. 마치 큰 전투에서 패배자가 된 표

청인정방 정원의 하늘로 날고 싶은 자전거

정으로 처음 보는 여인의 위로를 그저 멍한 얼굴로 바라볼 뿐이었다.

'여긴 어디고 나는 누구인지', '왜 내가 처음 보는 저 여인에게서 이런 말을 듣는지' 그저 멍하니 바라보며 그녀의 이야기를 꿈결처럼 귓가로 흘려보낼 뿐이었다.

그 후 석 달쯤 지났을까? 그녀가 궁금해졌다. 그녀는 신포동 국제상가 거리와 내항 부둣가에서 중국을 왕래하는 보따리상들과 러시아 상선 선원들을 상대로 달러와 위안화를 환전해 주는 환전상이었다.

대학에 입학한 딸과 발달 장애가 있는 중학생 딸과 살고 있다고 했다. 그때까지도 나는 아내를 잃은 상실의 충격에서 헤어나오지 못하고 있었다. 먹고 잘 곳조차 마땅하지 않았다. 내 몸 뉠 작은 방 하나 없었다. 나는 그저 상처 입고 절룩이며 거리를 떠도는 한 마리 늑대였다.

법인 산하 시설이나 직원들에게 몸을 의탁한다는 것은 자존심이 허락하지 않는 일이었다. 그 일이 있고 나서 육 개월 후 겨울이 다가왔다.

빈방 있습니까?

그날은 진눈깨비가 내리는 스산하고 추운 초겨울 저녁이었다. 렛잇비를 불러준 부산 친구와 전화 통화를 마쳤다. 잠시 후 소중한 사람들에게서 전화가 오기 시작했다. 내겐 두 명의 자녀가 있었다. 그 순간은 내게 아무도 보이지 않았다. 아이들이 보인 것은 내가 정신을 차린 뒤였다. 밤이 늦었는데, 갈 곳이 없었다. 그때 그 우연한 저녁 자리에서 내게 눈물을 보인 그녀의 연락처를 확인하고 전화를 걸었다. 그리고 대뜸 물었다.

"당신 집에 빈방이 있습니까?"

"네 빈방이 하나 있기는 합니다."

그리고 그녀는 즉시 대학에 다니는 딸에게 방 한 칸을 어떤 남자에게 빌려주어도 괜찮겠냐고 물었다.

딸은 "엄마가 믿는 분이라면 얼마든지 불편함을 감수할 수 있으니 데려오셔도 돼요."라고 답했다. 그날 이후 나는 그 집의 식객이 되었다.

학기가 시작되자 그녀의 큰딸은 대학 기숙사로 들어갔고, 작은딸과 함께 거실에서 지냈다. 내가 잠든 새벽이면 그녀는 내 방에 들어와 내 코에 손가락을 대고 숨을 쉬는지 확인하고 돌아나갔다. 뒤이어 작은 딸이 내 방에 들어와 잠든 척 누워 있는 내 얼굴을 이상한 동물 보듯 보고 나가곤 했다. 이렇게 낯선 남자와 그녀들의 희한한 동거는 시작되었다.

나는 안방을 차지했다. 여인과 딸은 거실에서 지냈다. 다른 방이 있는데도 셋이 살던 습관이었다. 나는 나쁜 수컷 뻐꾸기였다. 마치 뻐꾸기가 오목눈이 둥지에 알을 낳고 오목눈이가 부화시키는 것처럼 남의 둥지에 내 큰 덩치를 밀어 넣고 오목눈이 집을 차지한 뻐꾸기가 된 셈이었다. 불과 일 년 전까지만 해도 시골의 내 집에서 살았던 내가 이제는 낯모르는 여인의 집에서 더

부살이하고 있다니…….

그때부터 한 지붕, 두 가족의 기이한 생활이 시작되었다. 사춘기에 접어든 내 아이들은 지방의 대안학교에 다니고 있었다. 주말에는 나와 함께 화천 집에서 지냈다. 어떤 때는 신림동 외가에서 지낼 때도 있었다. 해가 바뀌고 새 학기가 시작되자 그녀의 큰딸이 기숙사로 들어갔다. 봄이 되자 나의 두 아이를 이곳 오목눈이 둥지에서 지낼 수 있도록 아이들을 인천으로 불러들였다.

대학생 큰아이가 쓰던 방을 내 딸아이가 쓰도록 하고 남은 한 칸은 아들더러 쓰라 하고 하나 남는 안방은 내가 차지했다. 그녀와 딸은 거실서 지냈다.

주말을 지내러 새로운 거처로 돌아오면 딸아이는 방문을 닫고 자기 방에서 나오지 않았다. 시간이 지날수록 우울이 깊어져 갔다. 세상을 떠난 엄마는 그 아이를 감싸던 우주였다. 그 하늘이 갑자기 무너졌다. 반쪽짜리 하늘이었던 아빠도 낯모르는 여인의 집에서 몸을 의탁하고 있었다. 나도 아이들도 가슴이 미어지는 날들이 지나고 있었다. 우리는 서로 아무 말도 하지 않으나 공기로 느낄 수 있었다.

말할 때가 왔다. 아이들에게 엄마의 죽음을 둘러싼 정황들을 솔직하게 이야기했다. 서로 진심을 나누는 대화가 필요했다. 우리 가족은 끝나지 않는 끝없는 대화를 이어갔다. 딸아이는 마음의 고통을 호소했다. 딸의 상처받은 마음을 치유하기 위해 인내의 시간이 필요했다. 마음 상태를 노출했던 딸아이는 심리상담이 필요했고 사내아이는 그때까지 잘 견디어내고 있었지만, 아들 역시 가슴속에서 슬픔이 차곡차곡 쌓이고 있었다. 겉으로는 외려 아빠와 동생을 위로하고 버텨주고 있었다. 그 아이들 어떻게 괜찮을 수 있었겠는가?

가족 상담을 시작했다. 그러나 깊은 상처를 씻어내기엔 세월도 시간도 모자랐고 마음도 더 아파야 했다. 다만 혼란스러운 시간이었고 어두운 밤을 보냈지만, 우리는 서로를 포기하지 않았다. 몇 번의 혼란스러운 밤을 보낸 후에야 비로소 우리 모두 조금씩 마음을 내려놓기 시작했다. 질풍노도의 시기가 지나가듯, 딸의 시간도 그렇게 흘러갔다. 두 해가 지나 열일곱이 되자 아들 요한이 먼저 삼 개월 동안 인도를 여행했다. 갠지스강에 몸을 담그고 히말라야의 안나푸르나 베이스캠프까지 걸어가면서 씻김의 시간을 가졌다. 뒤이어 딸 혜린도 열일곱이 되자, 같은 프로그램을 가지고 인도로 떠났다. 그러나 인도여행 수업은 가지 않겠다고 거절했다. 거절의 이유는 분명했다. 가족들이 모두 나서서 설득했다. 첫 기착지인 인도 하이데라바드 아름다운 손 학교까지 딸과 동행하며 이야기를 나누었다.

일주일 후 나는 혼자 돌아오며 인도에 남겨진 딸이 새로운 세계와 접하는 여행을 통해 씻김의 시간이 되기를 기도했다. 모든 것을 하늘 뜻에 맡겼다.

딸이 인도여행에서 돌아오고, 우리 가족을 받아준 그녀와 열여덟이 된 작은딸을 데리고 '섬김의 집'으로 함께 살러 들어갔다. 그녀는 나와 법인을 둘러싼 상황을 알지 못했다. 화천에서 복지

시설을 짓는 과정에서 어려움이 있었고 그 와중에 아내가 세상을 떠났다는 사실을 그해 겨울, 나를 둘러싼 모든 사정을 그녀에게 털어놓았다. 그녀는 그제야 모든 정황을 이해하고 장애아 딸을 데리고 '섬김의 집'으로 함께 살러 들어온 것이다.

이후 2년에 걸쳐, 그녀와 나는 복잡하게 얽힌 화천의 시설 건축 마무리를 비롯하여 뒤엉켜 버린 여러 문제를 하나씩 풀어가기 시작했다. 그녀는 나의 아이들과 섬김의 집 식구들을 차분히 건사하며 살림을 안정적으로 꾸려나갔다. 그녀는 나와 내 주변의 사람들을 품어주는 사람이었다.

그녀는 언제나 최선을 다했다. 그녀가 가진 전부를 가지고 왔다. 이 모든 것의 밑바탕에는 그녀의 헌신이 있었다. 상처 입은 아이들의 마음을 감싸주었다. 믿음과 신뢰를 느끼는 것은 오랜 시간의 다짐이 필요한 것이다. 온기를 품은 시간을 통해 아이들은 조금씩 마음의 상처를 내어놓기 시작했다.

우울함에 빠진 나와 두 아이를 지지하며, 세상을 떠난 아내의 기일과 명절 때마다 추모식을 마련해 주었다. 딸을 잃고 실의에 빠진 노부모님, 그리고 흩어져 있는 내 형제들까지 그녀는 따뜻하게 감싸 안아 주었다. 그 시간 동안 그녀는 우리 법인에서 필요한 공부를 시작했다.

사회복지사가 필요하니 대학에 편입해서 사회복지를 전공했다. 섬김의 집 일을 하면서도 약자의 인권을 보호하기 위해 대학원에서 여성학 석사과정을 마쳤다. 섬김의 집 가족을 돌보는 데에 필요한 심리상담사와 평생교육사 자격증도 얻었다. 섬김의 집

수도국산 똥고개 시절부터 함께한 고상십자가

과 법인 소속의 시설들 관계를 조율하며 살림을 꾸려 나갔고, 시민사회 문제에도 적극적으로 참여했다.

여성노동자회와 여성민우회와 시민사회단체의 집행위원장으로 활동했다. 인천광역시와 미추홀구, 인천발전연구원과 인천시설관리공단 인권위원으로 봉사했다. 그동안 그녀에게 주어진 여러 민원을 지혜롭고 따뜻하며 유연한 태도로 해결해 나갔다.

그녀가 딸과 함께 섬김의 집으로 들어와 식구들과 함께 지낸 지 어느새 12년의 세월이 흘렀다. 섬김의 집 식구들이 새집으로 떠나기 일 년 전인 2021년 봄 섬김의 집 가족 돌봄 활동 관련해서 무릎 연골이 모두 닳았다. 다 쏟아 부은 듯했다. 그녀는 시술을 받았지만 온전하지는 않다. 그러나 걷지 못하는 정도는 아니다.

그 와중에 코로나 19가 닥치자 나와 그녀는 새로운 일을 시작했다. 코로나로 인해 닫힌 식당 문을 열고 배고픈 거리의 천사들과 고독한 노인들을 위한 길거리 식당인 제물포 밥집을 열었다. 하느님은 3년 동안 우리에게 일용할 양식을 보내주셨고, 우리는 그곳에서 '환대와 경청'의 공동체를 만들어가고 있다. 그 공동체는 땅 위에 세워지는 것이 아니라, 그곳에 오는 손님들과 노숙인들의 마음속에서 이루어지고 있다. 하느님은 언제나 가난한 사람들과 약자들을 섬기라 하시니, 그동안 얻은 지혜와 경험을 통해 양 떼를 돌보라는 말씀으로 받아들인다.

그녀와 만난 지 14년이 지났다. 섬김의 집에서 고된 삶은 그녀의 무릎 연골을 닳게 했으며, 어깨에는 석회가 끼고 힘줄도 끊어졌다. 다리는 2년 전에 수술했고 어깨는 한 달 전에 수술했으며 지금은 회복 중이다. 나는 이 길을 걸으며 고통스러운 여정을 보냈지만, 그녀는 언제나 밝고 힘찬 에너지를 유지했다. 아마도 그녀는 나보다 더 깊은 고통을 겪었을 것이다. 그러나 그녀는 그 고통을 삶의 일부로 받아들이며 특유의 쾌활함과 밝은 에너지로 어둠 속에서 빛으로 나아갔다.

하느님은 시련을 통해 단련시키고 그 시련은 헛되지 않으리라 믿는다.

'섬김의 집' 주일 풍경

대성당의 미사는 거룩한 향을 피워 연기를 내고 웅장하고 멋진 대례복을 걸치고 머리엔 관을 쓰고 지팡이를 짚은 주교가 나선다. 주교가 집전하는 대미사가 있고 또 평범한 사제들이 집전하는 미사가 있고 또 나 같은 사람이 장애인들과 함께 바치는 소규모 예배가 있다. 우리식구는 한 번도 아름답고 거룩해 뵈는 성전에서 미사 드려본 적이 없다. 일요일이면 3층 식구들, 1층 식구들 모두 2층에 모여서 각자 편한 데로 자리를 잡았다. 밥상보다 조금 작은 상을 펼치고 그 위에다가 성작聖爵[13]과 십자가를 올려놓고 촛불을 켜 두었다.

시작은 그랬다. 조용히 모두 편한 데로 자기 자리를 잡는다.

13 미사 때 포도주를 담는 잔

예배의 열림은 제법 거룩하게 시작하는 듯하지만 이내 분위기는 자연스러워진다. 하늘에서 '거룩이'가 내려온 듯했지만, 사실 아무것도 없다. 우리식대로 해서 웃는 놈 우는 년 가끔 드러누워 간질을 하는 친구도 있다. 하느님께 바치는 금주의 특송[14]이 시작될 때부터 분위기가 슬슬 바뀌기 시작한다.

　순서를 맡은 이가 "이번 순서는 쌍방울 언니가 하느님께 바치는 특송입니다"라고 안내를 하면 기자와 차순 씨가 자리에서 일어나서 앞으로 나온다. 이른바 섬김의 집 가수 '쌍방울 자매'다. "오늘의 특송은 무엇입니까?" 그러면 쌍방울 자매 보컬인 기자는 하느님께 '새마을 성생님'을 불러드린다고 한다. 원곡은 이미자의 '섬마을 선생님'이다. "해~애~당~화 피이~고~오 지~이~는 새애~애 마으~래~~~"로 시작하는, 어머니 세대의 심금을 울리던 이미자 선생님 노래다. 두 자매 이름은 '쌍방울 자매'로 당대의 '은방울 자매'를 본떠서 지었다. 그저 두 자매의 노래와 춤이 하느님을 기쁘게 해주실지는 몰라도 우린 신나고 즐거웠다.

　쌍방울 자매가 몸을 흔들며 특송을 열심히 부르면 옆에 앉아 있던 애자 씨가 벌떡 자리에서 일어난다. 애자는 한 팔과 한쪽 다리를 못 쓰는 지체 장애와 지적장애 중복이다. 이제 환갑이 지났는데도 아직도 침을 줄줄 흘려서 턱받이를 하고 다닌다. '엄마!'라는 외마디 말 외에는 할 줄 모르지만 일단 음악이 들리면 일어나서 몸을 흔드는 애자 씨. 옆에 있던 힘센 임 탁 씨가

14　특별 찬송, 혹은 특별 찬양

섬김의 집 춤추는 애자씨

'에이, 에이!' 하면서 장단을 맞춘다. 임 탁 씨는 동네 사람들에게서 사랑받는 섬김의 집의 오랜 식구다. 동네 할머니들께 친절하고, 언제고 골목서 만나면 열 번이라도 인사하기 때문이다. 그러면 흥이 오른 지적장애인 금동이가 일어나서 현란하게 개다리춤을 춘다.

그러면 쌍방울 자매는 더욱 신이 나서 큰 소리로 집이 떠나가도록 노래한다. "파~아~도 따~아라 와~ 앗 따~아~가 파도 따라 돌아간 새~~애 마을 서~엉~새~앵 니~이님"을 그리워하면서 말이다.

한바탕 난장이 벌어졌다. 그런데 장단 맞춰서 흔들던 백댄서 역의 애자가 거품을 물고 제대 앞에 널브러진다. 애자가 흥분하니까 뇌전증이 온 모양이다. 입에 거품을 물고 쓰러져서 벌벌 몸을 떠니까 특송이고 뭐고 애자를 응급조치하고 애자가 깨어날 때까지 기다린다.

하느님은 우리가 드리는 이 꼴을 다 내려다보고 웃고 계셨을 것이다.

하느님을 웃겨드리는 섬김의 집 예배다.

섬김의 집 주 여사[15]

안녕하세요?

오늘 장례식을 치른 주정연 마리아예요. 그냥 주 여사예요. 신부님은 평소에 저를 "주 여사!"라고 은근하게 불러 주셨어요. 사실 저는 예쁜 구석은커녕 팔다리도 비틀어지고 대화도 안 되고 몸을 움직이지 못해요.

정신과 약은 수십 년 먹고 치아도 없고 아! 코밑엔 수염도 나고 생긴 건 소도둑처럼 생겼는데 근데 제가 이렇게 많은 사람으로부터 처음이자 마지막으로 짧은 순간이나마 기억 받고 명복을 빌어주셔서 참말로 고맙습니다.

인사가 너무 길었네요. 전 지금 창공을 날고 있어요. 내 육신의 껍질은 이제 한 줌의 재가 되었고 내 영혼은 깃털처럼 가벼워져 영원의 나라로 가고 있어요. 사실 말이죠, 전 살았을 때보다 지금이 훨씬 더 좋아요.

좁은 침대에서 혼자 누워있다 보면 모기가 들어와 코를 물어 미치게 가려워도 긁을 수가 없었어요. 고놈이 내피를 다 빨아먹어 날갯짓 힘들 때까지 빨려도 속수무책이었죠. 밤이 되어 모두 잠들면 베개를 옮기거나 엉덩이가 아파도 돌아누울 수가 없었어요. 뼈가 살을 파고들어도 참고 있다가 새벽이 되어 누군가가 들어와야 도움을 청할 수 있었죠.

가끔 내 입에 밥 넣어주던 경님이 넌 나이 서른, 내 나이 반

---

15 주정연 씨가 세상을 떠난 뒤 그녀 마음을 필자가 대필한 편지다.

토막밖에 못살았는데 내 입에 밥 넣어주는 게 귀찮다고 크게 한 숟갈씩 볼이 미어지게 먹여주기도 했어요. 고년 그땐 얄미웠는데, 이젠 얄미운 경님이도 그리워질 것에요. 나 밥 먹여주던 총각 있죠. 영도 삼촌. 딴 사람들이 나 챙겨주는 것보다 영도 삼촌이 밥 먹여줄 때가 젤로 좋았어요. 창피한 것도 모르고 참새처럼 입을 쩍쩍 벌리곤 했죠.

밥이 맛나기도 했지만, 밥 먹여줄 때 은근슬쩍 삼촌과 눈도 맞추곤 했어요. 왜 은근히 설레었나 몰라요. 그리곤 침대를 올려주거나 내려줄 때. 그리고 주일 미사 때 영도 삼촌이 복사 노릇 했거든요.

영성체 받을 때 신부님이 입에 넣어주는 떡과 포도주는 정말 달고 맛있었어요. 죄송해요. 예수님 피가 맛있다고 해서요. 하지만 사실인걸요. 그래서 미사 시간이 은근히 기다려지고 좋았어요.

옆자리 애자가 날 질투하기도 했어요. 자기도 밥 먹여 달라고 침을 줄줄 흘리거나 잉잉거리면서 입을 쩍쩍 벌릴 때는 추잡스러워서 정말 꼴도 보기 싫었어요. 사실 한 방에 살던 애자 씨는 먹는 거 외엔 아무 관심도 없었어요. 난 그래도 쟤랑 같진 않다고 스스로 위안하기도 했지요.

아무튼 영도 삼촌, 정말 고마웠어요. 욕지거리 다 받아주고 화도 안 내고, 내가 원하는 것 알아서 다 해준 것 감사해요.

그리고 최 선생님도 고생 많았죠? 나 때문에. 매일 목욕시켜주고, 옷 갈아입히고, 시중 다 들어주고. 그 대신 '최 진사 댁 셋째 딸' 많이 불러 드렸잖아요. 나한테 툭하면 노래해 달라고 졸랐잖아요. 사실 내 레퍼토리는 버라이어티한데 최 선생님이 나를 너무 자기 수준에 맞춘 것 같아요.

그리고 뭐 내가 세상에 남긴 것 하나도 없어요. 자식도 형제도 없어요. 아빠는 필리핀 군인이었고 한국전쟁 때 오셨거든요. 엄마는 잘 모르겠어요. 돌아가셨겠죠. 뭐.

아 쌍가락지가 하나 있어요. 세 번째 남자가 해준 거예요. 사랑했던 그분은 제 장례식에 못 오셨겠지만, 저도 애틋한 사랑 해본 적 있거든요. 이젠 다 아쉬운 기억도 애틋했던 그 사람과의 기억도 다 날려버릴 거예요. 그 가락지 신부님께서 가지고 계시다가 가락지 필요한 사람 생기거든 주세요, 아셨죠?

그리고 권 선생님. 우리 엄마 같았어요. 투정도 많이 부렸죠. 토요일, 일요일, 공휴일 같은 때에 아무도 오지 않을 때 혼자서 제 똥오줌 기저귀 갈아주었죠. 똥 싼 것 치울 때, 더럽잖아요. 그때 솔직히 미안해서 소리 지르고 미친년처럼 굴었어요. 그거 다 받아줬잖아요. 미안해요, 엄마. 엄마라고 불러보고 싶었어요. 권 선생님께 받은 사랑 잊지 못할 거예요. 권 선생님, 그런데 오늘 왜 그렇게 울어요? 신부님이 고별 미사 때 웃으면서 보내자고 했는데. 이젠 정말 안녕이에요. 권 선생님. 당신은 제게 사랑을 알려주셨어요. 그리울 거예요. 권 선생님.

마지막으로 섬김이네! 아래층 우리 여자 가족들, 위층 남자 가족들, 모두 잘 있어요. 나를 그 차가운 냉동고에 넣지 않고 마지막까지 따뜻하게 안아줘서 고마워요. 다음에 하늘나라에서

가족들의 반려견 '망고'도 함께 한 섬김의 집 주일미사

다시 만나요. 행복했어요.

   그렇게 그녀는 우리 곁을 떠나고 오늘도 우리는 그녀가 떠난 길에 서 있다. 먼 곳까지 돌아와서 하느님 당신을 찾게 해주셨다.

맹숙이를 추억함

그러니까 대구 달성초등학교 5학년 때부터 맹숙이는 맥없이 자꾸 넘어지기 시작했다. 초등학교를 졸업할 무렵에는 학교를 제 발로 걸어 다닐 수 없게 되었고 엄마 등에 업혀 겨우 초등학교를 졸업하고 자리보전하고 누웠다. 원인도 병명도 알 수가 없었다. 좋다는 병원은 모두 순례했으나 병명조차 알 수 없었다.

   근동에서 용하다는 무당의 굿판이 사흘돌이로 앞마당에서 난장을 벌였지만 맹숙이의 병은 좀처럼 차도를 보이지 않았다. 어머니는 굳어져 가는 딸의 마른 육신을 둘러업고 팔공산 갓바위를 비롯한 무열왕 영험함이 살아있다는 감은사까지 순례했지만 맹숙이의 병세에는 혀를 내두르고 물러나 앉았다.

   맹숙이 어머니는 지칠 대로 지친 뒤에 마지막 지푸라기라도 잡는 심정으로 교회를 다니기 시작했다. 이렇게 시작된 맹숙이 어머니의 지난한 교회 순례가 시작되었다. 그때 처음 배운 찬송이 존 뉴턴이 지은 '어메이징 그레이스'였다. 그리고 삼십 년이 흐르고 어머니는 세상을 떠나셨다. 어찌어찌 여차저차 맹숙이는 우리가 모여 사는 공동체로 들어오게 되었고 우리와 인연을 맺게 되었다.

주일이면 맹숙이는 빨강 헤드기어를 쓰고 맨 앞자리에 앉는다. 정면을 보게 앉혀 달라고 조른다. 얼마 전에 백내장 수술을 했지만, 별 효과가 없어 눈이 보이지 않게 되었다. 말도 못 하고 움직이지도 못하는 데다 온몸이 비틀어지고 굳어져서 제대로 앉아 있지도 못하지만, 예배 시간만큼은 사제가 마주 보이는 정면에 앉는다. 보이는 것은 없지만 맹숙이의 부동의 자리다.

"맹숙아, 입당성가 뭐 할까?"

"응응응, 응응응"

"나 같은 죄인 살리신 부르자고?"

"으으응"

"이제 입당성가 하겠습니다"

이렇게 주일 아침 성찬례가 시작되었다.

"주께서 여러분과 함께……"

"으으응"

주거니 받거니 맹숙이의 노래가 그날따라 크게 들렸다. 그렇게 주일이면 맹숙이의 성찬례는 세상에서 가장 아름다운 찬송으로 하늘에 전달되었다. 그러나 이젠 맹숙이의 '어매이징 그레이스'는 더 이상 들을 수 없게 되었다. 맹숙이는 두 주 전 그녀가 그렇게 가기를 바라던 하늘나라로 먼 여행을 떠났다. 일요일 오후 성찬례를 마치고 배가 아프다고 신호를 보내길래 병원에 입원했는데 보름여 병원에서 지내다가 하늘나라로 떠난 것이다.

"맹숙아 하늘나라에서는 누가 왕이니?"

"으응응"

"네가 왕이라고?"

"으응"

"네가 먼저 하늘나라 가거든 우리가 이렇게 행복하게 살고 있노라고 이야기 좀 해주라"

"으응"

우리는 그렇게 먼저 하늘나라에 가게 되면 이 험한 세상에서 우리는 행복하게 서로를 사랑하고 살았노라 말씀드리기로 약속했다.

아무것도 가지지 않았던 맹숙이는 빨강 헤드기어 하나 남겨두고 하늘나라로 떠났다. 우리는 한동안 그녀의 빈자리를 아쉬워하며 가슴 아파했다. '두렙 돈'이라도 드릴 게 있다면 다행이다. 그러나 그조차 내놓을 것이 없어서 슬퍼하는 사람은 행복하다.

그녀는 아무것도 내놓을 것이 없어서 온전히 자신을 드릴 수 있게 되어 행복하다고 했던 사람이었다. 육신의 고통 속에 살았지만, 마음은 언제나 행복했던 맹숙이를 내가 기억하는 이유다.

마음속 스승들

인연 순서대로 세운다면 윤정현 신부님, 박종렬 목사님, 허종 목사님, 그리고 이태복 전)복지부장관님과 한풀이 가르침을 주신 문동환 목사님, 시대와 공간은 달랐지만, 러시아의 작가 톨스토이 선생이시다.

누구나 인생길을 걷다 보면 비교적 적절한 때에 적절한 스승을 만난다. 어린 시절부터 지금까지 걸어온 길을 교육 과정에 비유한다면 '인생 역경 대학'이라고 말하고 싶다. 인생 역경 대학 과정은 고되고 힘들지만, 생산적이고 창조적이다. 일반대학은 보통 4년이면 졸업장을 주는데 인생 역경 대학에는 졸업이란 없다. 왜냐하면 배움은 평생을 두고 배우는 것이다.

나이순으로 친다면 우선 기독교장로회 박종렬 목사님이시다. 내가 박종렬 목사님에게 배운 것은 '하방의 정신'이다. '하방'이란 알다시피 '낮은 곳으로 내려감'이다. 낮은 곳, 버려진 곳, 더러운 곳, 비린 곳 등 우리 시대의 약자들이 집단으로 모여 사는 곳으로 내려가는 것을 말한다.

1992년 겨울, 인천 동구 송림동 4번지 철탑 아래 박종렬 목사님이 계시는 사랑방교회를 처음 방문했다. 구불구불 좁은 골목길, 판잣집이 경사진 산길을 따라 다닥다닥 붙은 그곳은 해고된 노동자들의 안식처였다. IMF 이후에는 노숙자가 된 이들의 쉼터 역할을 하던 의지할 데 없는 가난한 이들의 안식처였다. 그곳에서 해고된 가난한 노동자들의 친구로 지내시던 목사님을 만난 것은 내 인생에 큰 은총이었다.

서울문리대 인류학과를 나와 민주화 운동으로 옥고를 치른 뒤, 태평양 신학교서 공부하신 뒤 한국기독교 장로회 목사가 되어 인천 달동네 송림동으로 오셨다. 대우 좋고 품위 있는 안락한 교회로 가지 않고 사례도 변변치 않았을 것이고 품위도 안 생기는 산동네 빈민가로 오셔서 노동자와 빈민들의 친구가 되어주신 분이다.

박종열 목사님은 부자교회서 안락하게 배경과 권위를 드러내면서 편안하게 사실 수 있었을 텐데, 이 험한 산동네서 해고 노동자들과 노숙인들의 친구로 지내고 계셨다. 처음 뵈었을 당시 성공회 수도회의 수련 수사였던 나에게 박종렬 목사의 삶은 여러 가지로 충격을 주었다. 교육이란 학교에서 이루어지는 것만은 아니다. 세상이란 학교에서 실전을 배워가는 것이기도 하다.

그 당시 송림동 꼭대기에 '또식(가명)이' 형이 살고 있었다. 형편없는 술주정뱅이였다. 마셨다 하면 지나다니는 이들을 붙잡고 행패를 부리기 일쑤였다. 정신까지 피폐해진 알코올 중독이었다. 누구도 감히 또식이 형을 감당하지 못했다. 또식이 형이 마을에서 딱 한 사람에게 꼼짝을 못 했는데, 바로 목사님이었다. 그는 목사님 앞에만 서면 순한 양이 되었다. 왜 그러는지 물었더니 대답은 안 하시고 나의 우둔한 질문에 목사님은 "나도 몰라 또식이가 나를 사랑하나 보지 뭐" 즉답은 피하시고 언제나 부드러운 미소로 답하셨다. 목사님은 삶으로 바른길을 가르치셨다.

사랑방교회가 철거되고 아파트가 들어선 뒤 화수동으로 교회를 옮기셨다가 은퇴하셨다. 그 후 주일이면 섬김의 집 공동체 예배를 인도하셨다. 오실 때면 까만 봉지에 귤이나 사과를 들고 오셔서 예배를 마치면 장애인 가족들과 옹기종기 둘러앉아 나눠 먹었다. 박종렬 목사님은 그런 분이셨다.

성공회 윤정현 신부님과는 청년 시절 인연이 되어 그분의 길을 따랐다. 20대 후반 대학을 마치지도 못하고 낙향한 나는 춘천에서 청년 활동가로 일하던 때였다. 아마 소값 파동으로 인해 농민들의 시위가 한창이던 무렵이었다. 농민 시위에 나선 길에 흰 고무신에 작업복을 입은 어느 신부님이 눈에 들어왔다. 신부가 작업복에 고무신을 신고 농민들 곁에 서다니? 의외였다. 후에 그는 춘천 성공회 성당의 신부였고 젊은이들을 도와주시는 도량이 넓고 넉넉한 분이란 걸 알게 되었다.

당시 춘천에서 전교조 창립대회를 준비하는데 마땅한 장소가 없어서 고민하던 터였는데 성공회서 성당을 사용할 수 있도록 공간을 내주었다. 그 시절 나는 대학 졸업을 못 한 채 고향으로 내려가 청년들 대상의 민주 청년 사업을 시작한 활동가였다. 민족학교, 청년학교 등을 개설하고 미래의 청년 일꾼들을 양성하는 단체서 활동했다. 먼저 성공회로 간 청년들의 소개로 춘천 성공회 성당을 방문했다. 그곳에서 신부님의 막힘 없는 성품과 인간적인 소박함에 매료되었다.

춘천 성공회 성당으로 오는 길은 이른 봄이면 노란 개나리가 길가로 흐드러지게 늘어져 피어 있었다. 넓은 잔디밭은 언제나 푸르렀고 잘 다듬어져 있었으며 겨울이 오면 성당의 친교실에는 커다란 벽난로가 있어서 그곳에서 모이는 시민사회 활동가들의 안식처가 되어주었다.

걸인이 와도, 도둑이 와도 그냥 돌려보내는 경우가 없었다. 젊은이들은 몰랐겠지만, 신부님은 그가 누군지 다 아시면서도 사제관으로 들어가 먹을 것과 약간의 현금을 나눠 주셨다.

우린 그런 신부님을 보고 고맙게 여기고 뿌듯해했다. 젊은 날 청년 활동가로 지내면서 자연스레 성공회 춘천교회를 다니게 된 나는 그곳에서 무릇 '사제란 저런 모습이구나' 하고 사제의 상을 새기게 되었다. 그때 가슴에 박힌 사제 상은 평생 지워지지 않았다.

사제가 사람도 돌보지만 잔디와 나무를 돌보고 거지와 도둑을 내쫓지 않으며 성당과 동네 골목길을 청소하며 쓰레기를 치웠다. 검소하고 사리를 취하지 않고 어린이와 노인에게 친절하며 특히 신자들의 뒷말을 하지 않았다. 사람이 가진 흠결에 대해 함부로 평가하지 않으며 침묵과 미소로 대하는 사제 상을 보았다. 윤정현 신부님도 삶으로 나를 가르치셨다.

세 번째는 감리교회의 허종 목사님이시다. 허종 목사님을 만나게 된 것은 성공회 김경일 신부님의 소개였다. 프랑스 파리에서 한인 감리교회서 목회 활동을 마치고 돌아오신 때였다.

허종 목사님은 프랑스로 떠나기 전 한국에 계실 때 인천의 시설 장애인들의 채플린으로 지내셨다. 나는 이분을 처음 뵙고는 얼마 지나지 않아 섬김의 집 채플린으로 모셨다.

하루는 목사님의 집을 방문했다. 동암역 근처 철길이 지나는 작은 빌라들이 모인 동네에 살고 계셨다. 작은 셋방이지만 정갈하고 품위 있는 작은 방이 두 개, 작은 거실엔 탁자가 하나 놓여 있었다. '칠순이 넘은 목사의 삶이 이런 거구나, 이분은 진정 하느님의 사람이구나'라는 존경의 마음이 절로 일어났다.

사모님이 돌봄 노동을 하시며 생계를 맡고 계셨다. 목사님은 젊은 날에 낯모르는 젊은이에게 당신의 신장을 조건 없이 나눠 주셨다. 건강 상태는 늘 고만고만하셨다. 힘쓰는 노동이 애초에 가능하지 않으셨다. 물론 그 이유가 전부이겠냐 마는 당신의 목소리와 걸음걸이는 언제나 차분했다. 무엇보다, 세상에! 아무 일 면식도 없던 젊은이에게 당신의 신장을 공여하다니, 목사님 앞에서 나는 언제나 작은 애였다. 나는 마음속으로 꿈을 꾸기만 했지 실천하지는 못했다.

이렇듯 세분의 삶을 통해 하느님을 배웠고 그분들이 따르는 예수의 길을 나도 따르고자 했다. 그분들과의 만남이 축복이라 여기고 이제 나만의 길을 가고 있다. 이 세 분에게 받은 영향으로 인하여 지금 이 길을 가고 있다. 아무쪼록 내가 이분들의 삶에 누가 되지 않기를 바랄 뿐이다.

네 번째는 복지부장관을 지낸 고 이태복 선생님 이시다.

나의 빅부라더 이태복 선생님과 바이칼의 아침을 이년에 걸쳐 두 번이나 함께 했다. 바이칼 호수 수면은 잔잔했고, 공기는 투명했다. 나는 조용히 자리에 앉아 있었고, 내 옆에는 그분이 계셨다. 말이 없었다. 그저 함께 있었다.

그 순간이 아직도 선명하다. 선생과 나는 많은 말을 나누지 않았다. 하지만 그의 존재 자체가 언어였다. 그를 만나면 무겁고 복잡했던 내 속마음이 신기할 정도로 가라앉았고, 나는 평화를 느꼈다. 그것은 내가 그를 '빅부라더'라고 마음속으로 모시게 된 이유 중 하나였다. 그는 내 삶의 가장 힘들고 고단할 때에 그 자리에 있어 주었다. 어깨를 내어 주고, 말없이 곁을 지켜주는 사람. 그것만으로도 충분한 그분의 사랑의 방식이었다.

과거 민주화운동의 한복판에 있었고, 노동자의 권리를 위해 싸웠으며, 민주화운동단체인 전민노련을 이끈 죄 아닌 죄로 고문 끝에 사형수가 되었다. 7년4개월 옥고를 치르는 동안 뜨거운 인간사랑으로 견뎌냈다. 김대중 대통령이 취임하자 비서관으로 그를 돕는다. 노동과 복지 수석비서관을 거쳐 복지부장관을 하신다. 많은 사람들이 그를 투사로 기억하지만, 내가 본 그는 오히려 인내의 사람이었다. 타인의 고통에 먼저 반응했고, 성과보다 관계를 더 귀하게 여겼다. 민주주의에 대한 신념을 지키기 위해 모진 탄압과 고문에도 절망하지 않고 세상에 빛을 비춘 사람이다.

선생과 난 뒤늦게 만났다. 2012년 국민석유 설립을 위해 강원도에 오셔서 처음 뵈었다. 그후 경제정의 운동 가운데 5대 운동, 복지운동인 인간의 대지를 이끌때도, 사람과 생명을 잇는 일을 할 때도, 선생은 늘 조용히, 그러나 뜨겁게 움직였다. 그런 태도는, 사제인 나에게 더 깊은 가르침이 되었다. 선생은 처음 만난 2012년 여름이후 2021 겨울 갑자기 돌아가시기 전까지 거칠고 낮은 곳으로 언제나 찾아오셨다. 강원도 화천 생명나루 공동체 준공식에도 오셔서 힘을 주시고 인천 빈민가 장애인공동체 섬김의집으로 불쑥 찾아오셔서 가족들과 격의없는 대화를 나누셨다. 산동네로 노숙인과 빈민들을 향한 누추한 거리의 밥집으로 누구보다 먼저 찾아오셔서 마음의 위로와 함께 필요한 것들을 채워주셨다.

선생과 우리 일행은 바이칼과 몽골 초원을 두 차례 함께 여행했다. 그 광활한 풍경 속에서 그는 잔잔한 미소로 모든 이들을 모셨다. 초원에서 말타는 아이들을 물끄러미 바라보며 말했다.

"사람은 혼자 살 수 없지. 누군가는 언제나 누군가를 돌보고 있더라고."

그 말은 당신 자신을 말하는 것이었다. 그는 돌봄의 사람이었다. 어린 형제에게, 동료에게, 그리고 그가 사랑했던 민중들에게.

내 인생에서 얼마나 큰 존재였는지는, 그가 떠난 지금 더 깊이 느껴진다. 누구에게도 쉬이 말하지 않았던 외로움과 두려움을 나는 그 앞에서는 내려놓을 수 있었다. 사형수까지 갔던 이가 가진 겸손함은 나를 부끄럽게 했고, 나를 든든하게 만들었다..

그가 내 배경처럼 뒤에 서 계셨다. 때로는 앞서 길을 밝혀주었고, 때로는 뒤에서 밀어주었다. 삶이라는 긴 여정에서, 그가 내 인생의 대형으로 존재 했던 것은 큰 영광이었다. 바이칼 호수의 큰 물처럼 내 인생의 큰 울타리 였다.

바이칼의 그 잔잔한 수면을 기억한다. 그리고 그를 기억한다. 내 인생의 빅부라더.

네분 모두 종교인이시다. 우연이겠지만 장로교, 감리교, 성공회, 천주교 사이좋게 한 분씩이다.

종교의 역할은 모름지기 세상의 빛이 되는 것이다. 하여 미망의 어둠을 밝혀 무지몽매한 대중을 광명천지로 인도하는 것이다. 박종렬 목사님과 허종 목사님 윤정현 신부님, 고)이태복 장관님은 그분들 자체가 빛이 되어 어두운 곳을 밝혀오셨다. 청정 무구한 분들이다. 네 분에게 마음 깊이 존경을 보낸다.

다음으로 학문적 스승이 되신 분은 한신 학부 시절 만난 문동환 목사님이셨다. 문동환 교수님의 '민중 교육론'이란 과목을 수강했다. 아이러니하게도 이 과목을 수강하다가 학기를 마치지 못하고 졸업도 못했다. 9월 학기가 시작되고 두세 번인가 출석하고는 학교를 떠날 수밖에 없게 되었다. 대학의 마지막 학기를 마치지 못하고 경찰에 쫓기는 몸이 되었다. 이 시간은 문동환 교수님의 민중 신학 이야기를 나누는 시간이었다. 민중 신학은 한마디로 거리의 신학이다.

선생님의 저서 중 『아리랑 고개의 교육』이란 책이 있었는데 나는 이 책을 통해 다마스쿠스로 가던 길에서 예수를 만난 바울로'의 심정이 되었다. 그때 한국의 현실에서 어떤 결단을 해야 하는지 그만큼 메시지가 분명한 시간이었다. 그만큼 국내 상황은 치열했다.

민중이 가슴에 맺힌 한을 품고 넘어가는 아리랑 고개라는 상징을 통해 민중 교육 이론을 펼치셨다. 민중이 그들의 역사적 사명을 다하도록 돕는다는 선생님의 철학에 따라 민중 스스로 역사를 개척하고 새날을 열어간다는 가르침이었다. 석공의 이야기, 농부, 살인범, 노동자들의 처절한 삶의 이야기다.

민중을 통해 민중이 누구인가를 말씀하셨다. 민중은 불의하고 악한 제도로 갖은 고난을 겪는다. 질긴 생명력을 가지고 서로를 위로하며 인정을 나눈다. 하지만 마음 깊은 곳에서 억압하는 권력자들의 앞잡이와 지식인들을 향해 분노하고 저항할 줄 알며 마음 깊은 곳에서 사람답게 살아볼 수 있는 새날이 오기를 간절히 고대하는 사람들이라고 하셨다.

민중은 버림받은 사람들이 아니다. 서로를 위로하고 나아가 스스로 새날을 꿈꾸고 창조해 나가는 역사의 주인공이라고 하셨다. 그러기 위해 민중의 각성이 요청된다고 하셨다.

문동환 선생님은 민중의 부활에 대해 다음과 같이 말씀하셨다. '한 맺힌 무리는 하느님 사랑의 영에 사로잡힌 무당(메시아)의 희생적인 도움으로 한을 풀고 그를 중심으로 하는 새 공동체서 새로운 삶을 즐기게 될 것이다. 민중은 한풀이 전사가 되어 세상을 향해 나아가게 된다. 작은 신들린 자가 되어(메시아가 되어) 악령 추방의 길에 나서게 된다'[16]

라고 말이다.

이것이야말로 민중의 부활이다. 그러는 데 필요한 것은 한(恨)에 대한 단(斷)이다. 새역사의 주인공이 되어야 할, 되어가는 이들은 탐욕에 대해 단호한 단을 내려야 한다는 것, 이것이 내가 아는 민중 교육론이다.

교사의 자리는 인간 성장의 제1선에 선 사람들이다. 브라질에 『페다고지』 교육의 파울로 프레이리[17]가 있었다면 한국에는

---

16 『아리랑 고개의 교육』, 216쪽
17 브라질의 교육자로 20세기 대표적 교육사상가이다. 브라질을 비롯하여 전 세계를

『민중 교육론』의 문동환이 있었다.

　마지막으로 내게 영향을 주었던 분은 역사의 시공은 달랐지만, 러시아 대문호 톨스토이 선생이다.

　레프 톨스토이는 1828년 러시아 귀족 가문에서 태어났다. 그는 태생적으로 물질적 풍요를 누릴 수 있는 환경에서 자랐지만, 그가 선택한 삶은 이러한 특권을 초월한 것이었다. 귀족적 지위를 활용해 자신의 이익을 극대화할 수도 있었던 그가, 오히려 사회적 불평등과 인간의 본질적 문제를 탐구하며 전혀 다른 길을 걸었다는 점은 그의 삶을 특별하게 만든 중요한 요소다.

　톨스토이의 문학은 단순한 이야기를 넘어선 철학적 메시지와 인류애의 실천이었다. 톨스토이는 문학을 통해 인간의 본성을 깊이 탐구하며, 당시 러시아 사회와 개인의 문제를 통찰력 있게 그려냈다. 하지만 그의 진정한 삶의 전환점은 중년에 찾아온 신앙적 각성과 자기 성찰이었다.

　중년 이후 톨스토이는 자신이 살아온 삶을 깊이 돌아보며 큰 위기와 변화를 경험했다. 그는 물질적 부와 사회적지위를 모두 내려놓고, 진정한 인간다움과 도덕적 완성을 추구하는 길을 선택했다. 이는 단순한 철학적 주장에 그치지 않았다. 그는 비폭력, 무소유, 금욕적 삶이라는 구체적인 실천을 통해 자신의 신념을 몸소 보여주었다. 이 과정에서 톨스토이는 개인 윤리와 내면

돌며 문맹 퇴치 교육에 앞섰고 전 세계 28개 대학의 명예교수를 지냈다. '해방교육'을 주장한 저서 『페다고지』는 제3세계 민중교육학의 고전으로 읽힌다.

적 성찰을 사회적 변화의 근본적 출발점으로 삼았다.

톨스토이의 신앙은 그의 삶이 중요한 축이었다.『하느님 나라는 그대 안에 있다』라는 책에서 그는 사랑과 비폭력을 강조하며, 인간이 진정한 평화를 이루기 위해서는 내면의 변화를 통해 세상을 바라보아야 한다고 주장했다. 이러한 사상은 당시 러시아 사회뿐만 아니라 전 세계적으로도 큰 영향을 미쳤다. 특히 인도의 간디가 그의 비폭력 철학에 깊이 공감하며 이를 독립운동에 적용한 사례는 톨스토이의 사상이 얼마나 실천적이고 보편적이었는지를 보여준다.

톨스토이는 그의 삶을 통해 귀족적 특권을 거부하고, 검소하고 소박한 생활을 선택했다. 그는 자기 재산을 나누고, 농민들과 함께 생활하며, 그들의 삶을 개선하기 위해 힘썼다. 농업 공동체를 설립하고, 농민 교육과 계몽에 나선 그의 모습은 그가 단순히 이상을 외치는 사상가가 아니라, 이를 행동으로 옮긴 실천가였음을 보여준다. 그의 글 또한 그러했다. 그는 문학을 통해 불평등과 부조리를 비판하며, 독자들에게 사회 개혁과 변화를 촉구했다.

톨스토이에게 있어 국가는 신뢰의 대상이 아니었다. 그는 국가와 제도를 강하게 비판하며, 개인의 도덕적 책임이야말로 사회 변화를 이끌 수 있는 진정한 원동력이라고 보았다. 이러한 생각은 그의 삶 전반에 깊이 스며들어 있었다. 톨스토이는 사회적 약자와 함께하며, 그들의 고통과 아픔을 나누고, 그들과 더불어 평등한 세상을 만들기 위해 헌신했다.

결국, 톨스토이의 삶은 철학적 사상과 실천적 행동이 완벽하게 조화를 이루는 사례라 할 수 있다. 그의 삶과 사상은 단순히 러시아 문학의 영역을 넘어 전 세계적으로 깊은 영향을 미쳤으며, 오늘날까지도 많은 이들에게 영감과 교훈을 주고 있다. 톨스토이는 그의 삶을 통해 인류애와 정의의 가치를 몸소 보여준, 진정한 의미의 실천적 사상가였다.

그랬다. 어릴 적 곁에 두고 읽었던 톨스토이의 그림자가 나도 모르는 사이에 내 삶에 영향을 끼쳤다. 톨스토이가 지녔던 인간에 대한 깊은 애정과 비폭력, 실천적 삶의 철학이 내게 실천 방향을 제시하는 나침반 이었다. 그가 주장한 '비폭력과 사랑'은 핵심적인 원칙이었다.

나는 어릴 적부터'사랑에 빚진 자'였다. 톨스토이가 농민들과 함께 생활하며 평등한 사회를 꿈꾼 것을 보고 따라 하고자 했다. 소외된 이들과 함께하며 세상의 부조리와 맞섰던 젊은 날의 톨스토이 방식이 영향을 미쳤다. 약자들과의 연대를 통해 사회적 문제를 해결하려 했다. 톨스토이가『인간은 무엇으로 사는가』에서 강조했던 내면적 성찰과 인간 사랑의 중요성을 자기 삶 속에서 내면화하려고 했다.

나는 교회의 설교자로 남지 않았다. 가난한 이들을 위한 소공동체를 만들고, 그들과 함께하며, 그들의 입장에 서고자 했다. 지나온 삶의 과정에서 수행한 나의 역할을 한마디로 말한다면 '소외된 이들과 함께 우는 철부지 어른'이었다.

톨스토이의 단순하고 소박한 삶에 대한 철학도 내겐 중요한

눈길을 걸어가시는 허 종 목사님

생활방식으로 영향을 미쳤다. 그분은 나와 다른 시대와 다른 문화 다른 지역에서 살아갔지만, 이 좌충우돌 철없던 성공회 신부는 어린 시절 만났던 톨스토이의 영향을 받은 이름 없는 들꽃이었다.

이제 나는 스승들의 품을 떠났다.
스스로 나의 길을 간다.
'홀로 가는 먼 길'이다.

짧은 단상들

평화는 가난한 이들에게서 구하는 것이다.
부자들에게는 평화가 없다.
가난한 사람들 속에 그분의 정신이 있으시다.
매일매일 길어 올리지 않으면 고갈되는 우물과도 같은
영혼의 샘물을 길어 올려야 한다.
그런 이유로 해서 나는 가난한 사람들을 위해
십자가에 달린 예수에게서 희망을 보았다.

나는 사랑의 결핍을 느꼈다.
내 삶의 의미는 무엇인가?
내 삶은 어떻게 될 것인가?
나는 무엇으로 존재하는가?
이런 물음이 평생 꼬리를 물었다.

존재 이유를 찾기 위해
가난한 이들과 빈민가에 살면서
민중과 더불어 내가 설 자리를 찾고자 했다.
내 영혼은 아직 평화를 얻지 못했다.
십자가에 달린 예수 그리스도가 그랬던 것처럼
낮은 곳으로 내려가서 내가 서 있어야 할 자리를 찾아냈다.

이른 새벽 홀로 깨어

새벽 공기가 싸늘하게 다가왔다. 창밖을 바라보니, 세상은 아직 어둠에 잠겨 있었고, 섬김의 집 식구들은 모두 깊은 잠에 빠져 있었다. 고요한 정적 속에서 홀로 깨어난 나는 문득 한 생각에 사로잡혔다. 이곳, 길벗 공동체는 나에게 안전한 울타리가 되어 주었다. 세상의 기준으로는 미완성이라 불리는 이들과 함께 살아가며, 말과 행동이 불편한 이들과 일상을 나누는 동안 나는 내 삶을 비추어 보게 되었다. 그들의 느린 걸음과 서툰 손짓, 불완전한 말들 속에서 나는 오히려 나 자신의 결핍과 모난 마음을 마주해야 했다.

    나는 무수한 상처를 안고 살아온 사람이었다. 겉으로는 평온한 듯 보였지만, 내면 깊숙이 수많은 약점과 피 흘리는 영혼을 지닌 채 방황해왔다. 언제나 사랑받고 싶다는 갈망과 상처받을지도 모른다는 두려움이 공존했고, 그 사이에서 방황하며 살아왔다. 가난한 이들과 함께하며 사랑을 나누었지만, 부자들이나 권력을 지닌 이들에게는 쉽게 마음을 열지 못했다. 젊은 날, 나는 세상을 단순히 선과 악으로 구분했고, 스스로 정의롭다고 믿으며 날을 세웠다.

내가 수도회로 입회하고 얼마 되지 않았을 때 정무장관을 지낸 이와 재벌가의 어머니를 따라 플라자 호텔에서 식사를 한 적이 있었다. 그들의 세련된 말투와 우아한 몸짓, 손끝 하나 흔들리지 않는 기품은 나와 너무도 다른 세계를 보여주었다. 식사가 끝나고, 후식으로 받은 피칸 파이를 손에 들고 호텔을 나섰다. 밖으로 나서자 지하도 입구에 앉아 구걸하는 이가 눈에 들어왔다. 나는 망설임 없이 피칸 파이를 그의 손에 쥐어주고는 서둘러 자리를 떠났다. 그리고 그 순간 마음속에서 굳은 다짐을 했다. 다시는 저들과 어울리지 않겠다고, 나의 발걸음을 그들이 사는 세계로 향하게 두지 않겠다고. 그것이 젊은 날, 내가 세상을 바라보던 방식이었고, 내가 품었던 치기 어린 신념이었다.

그렇게 믿어왔지만, 삶은 언제나 예기치 않은 방향으로 흘러갔다. 난 수도회를 떠나 빈민가로 들어가 그 속에서 만난 이들과 삶을 나눴다. 도시에서 일정한 성과를 마치고난 뒤 귀농을 했다. 땅을 개간하고 사업을 추진하던 육년 차 되던 봄 동역자로 함께 일하던 아내가 돌연 세상을 떠났다. 아내의 장례를 치르고 난 후, 나는 마치 씻김굿을 치른 듯한 기분이 들었다. 슬픔이 사라진 것은 아니었지만, 무언가가 정리된 듯한 느낌이었다. 문득 생각했다. 이 감정은 어디에서 비롯된 것일까. 아내가 세상을 떠날 때, 나는 그녀를 붙잡지 못했다. 아니, 붙잡을 수 없었다. 그녀의 마음을 돌릴 수도, 그녀가 결정한 길을 막을 수도 없었다. 그저 절망 속에서 바라볼 수밖에 없었고, 그렇게 그녀는 내 곁을 떠났다.

깊은 좌절과 상실감 속에서 나는 살아남았고, 비루해진 채로 시간은 흘러갔다. 버려진 작은 꿈들이 내 안에 켜켜이 쌓여 갔고, 한때 불꽃처럼 타올랐던 신념들은 점점 희미해졌다. 젊은 시절, 나는 혁명을 꿈꾸었다. 세상을 바꿀 수 있다고 믿었고, 피로 쓰인 변혁이야말로 세상의 변화를 가져올 것이라 확신했다. 그러나 시간이 지나면서 알게 되었다. 폭력과 대립으로는 진정한 변화가 이루어지지 않는다는 것을. 세상을 움직이는 것은 분노가 아니라 사랑이라는 것을. 그 깨달음은 나를 병자들과 함께하는 삶을 선택하게 했다.

그러던 중, 한 여인을 만나 사랑에 빠졌고, 결혼을 했다. 가정을 이루었지만, 결국 그녀는 떠났다. 남겨진 것은 상실과 고통이었고, 사랑의 의미를 묻는 끝없는 질문이었다. 나는 사랑이란 무엇인지, 인간을 변화시키는 진정한 힘이 무엇인지, 그리고 혁명이란 결국 어떤 형태로 완성되는 것인지 고민하며 살아왔다.

그 과정에서 나는 사랑이야말로 인간을 변화시키는 가장 강한 힘이라는 것, 그리고 혁명은 피로 완성되는 것이 아니라 사랑으로 시작된다는 것을 깨달았다. 가난한 이들과 연대한다는 것은 단순한 동정에서 비롯되는 것이 아니라, 함께 비를 맞겠다는 다짐에서 오는 것임을 알게 되었다. 사랑과 혁명은 양자택일의 문제가 아니라 서로를 완성하는 관계라는 것을, 그리고 진정한 변화는 사람을 향한 깊은 애정에서 비롯된다는 것을 몸소 체험했다.

삶의 여정에서 나는 수많은 스승을 만났다. 그들은 꼭 위대한 철학자이거나 성직자가 아니었다. 때로는 무명에 가까운 사람들이었고, 묵묵히 자신의 삶을 살아가는 이들이었다. 최근에는 구순을 앞둔 한 노인을 만났다. 그는 노동을 멈추지 않았고, 조용히 본인의 일을 하면서도 누구에게나 예를 갖추었으며, 언제나 스스로를 낮추었다. 그의 모습에서 나는 다시 한번 배웠다. 인생의 길에서 만나는 모든 이가 스승이 될 수 있으며, 삶은 끝없는 배움의 연속이라는 것을.

환갑을 넘긴 지금, 나는 더 이상 누군가에게 선생으로 대우받기를 원하지 않는다. 오히려 낮은 곳으로 내려가, 사람들과 함께 어울리며 배우는 것이 나의 길임을 깨닫는다. 오월의 마지막 날, 맑고 푸른 하늘 아래에서 나는 문득 확신했다. 내 삶을 정화한 것은 결코 신념이 아니었다. 오랜 시간과 자연이, 그리고 사람들의 따뜻한 손길이 나를 정화시켜 주었다.

이제 남은 삶을 어떻게 살아야 할 것인가. 그것은 분명하다. 묵은 마음을 씻어내고, 사랑을 머뭇거리지 않는 삶을 살아야 한다. 오래된 옷이 씻기지 않아 악취를 풍기듯, 오래된 상처와 미움도 씻어내지 않으면 결국 누군가를 아프게 할 것이다. 그러니 더 이상 사랑을 주저하지 않겠다. 나에게 주어진 모든 것을 사랑하며 살아가겠다.

나는 길 위에서 헤매던 사람이었다. 혁명을 꿈꾸었고, 사랑

흐린 날 소양강

을 갈구했으며, 때로는 모든 것을 버리고 떠나고 싶기도 했다. 그러나 이제는 안다. 인간은 사랑 없이는 살아갈 수 없는 존재이며, 사랑이야말로 인간을 존재하게 하는 근원적인 힘이라는 것을. 나는 여전히 의문 속을 걷고 있지만, 그 속에서도 한 가지만은 확신할 수 있다. 사람은 사랑으로 살아가고, 사랑으로 존재한다. 그리고 그것이야말로 내가 붙들어야 할 유일한 진리이다.

신은 한 사람 한 사람 서로 다르게 만드셨다.
그 누구든 세상에 태어나지 말아야 할 사람은 없다.
우리는 서로 함께 살고 있어서 정말 다행이다.

재개발의 두 얼굴

도시 변두리에서 노쇠한 삶을 보내는 노인들의 눈앞에서 벌어지는 재개발이 가진 두 얼굴을 보고 있다. 자존심 강한 영감이 결국 사고를 치고 말았다. 며칠째 굳게 닫힌 대문이 열리지 않아서 두 어르신의 안부가 궁금해서 대문을 두드렸다. 한참이 지나 삐걱하며 현관문을 열고 나온 할머니는 콧잔등이 퍼렇게 멍이 들었고, 입가에는 밥알이 묻어 있었다. 아직 삼키지도 못한 밥 한 술을 입에 물고 우물거리며 울먹이는 목소리로 지난 사흘 동안의 기막힌 사연을 들려주었다.

"영감이 재개발 보상금 적게 나온다고 집 팔았어요. 애들이 집을 팔아서 즈덜 줄 거라고 믿었는데 집문서 가져가고 월세 달라고 했대요"

아마도 영감님이 역모기지를 하신 듯했다.

"그 뒤로 애들이 발길을 끊었어요"

그러자 영감님은 자식들에게 서운한 마음이 들었고, 마지막으로 스스로를 위로하고자 하는 심정에 할머니의 우울증 약을 한꺼번에 복용했다. 그로 인해 혼수상태에 빠졌지만, 다행히도 할머니가 119에 신고하여 병원으로 후송되었고, 사흘 만에 겨우 의식을 되찾았다고 한다.

이 집에는 두 노인만이 살고 있었다. 어느 날 자녀들과의 상의 없이 주택 자산관리 공사와 계약을 했다. 부모 사후에 집의 소유권이 그리로 넘어간다는 소식을 들었다. 이 사실을 뒤늦게 알게 된 자식들은 이후로 두 노인의 집에 발길을 뚝! 끊었다. 그 오래된 양옥집은 침묵 속에 갇혀버렸다. 자식들이 더 이상 부모를 찾아오지 않는다. 두 노인은 고독과 외로움 속에서 점점 더 깊은 어둠에 빠져들어 갔다.

다음은 옆집이다. 칠순을 넘긴 할아버지가 아흔넷의 나이로 몸져누운 할머니를 지켜보고 있다. 모자간이라고 생각하셨겠지만 24년 나이 차이가 있는 재혼 부부다. 집이 깔고 앉은 땅덩이가 넓어 재개발로 인해 보상금이 제법 되었다.

멀리서 살던 나이 든 자녀들이 번갈아 옛집을 방문하느라 할머니 집 문간이 갑자기 부산해졌다. 아들딸 너나 할 것 없이 각자의 몫을 계산하기에 바빴다. 할머니의 자녀들은 나를 보면 좋은(?) 노인 요양원이 어디냐며 소개해 달라고 부탁하기도 했다.

결국 집이 헐리기 전까지 할머니를 돌보시던 할아버지는 맨주먹으로 눈물을 훔치며 떠났고 자식들은 할머니가 마지막까지 지키던 집 보상금을 나눈 뒤 할머니는 치매 요양 등급을 받게 하고는 요양원으로 보냈다.

돌보지도 않던 어머니를 요양원에 보내고 재산을 나눠가지고 헤어졌다. 재개발이 한 번 더 진행된다면, 동네 노인들은 모두 이 세상을 떠나고 말 것이다.

망할 것들! 자기들은 늙지 않을까 보냐.

이 무더운 날씨에 도대체 사람들이 무슨 짓을 하는 것인가?

재개발은 단순히 오래된 건물을 헐고 새로운 건물을 짓는 일이 아니다. 그것은 곧 그 안에 살던 사람들의 삶을 헐고 새로 짓는 일이기도 하다. 특히 노인들에게는 더욱 그렇다. 이들은 한평생을 바쳐 이루어 놓은 삶의 터전을 하루아침에 잃게 되는 것이다. 재개발로 인한 보상금이 그들에게 무슨 의미가 있을까? 더 많은 돈보다 중요한 것은 안정된 생활과 삶의 존엄 그리고 이웃과 삶을 나눠온 터전의 유대감이다.

근본적으로 재개발 정책은 노인들의 사회적 정서적 필요를 충분히 고려해야 한다. 몇 가지 내 생각을 말해 본다면, 우선 노인들이 재개발 과정에서 의견을 제시하고 참여할 수 있는 통로가 마련되어야 한다.

재개발로 인한 강제 이주가 아닌 자발적인 이주 지원 프로그램이 필요하다. 재개발 지역 내에 노인을 위한 공공시설과 서비스가 충분히 제공되어야 한다. 노인들이 친숙한 환경에서 안전

섬김의 집 재개발

하고 편안하게 살아갈 수 있는 공간이 마련될 때 재개발은 단순한 도시 개발이 아닌 사람을 위한 사람에 의한 개발이 될 수 있을 것이다.

거리의 제물포 밥집

금요일 오전이 되면 제물포 밥집 앞에 길게 줄을 선 노인들의 모습이 보인다. 먼 곳에서 가까운 곳에서 전철을 타고 오거나 걸어서 온 노인들이 한 뚝배기 식사를 받기 위해 밥집 문이 열리기를 기다리며 서 있다. 대부분은 독거노인 또는 노숙인과 가난한 노인 부부다. 장애가 있는 자식과 함께 온 노인들도 있고 중증 장애인을 돌보는 종사자들도 가끔 동행하여 이 줄에 합류하기도 한다. 나 역시 머지않아 독거노인이 될지 모른다. 이들은 나와 전혀 다른 존재가 아니다. 제물포 밥집의 이른 아침 풍경은 우리 사회가 직면하고 있는 심각한 빈부격차와 고령화 문제를 단적으로 드러낸다.

얼마 전 제물포 밥집을 비롯한 몇몇 복지시설이 언론에 보도되었다. 하지만 그 언론보도의 초점은 현실의 복잡한 문제보다는 더 자극적이고 감정적인 보도에 치우쳐 있었다. 빈부의 양극화 문제를 깊이 있게 다루기보다 빈곤층 노인들과 노숙인의 굶주림만을 부각하는 취재는 문제 해결의 피상적 접근이다. 이러한 접근은 문제 인식과 해결 방식이 아니다.

몇 가지 떠오르는 생각이 있다. 우선 더 많은 노인 일자리 창출이다. 노인들의 경제적 자립을 돕기 위해 정부와 민간이 협력하여 다양한 일자리 프로그램을 마련해야 한다.

예를 들어 지역사회에 필요한 서비스를 제공하는 공공근로 일자리나 노인들에게 적합한 재택근무 기회를 제공해야 한다.

두 번째, 노인 공공주택 정책을 강화해야 한다. 저소득층 노인들이 안정적으로 거주할 수 있는 노인 공공주택을 확대하고 노인 생활에 맞도록 편의시설을 갖춘 시설 개보수 비용과 주거비 지원을 강화해야 한다. 이를 통해 노인들이 편리한 주거환경과 시설 개보수 비용을 줄임으로써 경제적 부담에서 벗어나 안정된 삶을 누릴 수 있도록 해야 한다.

세 번째, 노인 커뮤니티 센터의 확충이다. 노인들이 지역사회에서 활발히 교류할 수 있는 커뮤니티 센터를 확충하고, 이곳에서 다양한 문화 활동과 교육 프로그램을 제공함으로써 사회적 고립을 예방해야 한다. 공동의 식탁도 그중 하나의 좋은 선례다. 공동의 주방과 식탁을 운영하여 동네별 커뮤니티 센터가 노인들의 식당 역을 하도록 지원하는 방법이다.

네 번째, 영화 〈죽어도 좋아〉는 독거노인으로 살다가 뒤늦게 합친 노인 부부의 사랑과 성적 욕망을 그린 영화다. 그들의 모습이 조금은 낯설고 불편하게 다가올 수도 있다. 그러나 그들도 자존감 있는 어른으로 자신의 삶을 살아가는 당당한 존재다. 노인 자살률이 OECD 국가 중 1위다. 홀로된 노인들의 심리적 안정을 위해 그들을 돌볼 수 있는 방법을 찾아야 한다.

다섯 번째, 가난한 노숙인들의 문제는 다양하게 접근해야 한다. 비 오는 주말, 주안역 엘리베이터 앞에서 비를 피하던 노숙인들이 블루투스 스피커에서 흘러나오는 '빗속의 여인'에 맞춰 몸을 흔들며 춤을 추던 모습을 본 적이 있다. 그들에게도 나름의 문화가 있고, 그들만의 세계가 존재한다. 한 노숙인은 밥을 배달하는 청년의 얇은 바지를 보더니, "앵벌이 많이 해서 봉사자 청년 바지를 사주겠다"라며 농담을 건넸다. 그는 단순히 도움을 받는 수동적인 존재가 아니라, 노숙이라는 자신의 삶을 살아가는 실체적 존재다. 노숙인들에 대한 기존 접근방식을 넘어서야 한다.

말랑 콩떡 팬더의 고백

나는 그다지 사교적인 사람이 아니다. 작은 이들과 함께 살면서 혼자만의 시간이 없었다. 거리에서 생활하던 그들의 이야기가 이해되지 않았다. 세상일에 관해 경험도, 지식도 남들보다 부족했기에 판단하기 어려운 적이 많았다. 다만 선한 일 한다고 교만해지거나 나만 옳다고 독선적으로 행동하지 않기 위해 경계했다. 특히 가난한 사람들을 도울 때 더욱 조심해야 한다. 먹을 것, 입을 것을 나눌 때도, 광장에서 사람들에게 도시락을 나누어줄 때도 행동과 태도를 경계했다. 가난한 사람들을 돕는다는 것은 큰 유혹이다.

오른손이 하는 걸 왼손이 모르게 해야 한다. 교만함이 쉽게 스며들기 때문이다. 그러다 보니 충돌한 사람도 핀잔을 듣고 돌아간 사람도 있었다. 하지만 그들이 나보다 인격적으로 부족해서가 아니다. 오히려 내가 인내심이 부족했고, 성질이 급했으며, 자비로운 마음을 갖지 못했기 때문이다. 더 오래 기다릴 줄 알았다면 어땠을까.

대학 시절 머물렀던 기숙사의 이름이 '성빈학사'였다. 왜 거룩한 가난이라고 이름 지었는지 그때는 알지 못했으나 뒤늦게야 거룩한 가난의 뜻을 알게 되었다.

젊은 날 나는 성 프란치스코처럼 거룩한 가난의 삶을 살기 위해 공동체 생활에 뛰어들었다. 그러나 일정한 규칙을 따라야 하는 수도원 생활은 나에게 안 맞았다. 그곳을 나와 빈곤한 이들과 함께하는 세속의 삶을 선택했다. 하느님의 뜻과 인간의 욕망 사이에서 혼란스러웠고, 공동체 안에서 튀어나오는 이기심과 충돌했다. 고독함 속에서 영적 충만함을 찾을 수 없었다. 나는 그런 나약함을 가진 존재였다. 영적 충만함은 값싼 은혜와는 다른 것이다. 그분을 따르는 길은 고통의 한가운데에 머물러 있어야 한다는 사실을 알게 되었다.

세상을 떠난 아내를 통해 세상과 사람들, 특히 스스로 목숨을 끊은 사람들과 그 가족들의 고통을 직접 느꼈다. 떠난 사람은 오죽해서 떠났겠냐마는 남겨진 사람들은 어떤 쓰라린 시간을 겪어내야 하는지 알게 되었다. 나는 살림이 넉넉하고 평안한 생활을 유지하는 보통 사람들보다는 고통받는 사람, 고된 노동에 시달리는 사람, 그리고 장애를 가졌거나 국가의 보호에 의존하며 생계를 이어가는 사람들과 깊은 연대감을 느낀다.

이들의 고통을 이해하게 된 것은 내가 그들이었기 때문이다.

그들과 함께 시간을 보냈으며 그들이 짊어진 삶의 무게를 알고 있기 때문이다. 시련은 우리를 내면의 깊은 곳으로 이끈다. 나의 아내가 힘겨워하는 모습을 보면서도, 나는 그 고통을 진정으로 공감하지 못했고, 애써 외면하고 있었다. 그러나 아내가 떠난 후 나는 그동안 내가 보지 않으려 했던 고통의 무게를 깨닫게 되었다. 그제야 세상에 홀로 남겨진 사람들의 외로움과 아픔을 이해하게 되었다. 그들은 나처럼 감정적으로 표출하기보다는 그 고통을 묵묵히 가슴속에 담고 살아가고 있었다.

이 경험은 내 삶에 큰 변화를 불러왔다. 내면 깊은 곳에 숨어 있는 자신을 돌아보게 되었다. 시련은 내가 그동안 해왔던 일들과 말했던 것들과 글로 써왔던 것들이 얼마나 사치스러웠고 부족했는지를 알게 해주었다. 다행히도 섬김의 집 공동체가 나를 받아주었다. 이곳에서 중증의 신체장애인과 지적장애인들과 함께 지내며 그들로부터 큰 위로를 받았다. 그들은 나를 있는 그대로 받아주었다. 내가 시련을 이겨낼 수 있었던 것은 지금의 아내와 이 공동체 덕분이었다. 이곳에서 나보다 더 큰 고통을 겪고 있는 사람들을 보며 나의 상처만 특별한 것이 아니라는 걸 깨닫게 되었다.

시련은 우리를 성장하게 만들지만 동시에 고통스럽다. 시련을 통해 삶이 쪼그라들기도 하지만 지혜로운 이들은 시련 속에서 단련된다. 자신과 다른 사람들이 가진 고통을 이해하게 된다. 타인의 고통을 이해할 수 있게 된다는 것, 타인의 고통을 가슴으로 느낀다는 것이 이 일을 계속할 수 있는 원동력이 되었다.

그리하여 시련을 겪으며 감사하는 법을 배울 수 있었다. 어느 날 봉사자 중 한 명이 도시락을 나누어 주면서 자신이 얼마나 좋은 일을 하고 있는지를 사람들에게 이야기했다. 그는 노숙인들에게 자신이 그들을 도와주는 이유와 중요성을 이야기하려 했지만, 오히려 사람들은 그이를 불편해하며 받을 물건만 얼른 받고 그곳을 떠났다. 그들이 원하는 것은 빵이지 설교가 아니었다. 사람들을 돕는 행위를 할 때 후의에 대한 자랑이나 조건을 달아서는 안 된다. 나는 오히려 자선이라는 말에 반발심을 느낀다.

바른 삶을 살고 싶어 예수의 제자가 된 사람은 어쩔 수 없이 우리 사회에서는 소외될 수밖에 없다. 정의를 말하는 사람은 미움을 받기 때문이다. 누군가를 우상화하거나 지나치게 열광해서는 안 된다. 인간은 누구나 한계가 있고 극복하지 못한 결점이 있기 마련이다. 인기 있는 사람이 되려는 마음을 경계해야 한다. 예수는 천국 입장권을 판 적이 없다. 예수 팔이 장사꾼들이 한 짓이다. 밥집에선 필요한 걸 구하는 기도를 하지 않는다. 다만 자신들의 수고가 암 환자나 장애와 질병으로 고통받는 이들에게 보내지기를 청한다.

일상의 순간마다 보이지 않는 손길로 내 필요를 채워주시는 그분의 기적은 끝이 없다. 종교는 사람들에게 위로와 깨달음을 주는 하나의 길이며, 본래 권력의 도구가 아니라 고통받는 이들에게 따뜻한 쉼터가 되어야 한다. 신의 계시는 사랑에서 비롯되며, 종교적 가르침 또한 강요가 아니라 스스로 깨닫고 고백하는 데서 의미를 갖는다. 진정한 믿음은 우월함을 내세우는 것이 아니라, 함께 나누고 실천하는 데서 시작된다.

사람은 무엇으로 사는가

일요일 오후, 집 앞 미나리깡에서는 남방의 외국인 노동자들이 부지런히 손을 놀리고 있었다. 바람은 가볍게 귀를 스치며 지나가고, 따스한 햇살은 싱그러운 이파리 위에서 반짝였다. 나는 마치 세상 모든 숙제를 끝마친 아이처럼, 평온한 마음으로 전망대에 서서 그 풍경을 바라보았다. 숲속에서는 작은 새들이 지저귀며 짝을 찾고, 5월의 자연은 생명의 숨결로 가득 차 있었다.

그러나 이 평온한 순간에도 문득 떠오르는 사람들이 있었다. 자신을 위한 쉼을 기꺼이 포기하고, 이웃에게 따뜻한 한 끼를 베풀며 하루를 보내는 이들. 그들의 선행이 너무나도 감사했으며, 동시에 내 안에는 알 수 없는 미안함이 스며들었다. 그들은 진정한 영웅들이며, 우리는 모두 그렇게 서로를 보듬으며 살아가는 존재가 아닐까. 우리가 함께하는 이 삶은, 타인과의 연대 속에서 더욱 깊은 의미를 지니게 된다.

나는 어느덧 환갑을 맞이했다. 신학교에서 예수님의 행적을 배우며 그의 삶을 본받고자 했으나, 인간의 고통과 신앙 사이에서 늘 의문을 품곤 했다. 만약 신을 향한 믿음이 단순히 모든 것을 해결해 줄 수 있다면, 왜 사람들은 여전히 삶의 무게에 짓눌려 힘겹게 살아가는 것일까?

얼마 전, 신포동의 오래된 구두 수선집을 찾았다. 그곳의 주인 영석 형님은 낡고 닳은 구두를 마치 새것처럼 되살려내는 손재주를 지닌 분이었다. 형님이 묵묵히 가죽을 다듬고, 바늘과 실을 놀리는 모습을 지켜보며, 나는 문득 톨스토이의 『사람은 무엇으로 사는가』에 나오는 구두 수선공 시몬과 미하일의 이야기를 떠올렸다. 시몬은 비록 가난했으나, 성실하고 정직한 구두 수선공이었다. 어느 날 길에서 옷조차 제대로 걸치지 못한 채 쓰러져 있는 젊은 남자를 발견한 그는, 연민 어린 마음으로 자신의 외투를 벗어 덮어주고 그를 집으로 데려왔다. 처음에는 아내가 그 낯선 이를 받아들이지 못했으나 결국 남편의 선의를 받아들이게 된다. 그 남자는 '미하일'이라는 이름을 얻게 되었다.

미하일은 시몬의 제자가 되어 구두를 만들며 함께 살아갔다. 하지만 그는 어딘가 범상치 않은 분위기를 풍겼고, 신발을 만드는 솜씨 또한 비범했다. 그러던 어느 날, 한 부자가 찾아와 죽을 때까지 신을 수 있을 만큼 튼튼한 부츠를 주문했다. 그러나 미하일은 뜻밖에도 실내용 슬리퍼를 만들어 놓았다. 부자는 결국 주문한 신발을 신어보지도 못한 채 세상을 떠나고 말았다.

그제야 미하일은 자신의 정체를 밝혔다. 그는 본래 천사였으나 신의 명령을 어긴 벌로 인간 세상에 내려왔다고 했다. 그리고 다시 천사로 돌아가기 위해 세 가지 진리를 깨달아야만 했다.

첫 번째는 '사람의 마음속에는 무엇이 있는가?'였다. 미하일이 처음 인간 세상에 왔을 때, 그는 사람들이 오직 자신만을 위해 살아간다고 생각했다. 그러나 시몬 부부의 따뜻한 배려를 경험하면서, 인간의 마음속에는 신의 사랑과 타인을 향한 따뜻한 정이 깃들어 있음을 깨닫게 되었다.

둘째로 '사람에게 허락되지 않은 것은 무엇인가?'였다. 부자는 오랜 세월을 신을 수 있는 튼튼한 신발을 원했지만, 자신의 운명을 예측하지 못한 채 갑작스러운 죽음을 맞이했다. 이를 통해 미하일은 인간이 자신의 미래를 알 수 없으며, 삶과 죽음은 오로지 신의 뜻에 달려 있음을 깨달았다.

마지막으로 '사람은 무엇으로 사는가?'였다. 시몬 부부의 헌신과 사랑을 보며, 미하일은 "사람은 오직 사랑으로 살아간다"라는 진리를 깨닫게 되었다. 결국, 이타심과 사랑이야말로 인간이 살아가는 가장 근본적인 힘이라는 것이었다.

사랑이 우리를 살아가게 하는 힘이다. 톨스토이는 이 이야기를 통해 인간의 욕망과 한계를 날카롭게 지적하면서도, 사랑과 선행이야말로 삶을 지탱하는 진정한 힘임을 강조한다. 결국 미하일은 신이 내린 시험을 통과하고, 다시 천사의 자리로 돌아가게 된다. 미하일의 이야기는 내 마음 깊은 곳에 커다란 울림을 남겼다. 사람은 결국 서로를 사랑하며 살아간다. 신포동 구둣방 영석 형님의 손끝에서 전해지는 묵묵한 따뜻함 속에서도, 그리고 그가 내어준 소박하나 정성이 깃든 한 끼의 식사 속에서도, 나는 사랑을 느낄 수 있었다.

그러나 이 깨달음이 감상이 아닌, 내 삶의 길잡이가 될 수 있을까. 나는 인간의 삶에 드리운 불공평한 고통과 수학여행 하던 어린 학생들의 비극과 죄 없는 이들의 죽음 앞에서 신의 존재를

내 낡은 구두 뒷굽을 갈며

의심하고, 무력감을 느낀다. 하지만 그럼에도 사랑은 우리를 살아가게 한다. 사랑은 거대한 이상이 아니라, 보잘것없는 손길 속에서, 때로는 무심한 듯 스쳐 가는 한 마디 속에서 우리를 감싸 안는다.

내가 신을 찾고자 했던 길 끝에서, 결국 마주한 것은 신의 형상이 아니라 '사랑'이었다. 그것이야말로 우리가 붙들어야 할 유일한 진리 아닐까. 나는 여전히 의문 속을 걷지만, 그 속에서도 한 가지는 확신할 수 있다. 인간은 사랑으로 살아가고, 사랑으로 존재한다는 것을.

제물포 밥집

어느 시대에나 가난한 이들이 존재한다. 고아와 과부, 병든 노인들은 언제나 가장 소외된 사람들이다. 현대사회는 복지 안전망이 더 촘촘해졌고, 복지 제도도 그 어느 때보다 세심하게 설계되어 있다. 1993년에 처음 산동네 철거촌에서 이 일을 처음 시작했을 때와 지금을 비교하면 정말 많은 변화가 있었다. 지난 30년 동안 가난한 사람들, 장애인들과 함께해 왔다. 얼마나 더 연민을 가지고 이런 일을 계속할 수 있을지는 모르겠지만, 모든 것이 시절과 인연의 만남 덕분이었던 것 같다.

코로나가 끝나면, 지금 하는 밥집 활동도 어떻게 정리할지 좀 더 숙고할 예정이다. 하지만 한 가지 제안을 하자면, 단순한 자선 활동에서 벗어나 더 나아갈 필요가 있다고 생각한다. '그냥 드림' 시장을 넘어, 가난한 사람들과 약자들이 배고프지 않도록, 멈춰 있는 복지관 식당과 국가 시설의 급식 시설을 다시 활성화해야 한다. 21세기에 밥을 굶는 사람이 있어서는 안 되지 않겠는가? 그날이 온다면, 지금과 같은 무허가 밥집은 더 이상 필요 없을 것이다.

그러기에 제안한다면 '골목의 공동부엌'이 필요한 시대다. 그곳은 음식 나눔도 하고 식사도 하면서 이웃 간의 정을 나눌 수 있는 모두의 부엌이 되는 곳이다. 이미 우리에겐 두레 정신이 있었기에 그 정신을 살리는 모두의 부엌이 되면 된다.

제물포 밥집 기도

나는 하는 일이 없사오나 하늘에서 온갖 모양으로 은혜를 베풀어 먹을 것과 마실 것을 주시니 감사하나이다. 이 음식이 밥상에 오르기까지 어머니인 대지와 아버지인 태양, 하늘과 바람과 비와 농부님의 땀을 기억하게 하소서.
한 방울의 물에도 온 우주가 녹아있고 한 톨의 낱알에도 삼라만상이 담겨있나니 우리가 이 음식을 먹고 마실 때마다 하늘의 은혜가 담겨있음을 알게 하소서. 이 음식이 내 몸이 되었다가 대지에 뿌려져 다른 생명을 키워내는 거름이 되게 하시고 이 음식으로 만들어진 내 육신도 다른 생명을 살리는 도구가 되게 하소서.

제물포 밥집 난로

거리에 선 위로자 제물포 밥집

3부

북한강은 서편으로 흐른다

북한강은
서편으로 흐른다

할아버지의 강

이른 아침, 산골짜기에서 도끼질 소리가 메아리쳤다. 차가운 공기를 가르며 울려 퍼지는 소리는 얼어붙은 산속을 깨웠다. 여기는 강원도 화천 해산 아래 비수구미, 깊은 산속의 황장목 산이다. 궁궐을 짓기 위한 소나무를 베어내는 벌목 현장이었다. 사명산 아래 상무룡리의 겨울은 유난히 추웠다. 살을 에는 북풍에, 영하 삼십 도의 매서운 한파가 몰아쳤다. 소한이 지나고, 초승달이 사라질 무렵, 벌목이 시작되었다. 하얀 눈이 계곡을 덮고, 맑은 햇살이 붉은 소나무 사이로 스며들었다. 얼어붙은 공기는 햇빛을 받아 반짝거렸다.

조부 한만현 님은 청주한씨 문정공파 31세손이다. 조모 이창식 님과의 사이에서 2녀 3남을 두셨다. 아버지 한상희 님은 그중

다섯째시다.

한만현 조부께서는 무과에 급제했지만, 한일병합조약 이후 벼슬길에 나가지 못하셨다. 대신 강원도 양구 사명산 깊은 월명리에 들어가 서당을 세우고 아이들에게 천자문과 소학小學을 지도하며 지내셨다. 겨울이면 할아버지는 벌목꾼들을 데리고 황장목 산에 올라가 소나무를 베었다. 붉은 소나무는 궁궐 건축재로 쓰일 귀한 목재였다. 할아버지는 벌목한 나무를 뗏목으로 엮어두었다가 봄이 되면 강물에 띄워 서울 마포까지 실어 나르셨다.

가끔은 강원도 신계 금강산까지 가서 소나무를 베어오기도 했다. 그곳의 소나무는 속이 붉어 '홍송紅松'이라고 불렸다. 강에서 뗏목을 타고 송파, 마포까지 내려가 나무를 팔고, 돌아오는 길에는 생활에 필요한 물건들을 사서 싣고 오셨다. 한학에 조예가 깊고 무과에 급제한 이력이 있는 할아버지는 일제 강점기가 끝나갈 무렵 세상을 떠나셨다.

나의 부모님은 6·25 사변으로 두 분 다 장애를 입으셨다. 어머니는 난민수용소에서 출산하고 영양실조로 시각장애인이 되었다. 어머니는 평생 내 얼굴을 볼 수 없었다. 아버지는 어릴 적 열병으로 소아마비를 앓았다. 왼쪽 손과 왼쪽 다리가 장애였다. 그래서 왼쪽 손이 불편하셨다. 피난길 홍천 삼마치 고개서 미군이 쏜 총에 맞아 불편했던 다리에 총상을 입어 더 불편한 장애를 가지셨다.

하지만 부모님은 언제나 당당하게 살아내셨고, 사람들 앞에

백암산 아래 흐르는 할아버지의 강

서도 자신감 있게 행동하셨다. 나는 어릴 때부터 몸이 불편한 사람들을 보면 그냥 지나치지 못하고 도와주려 했다. 그래서인지, 내 삶의 많은 부분이 장애인을 돕는 일과 연결된 것 같다.

나의 삶을 이해하려면, 먼저 부모님의 삶과 할아버지의 이야기를 알아야 한다. 그들의 이야기 속에는 강인함과 지혜가 있으며, 그것이 바로 나의 삶을 지탱해 주는 힘이 되었다. 나는 아버지 한상희 님과 어머니 강흥록 님 사이에서 2남 3녀의 막내아들로 1962년 강원도 춘천에서 태어났다.

전쟁터 한복판에서

아버지의 고향 파로호는 한국전쟁의 화마 한가운데에 있었다. 원래 이름은 '대붕호'였다. 부모님은 이곳에서 전쟁을 직접 마주했다. 북한강 상류에 있는 화천華川지역은 산세가 수려하고 물이 많은 곳이다. 일제 말기 화천수력발전소가 건립되면서 커다란 호수가 만들어졌고, 그 모양이 마치 한번 날갯짓을 하면 구만리를 간다고 하는 전설의 붕새와 같다 하여 '대붕호大鵬湖'라는 이름이 붙여졌다. 주민들은 대붕이 날아들어 풍년과 풍요와 평화가 깃들기를 염원하는 마음을 호수 이름에 담았다고도 한다.

이 호수는 6·25 전쟁 때 여기서 중공군을 대파하고 승리했다 해서 이승만 대통령이 직접 파로호破虜湖라고 작명하고 휘호를 남겨 대붕호보다는 파로호로 더 많이 알려지게 되었다.

화천댐은 일제 말 대륙침략에 필요한 전력수요를 충당하기 위해 1938~1944년간의 공사로 완공된 당시 동양 최대 규모의 댐으로 건설 당시 강제노역 된 노동자 1천 명이 희생된 곳이고, 한국전쟁 당시에는 38선 이북 지역에 속한 화천댐을 확보하기 위해 1951년 5월 18일~21일간 전투에서 유엔군과 국군에 의해 3만 명(자료에 따라 상이)의 중공군이 수장되고 국군도 수백 명이 전사한 곳이다. 중공군에는 항일전쟁과 국공내전에 참여했던 조선의용군도 포함되어 있었다.

전쟁이 격화되자 아버지는 가족과 함께 피난길에 나섰다. 아버지와 어머니는 큰형의 손을 잡고 밤마다 숲길을 걸었고, 낮에는 숲속에 숨었다. 피난 중, 춘천을 지나 양평으로 향하던 길, 미군 병사들이 피난민들을 세웠다. 어두운 밤, M1 소총을 든 미군이 보따리를 풀라고 했다. 아버지는 영어를 알지 못했다. 엉겁결에 보따리를 계곡 아래로 던졌고, 그 순간 미군은 총을 쏘았다. 총알이 아버지의 다리를 관통했고, 피가 흘렀다.

큰아버지들은 아버지를 들것에 실어 여주 난민수용소로 데려갔다. 피를 너무 많이 흘렸지만, 다행히 피난에서 돌아온 의사를 만나 치료를 받을 수 있었다. 고름이 나는 상처를 소독하고, 페니실린을 구해 더 이상의 감염을 막았다. 아버지는 힘든 회복 과정을 겪었지만, 결국 살아남으셨다. 이후 한쪽 팔은 불편했고 한쪽 다리를 평생 절었지만, 그 상처는 아버지를 더욱 강하게 만들었다.

전쟁 당시, 많은 사람이 미군을 처음 접했다. 영어를 모르는 시골 사람들은 간단한 단어만 알았다. 전쟁의 혼란 속에서도,

젊은 날 부모님 사진

인간의 생로병사는 멈추지 않았다. 결혼식을 올린 새신랑이 장난으로 인해 목숨을 잃는 비극도 있었다. 전쟁은 수많은 사람의 삶을 비극으로 몰아넣었고, 누구도 예외가 아니었다.

아버지는 여주 난민촌에서 부상을 회복하고 다시 일어섰다. 다리를 절었지만, 그는 가족을 지키며 강하게 살아갔다. 전쟁은 많은 것을 앗아갔지만, 그 속에서도 삶에 대한 의지는 절대로 꺾이지 않았다.

전쟁의 상처와 회복

전쟁은 남과 북 모두에게 깊은 상처를 남겼다. 수많은 젊은이가 전쟁터로 나가 돌아오지 않았고, 돌아온 이들 중 많은 사람이 다쳤다. 이 전쟁의 고통은 단지 육체적 상처로 끝나지 않았다. 당시 사람들은 민주주의와 사회주의가 무엇인지 알지 못한 채 극단적인 이념의 갈등에 휘말렸고, 서로 다른 생각을 가졌다는 이유로 잔혹한 죽음을 맞이했다.

전쟁의 비극은 평범한 가족들에게도 예외 없이 찾아왔다. 생각이 다른 사람이라는 뜻의 손가락질만으로도 골짜기로 끌려가 생명을 잃었다. 전국 곳곳이 '죽음의 골짜기'가 되었고, 그 고통은 한 세대에 머물지 않고 대를 이어 계속되었다.

우리 가족 역시 이러한 민족사의 비극 속에서 고통을 피할 수 없었다. 나의 부모님은 전쟁이 끝난 후에도 전장의 상처에 갇히지 않았다. 한쪽 팔과 한쪽 다리로 가족을 부양하기 위해 열심히 일했다. 난민수용소에서 큰누나를 낳고 이후 네 명의 자녀를 더 낳아 키웠다. 6·25 전쟁 세대의 삶은 참혹했지만, 그들은 인내와 의지로 가정을 지키고 재건하며 살아갔다. 전쟁의 상흔은 세월이 흘러도 여전히 우리 가슴에 남아 있지만, 이 땅에 다시는 전쟁이 있어서는 안 된다는 교훈을 잊지 말아야 한다.

전쟁의 재앙은 핵무기로 더욱 확대될 수 있다. 만약 미국이 북쪽에 핵을 사용하거나, 반대로 북한이 미국을 공격한다면, 결과는 상상조차 할 수 없을 만큼 파괴적일 것이다. 과거 히로시마와 나가사키에 떨어진 원자탄의 파괴력보다 수십 또는 수백수천 배의 피해를 남길 것이다. 도심 한가운데 핵무기가 떨어진다면, 그 결과는 말 그대로 재앙이다. 전쟁이란 자신을 지키기 위해 타인을 공격하는 것인데, 결국 남는 것은 파괴와 상처뿐이다.

전쟁을 통해 이득을 얻으려는 세력은 사방에 도사리고 있다. 독일은 이미 통일을 이뤘고, 냉전이 종식된 지금, 한반도만이 여전히 분단 상태에 남아 있다. 한반도는 주변 열강들의 정치적, 경제적 이익이 얽혀 있는 지역이지만, 우리는 어느 한 나라에 의존하지 말고 우리 민족의 이익을 최우선에 두어야 한다.

이제는 남북이 이념을 넘어서고 민중의 삶에 우선적인 가치를 두어야 한다. 통일은 우리 민족의 비극을 끝낼 수 있는 유일한 길이며, 분단의 상처를 치유할 수 있는 길이다. 우리 부모님 세대가 겪은 고통을 되풀이하지 않기 위해, 더 나은 미래를 위해 우리는 평화와 통일을 위해 계속 노력해야 한다.

아버지는 전쟁의 한복판에서 부상을 하고도 강한 생명력으로 당신에게 닥친 환란을 이겨냈다.

어머니는 난민수용소의 열악한 환경 속에서도 가족을 부양하기 위해 모든 역경을 견뎌냈다. 그들의 삶은 전쟁이 남긴 상처와 고난 속에서도 희망을 잃지 않고 나아가는 힘이 무엇인지를 보여준다.

전쟁은 우리에게 평화를 가져다주지 않는다. 오직 파괴와 상처만을 남긴다. 우리가 일궈온 모든 문명과 성과는 한순간에 무너질 수 있다. 평화는 우리가 가장 소중히 여겨야 할 가치이며, 이를 지키기 위해 통일을 이루어야 한다. 이제는 우리가 모두 한목소리로 전쟁을 반대하고, 평화를 위해 노력해야 할 때이다.

고모부부의 도움

1953년 8월, 휴전 직후 부모님은 여주 난민수용소에서 폐허가 된 춘천으로 돌아왔다. 어머니는 갓 태어난 큰누나를 업고, 다섯 살 큰형님을 데리고 아버지와 함께 춘천으로 향했다. 도착한 곳은 춘천시 옥천동 춘천시장 관사 옆이었다. 당시 이곳은 전쟁의 한복판에 있었기에, 모든 건물이 폭격에 무너지고 불에 타 폐허로 변해 있었다.

1953년 7월 휴전이 이루어진 후 아버지는 고모님과 연락이 닿았고, 고모는 장애를 입고 돌아온 막냇동생 부부와 어린 조카들을 정성스럽게 돌봐주었다. 고모가 마련해 준 집은 옥천동서 큰 우물이 있는 시장 관사 근처에 있었다. 고모는 매일 집을 찾아와 먹을 것과 입을 것을 챙겨주었다. 누나들은 고모의 친절과 도움을 고맙게 기억하고 있다.

아버지에게는 춘천시청 근처 소양극장 옆에 도장 가게를, 시력을 잃어가던 어머니에게는 옥천동 중앙교회 앞에 작은 가게를 마련해 주었다. 이북에서 내려와 총상을 입고 난민수용소에서 살아남은 부모님이 종전 직후에 집과 생계의 터전을 마련할 수 있었던 것은 모두 고모의 전폭적인 지원 덕분이었다.

아버지에겐 두 분의 누님이 계셨다. 내게 큰 고모되시는 분은 회령 포수와 결혼하여 일찌감치 백두산으로 가셨다. 작은고모와 고모부는 장애인이 된 아버지와 어머니를 진심으로 아꼈다. 두 분은 전쟁 후 춘천의 복구와 재건을 위해 온 힘을 다했다.

우리 가족은 이후 춘천 교동의 재건 주택으로 이사했다. 그 집은 UNKRA(국제 연합 한국재건단)에서 원조한 자금으로 지은 주택이었다.

전쟁으로 집과 고향을 잃은 피난민들은 이 재건 주택에 입주함으로써 새로운 삶의 터전을 마련할 수 있었다. 아버지는 열심히 도장을 새기며 일했고, 어머니는 불편한 시력에도 누이들의 도움을 받아 가게를 운영했다.

나는 1962년 그 집에서 태어났고, 대학생이 될 때까지 그곳에서 자랐다. 그 집은 나의 큰형님이 낡은 옛집을 새로 지었다. 지금도 조카들이 대를 이어 살고 있다. 고모님 부부의 도움으로 우리 가족은 흩어지지 않고 함께 살 수 있었다.

어린 시절

우리 집은 전쟁이 끝난 후 피난에서 돌아온 사람들이 정착할 수 있도록 지어진 전후 재건 주택이었다. 춘천의 진산인 봉의산 끝자락, 교동 초등학교 맞은편 오른쪽 언덕 위에 자리한 맨 마지막 집이었다. 집 아래는 작은 과수원이 있었고, 계절이 바뀔 때마다 다양한 풍경과 추억을 선사했다.

봄이 오면 언덕을 내달리며 놀다가 지천으로 깔린 삘기를 뽑아먹었다. 껍데기를 벗겨 물오른 꽃대를 씹으면 달콤한 맛이 나서 간식 대신 먹을 수 있는 삘기 풀을 좋아했다. 삐비라고 하기도 했다.

집 아래 저만치에는 지금은 사거리 팔호 광장이 되었지만 그땐 논이었는데 그 논둑 끝에 서 있던 물오른 버드나무 가지를 잘라 피리를 만들어 불기도 했다.

여름 장마가 끝나면 개울물이 불어 수영할 수가 있었다. 수영하다 지치면 친구들과 족대를 메고 다니며 미꾸라지 송사리, 버들치를 잡아 천렵 국을 끓여 먹었다. 가끔은 논둑에서 얼룩덜룩한 율모기(화사)를 잡아 의기양양하게 집으로 돌아가기도 했다. 화사를 보고 깜짝 놀란 누나들은 얼른 다시 놓아주라고 질겁하곤 했다.

가을이 되면 벼농사를 많이 짓던 후평동이나 만천리로 가서 됫병에 메뚜기를 한가득 잡아 집으로 가져오곤 했다. 날개와 다리를 떼어 내고 프라이팬에 기름을 두르고 간장과 설탕을 넣어 볶으면 맛있는 반찬이 되었다. 메뚜기볶음 요리는 별미였다. 요즘 어린이들은 이 맛을 알까?

　시간이 지나며 집 주변의 과수원 자리는 점점 집들로 채워졌고, 내가 초등학교를 마칠 무렵에는 빈터는 사라지고 집들이 가득 들어섰다. 논이었던 지금 팔호 광장이 되었지만, 광장이 있던 자리는 논이 길게 펼쳐져 있었다. 팔호광장서 후평동 넘어가는 언덕길을 닦는 공사하는 모습이 집에서 보였다. 흰옷을 입은 사람들이 양동이를 들고 깨진 자갈을 담아 길가에 뿌리며 일하는 모습이 떠오른다.

　향군회관 앞 언덕은 공동묘지였는데 동춘천 초등학교가 들어선 자리다. 처음 본 거대한 불도저가 흙을 밀어내면 평평하게 공터로 변하는 공사하던 모습도 아련히 떠오른다.

　아버지는 다리가 장애여서 절룩거리셨다. 멀리서 봐도 아버지가 오시는 줄 쉽게 알아볼 수 있었다. 초등학교 시절, 어느 날 아랫동네 꼬마들이 아버지의 걸음걸이를 흉내 내며 낄낄거리며 뒤따라오는 모습을 보았다. 나는 참을 수 없이 화가 났다. 나는 녀석들을 붙잡아 때려줬다. 그러면 아이들은 울면서 집으로 도망쳐 어머니에게 일러바치고, 꼬마들 어머니들이 우리 집으로 찾아와 항의하기도 했다. 내겐 적반하장이었지만 그럴 때마다 어머니는 내게 먼저 잘못했다고 용서를 빌라고 하셨다. 억지로 다시는 안 때리겠다고 말했지만, 나는 아버지를 지키기 위해 그런 소동을 마다하지 않았다. 가끔 벌어지는 사단이었다.

　어머니는 시력이 좋지 않으셨지만, 집안에서만큼은 무척이나 자유로우셨다. 살림살이가 어디 있는지, 부엌의 조미료나 음식

재료가 어디 있는지 눈이 밝은 나보다 더 잘 아셨다. 어머니는 동태나 임연수어를 손질하는 방법부터 고등어나 도루묵을 요리하는 법까지 가르쳐 주셨다. 어머니의 손맛은 그 어떤 요리 재료도 천하일미로 바꾸어 놓으셨다. 아버지는 퇴근길과 동부시장에서 신선한 생선을 사 오곤 했고, 어머니는 그 재료들로 맛있는 찌개를 끓여 주셨다.

어머니는 지팡이를 쓰지 않으셨다. 그 이유는 나도 잘 모르지만, 어머니는 내가 손을 내밀면 늘 내 손을 꼭 잡으셨다. 그리고 앞서 걸으라고 하셨다. 어머니가 집 밖을 나서면 주로 누나들이나 내가 옷고름을 잡고 어머니를 안내했다.

아버지는 대체로 말수가 적은 편이셨다. 그러나 아버지는 언제나 미소 짓는 분이셨다. 특별히 막내인 나를 이뻐하셨다. 어머니가 아버지를 극진히 모셔서 그랬는지 가족 중 누구도 아버지에게 말대꾸하거나 버릇없이 행동하지 않았다.

우리 집은 동쪽과 남쪽으로 창과 밭이 있어서 아침엔 환한 햇살이 집안으로 들어 왔고 한낮의 따뜻한 볕은 동쪽과 남쪽의 텃밭과 화단을 환하게 비추었다. 여름철 동쪽으로는 우물가와 텃밭에는 고추와 근대, 시금치, 상추, 대파 등이 가득하여 있었다. 남쪽의 화단에는 키 작은 채송화와 봉숭아 장미와 수국, 달리아와 칸나가 긴 블록 담을 따라 꽃밭 가득 피어 있었다.

부모님은 꽃과 식물을 키우는 것을 좋아하셨다. 내가 시골집에 꽃을 심는 이유가 아마도 부모님의 기억 때문일 것이다.

어머니는 "이 꽃 좀 봐봐. 얼마나 예쁘니!" 어머니의 눈은 감겨 있었지만 마치 눈이 보이는 것처럼 말씀하셨다. "꽃은 눈으로도 보지만, 향기로도 느끼고, 마음으로도 본단다. 얘야"하고 말씀하셨다. 꽃이 보이지도 않으시면서 소녀처럼 좋아하시며 코끝에 장미꽃 향기를 맡으시던 어머니의 모습이 떠오른다.

우리 집은 골목 끝에 막다른 집이었는데 대문 위로 덩굴장미가 피어 있었다. 대문 양편 기둥 위로 반원을 그리며 세워진 지지대를 따라 가득 피어 있던 줄 장미는 대문을 드나들 때마다 진한 장미 향기가 풍겼다. 대문 옆에 커다란 오동나무가 심어져 여름이면 그 그늘 밑에서 쉴 수 있었다.

과수원 쪽으로 길게 난 담이 끝나는 곳엔 허름한 변소가 있었는데 그 옆엔 아버지가 나의 출생을 기념해 심어놓으셨다는 대추나무 한 그루가 언제나 싱싱하게 자라고 있었다. 추석 무렵엔 열매가 붉게 변하면서 매우 단단하고 맛은 정말 달았다. 나의 대추나무라서 좋아서 그랬는지 자주 대추나무 위로 올라가 차가 다니는 신작로를 바라보았다. 부모님은 내가 대추나무에 올라가면 실수해서 떨어질까 봐 질겁하고 내려오라 하셨지만, 나는 신작로를 달리는 차를 바라보며 나도 언젠가는 저 차를 타고 멀리 갈 거라고 다짐했다.

집 앞마당에는 수도가 있었고, 여름이면 빨간 해당화가 수북하게 무리를 지어 피어올랐다. 수돗가 건너편에는 살구나무가 있었는데, 초여름이면 주황색 살구가 가지를 휘게 할 만큼 열렸다. 누나들과 나는 떨어진 살구를 주워 설탕에 절여 살구잼을 만들곤 했다.

대추나무 아래로 내려가면 아랫집 마당에 자두나무와 배나무, 사과나무를 비롯한 온갖 과일나무가 있었다. 그래서인지 사계절 내내 참새, 박새, 딱새 등 텃새들이 우리 집 마당을 찾아와 먹이를 먹고 쉬곤 했다.

우리 동네는 도시에 있었지만, 꽃과 나무, 과일나무들로 가득 찬 작은 과수원 같은 곳이었다. 나는 그곳에서 어머니와 아버지, 큰형과 세 명의 누나, 그리고 사촌 형 둘까지 함께 행복한 어린 시절을 보냈다.

형제들은 나를 항상 보호해 주었고, 장난기 많고 모험심이 가득했던 나는 그들 덕분에 마음껏 안전하고 행복하게 어린 시절을 보낼 수 있었다.

호랑이 선생님

담임선생님은 나이가 지긋한 분이셨다. 4학년에서 5학년으로 올라갈 때 '저 선생님만 아니면 좋겠다'라고 바랐지만, 결국 무서운 호랑이 선생님 반이 되고 말았다.

어느 날, 칠판에 분수 문제가 펼쳐지고 문제 풀이가 시작되었다. 나는 칠판 앞에 서는 시험대를 피하고 싶었지만, 그날은 피해 가지 못했다. 내 차례가 다가왔다. 칠판 앞에 서니 긴장이 되어 가슴이 벌렁거리고 식은땀이 흘렀다. 머리가 하얘지고 알던 문제도 공식이 생각나질 않았다. 분필을 쥔 손에 땀이 흥건했고, 결국 식은땀만 흘리다 손을 들고 말았다.

선생님은 날 잡아먹을 듯이 한 무서운 얼굴로

"네 아비는 그렇게 절룩거리며 고생해서 널 먹여 살리는데, 이깟 분수 문제도 못 푸냐!"라고 호통치셨다.

"손바닥 내밀어"

호랑이 선생님은 내 손바닥을 회초리로 '쌕쌕' 소리가 나게 내리치셨다. 단풍잎 같던 어린 손바닥이 금세 벌겋게 부어오르고 나중엔 푸르게 멍이 들었다.

분수 문제를 풀지 못한 죄인이 된 나는, 아무 잘못도 없는 아버지까지 선생님에게 욕을 먹인 것 같아 아버지께 죄스러웠다. 분수 셈도 못 하는 내가 아버지께 미안했고, 선생님에게는 억울하고 분한 마음이 들었다. 터지려는 눈물을 꾹 참고 매를 맞았다.

자리로 돌아와 앉아 있는데 분수를 못 풀어낸 자책감에 분하고 억울한 마음이 들었다. 복잡한 마음에 호랑이 선생님을 쳐다볼 수가 없었다. 창밖을 보며 억울한 마음을 달래고 있는데, 갑자기 '쌩'하고 날아온 분필에 머리를 세게 얻어맞았다. 아이들이 '와~하하하' 웃음을 터뜨렸다. 나는 쥐구멍이라도 있으면 들어가고 싶었다. 꾹 참았던 눈물이 쏟아졌다. 그 뒤로 나는 산수 시간도 싫었고, 그 뒤로 선생님이란 존재는 산수 시간보다 더 싫어졌다.

얼마 후, 그날 칠판 앞의 열패감을 만회할 기회가 찾아왔다. 친구들이 냇가에서 고기를 잡아 선생님께 가져다드리려 한다기에 나도 따라나섰다. 그곳은 지금의 후평동이지만 당시엔 '뒷뚜

르'라 불렸다. 대룡산에서 거두리를 지난 제법 큰 개울이 동면 만천리로 흘렀고, 그곳엔 물고기가 지천이었다. 아이들이 족대를 들고 나가 두어 시간만 지나면 천렵 거리가 충분히 잡히던 시절이었다.

열두 살짜리였지만, 뒷뚜르에 살던 동급생들은 제법 머리 굵은 형들처럼 능숙하게 족대를 다루었다. 나는 그날 냇가에서 물고기 양동이를 들고 다니며 억울한 마음을 씻고 선생님께 잘 보일 기회를 노렸다. 두어 시간 동안 친구들과 함께 족대를 들고 냇가를 헤집었고, 물고기 양동이는 점점 무거워졌다. 그러나 돌에 미끄러지며 양동이를 냇가에 둘러 엎어버리고 말았다. 물고기들은 이때다 싶어 순식간에 물속으로 사라졌다.

친구들은 애써 잡은 물고기가 사라진 것 보다 선생님께 받을 칭찬이 날아가 버린 것에 대해 내게 분노했고, 나는 그날의 산수 시간처럼 머리가 하얗게 변했다. 기껏 잡은 물고기를 엎어버린 미안함과 선생님께 들을 지청구가 걱정돼 태산 같은 두려움이 밀려왔다.

해가 기울고 냇가에서 한나절 내내 힘들게 잡은 물고기를 양동이에 담아 선생님 집으로 향했다. 공을 세운 친구들이 자랑스럽게 물고기를 건넸고, 반장은 "원래 한가득 잡았는데, 용걸이가 양동이를 엎어서 고기를 다 잃어버렸다"라고 고자질했다. 나는 선생님의 반응을 저만치서 지켜보았다. 선생님은 "저 말썽꾸러기"라고 한마디만 하시고 물고기를 받아들였다.

냇가에서 양동이를 들고 다닌 수고도, 선생님께 잘 보이려는

노력도 모두 물거품이 되었다. 그 뒤로 나는 수학을 포기하게 되었고, 산수 시간을 버티는 것이 고역이 되었다. 선생님은 내게 '가까이하기엔 너무 먼' 존재가 되어 버렸다.

초등학교 5학년 때 겪은 이 사건은 오랫동안 마음에 남았다. 그날의 서러움과 억울함을 어른이 된 뒤에도 잊지 못했다. 20여 년 전에야 선생님이 돌아가셨다는 소식을 바람결에 들었다. 어린 날 내 눈높이에 맞춰 마음을 이해해 주고 보듬어줄 수 있는 선생님이 계셨더라면 얼마나 좋았을까 하는 아쉬움이 여전히 남아 있다.

아! 나의 어머니

어머니가 전쟁 후 춘천으로 돌아오신 이유는 아버지의 고향 양구가 가까웠기 때문이었다. 그러나 수복된 고향으로 돌아갈 수 없었고, 장애가 있는 몸으로 시골에서 농사짓는 일은 불가능했다. 또 다른 이유는 아버지의 사촌 누나, 내겐 사촌 고모 되시는 분이 춘천에서 우리를 맞아주셨기 때문이었다. 6·25 전쟁이 휴전되고 1953년 7월 당시 고모부께서 춘천시장으로 부임해 계셨다.

고모님은 춘천시장 옥천동 관사에 살고 계셨다. 중앙교회 뒤편 '한우물'이라는 큰 우물이 있었다, 관사는 그 옆이었고 우리 가족은 한우물 뒤쪽에 살게 되었다.

고모님은 우리 가족에게 큰 힘이 되셨다. 장애를 가지고 돌아온 아버지에게는 시청 앞에 작은 도장포를 마련해 주셨고, 어머니에게는 시력이 남아 있을 때 작은 구멍가게를 내주셨다. 고모님은 매일 우리 집에 오셔서 먹을 것과 입을 것을 챙겨주셨다.

그 후로도 우리 가족은 약 십 년 동안 옥천동에서 살았다. 어머니에게 고모님은 의지할 수 있는 큰 나무 그늘 같은 존재였다.

어머니에 대한 내 어린 시절의 기억은 아련한 슬픔으로 가득 차 있었다. 여주 신륵사 강변의 난민수용소에서 큰누나를 출산한 이후 어머니는 점점 시력을 잃어가셨다. 처음에는 앞이 흐릿하게 보였지만, 내가 일곱 살 무렵 국립의료원에서 수술받으셨으나 너무 늦었다.

그 후 완전히 시력을 잃었다. 청맹과니가 되신 것이다. 원인은 녹내장 때문이었다. 어머니는 그 이후로 평생 시각장애인으로 살게 되셨지만, 자신의 처지를 원망하지 않으셨다. 오히려 모든 것을 운명으로 받아들이고 성실하고 강단 있게 살아가셨다.

적은 돈이라도 저축하며 자립과 자존을 지키셨고, 자녀들이 사리에 어긋난 행동을 보일 때는 싸리 회초리로 종아리를 때리셨다. 더듬거리며 자식의 종아리를 때리시는 어머니의 마음을 그때는 어려서 알지 못했다. 다만 어머니는 사람의 도리를 지키는 데는 엄격하신 분이라고 믿었다.

어머니는 학교 교육을 받지 못하셨다. 열여섯 살에 정신대를 피해서 아버지 얼굴도 모르고 결혼하셨다. 스물이 돼서 첫아이를 낳았다. 1·4후퇴 때 피난 내려가던 길, 홍천 삼마치 고개서 아버지가 미군에게 총상을 입고 여주 신륵사 강변 난민수용소에서 지내는 동안, 네 살 된 큰형을 돌보며 만삭의 새 생명을 키우고 계셨다. 그 후 녹내장으로 시력을 잃고 장애인이 된 상황에서도 어머니는 다섯 명의 아이와 두 명의 사촌 조카를 키워냈다.

어머니는 기도의 사람이셨다. 모든 어려움을 기도로 이겨내셨다. 부지런히 일하고 기도하며 자식을 잘 키우는 것이 어머니 삶의 목표였다. 새벽이 되면 깨어 기도하실 때만치 커다란 바위처럼 굳건한 모습이었다. 어머니는 하느님께 자신의 사정을 자분자분 이야기하며, 어린아이가 아버지에게 말하는 것처럼 순수하게 기도하셨다.

1962년, 우리 가족은 옥천동을 떠나 교동으로 이사했다. 우리 집, 골목엔 교육장, 교장, 장학관 등 지역의 교육계 인사들이 많이 살았다. 어머니는 특히 담 하나를 사이에 두고 살던 교육장 댁과 장학관댁 아주머니들과 친하게 지내셨다. 앞집에 사시는 택시 회사 사장이 살았는데 부인인 운수 댁과도 각별하게 지내셨는데, 아버지와 동갑이서서 '동갑네'라 부르며 친하게 지내셨다. 우리 가족은 이웃들의 사랑과 배려 속에서 당당히 살아갔다.

어머니는 천성적으로 흥이 많고 음악을 좋아하셨다. 그 시절에도 우리 집에는 독수리 표 전축이 있었고, 어머니는 트로트, 지르박, 차차차 같은 다양한 춤을 즐기셨다. 초등학교에 다닐 무렵, 집에 돌아오면 어머니와 동네 아주머니들이 함께 마루에서 춤을 추시는 모습을 볼 수 있었다.

어머니는 시력을 잃으셨지만, 매일 새벽 더듬거리며 교회 언덕을 올라가 기도하셨다. 어머니의 기도는 가족과 이웃을 위한 것이었다. 생선 장수나 옷감 장수 등 우리 집을 찾는 모든 이들에게도 친절을 베푸셨다. 장사하는 분들이 오면 고봉밥을 내어 주며 쉬게 하셨고, 그들은 물건을 팔지 않아도 어머니께 안부를 묻고 가곤 했다.

어머니는 매사에 부드럽고 자상하셨지만, 아버지의 자리를 지키는 데는 엄격하셨다. 아버지가 수저를 들기 전에는 누구도 식사를 시작하지 못하게 하셨다. 이는 아버지에 대한 존경과 예의를 표현한 것이었다. 아버지 또한 어머니가 수저를 내리기 전까지 자리를 뜨지 않으셨다.

어머니는 자녀 양육에도 헌신적이었다. 다섯 형제와 두 명의 사촌을 차별 없이 대하셨으며, 자녀들이 스스로 결정할 때까지 기다려주셨다. 내가 어떤 삶의 길을 선택하든 어머니는 항상 격려해 주셨다.

전두환 정권 시절, 군대를 마치고 복학을 준비하던 중 1984년 10월 18일 강원대학교 정문 앞에서 데모하다가 잡혀서 춘천경찰서 유치장에 갇힌 적이 있다. 어머니는 유치장에 면회 오셔서 "용기를 내라. 네 잘못이 없다. 당당해라. 너도 언젠가 스스로 꽃을 피워 다른 이들에게 아름다운 향기를 전할 것이다"라며 용기를 주셨다. 어머니의 기도와 믿음은 내 삶의 등불이 되었고, 가난한 사람들을 위해 살겠다는 결심의 원천이 되었다.

어머니는 내가 섬김의 집 공동체를 세우고 장애인들과 함께 살 때에도 나와 가족, 그리고 공동체의 사람들을 위해 항상 기도해 주셨다. 어머니는 시각장애를 극복하고 다른 이들에게 깊은 공감과 사랑을 전해주셨다. 어머니는 섬김의 집에서 낮에는 장애인들을 돌보시고 밤에는 그 사람들을 안고 주무셨다. 너무도 행복해하셨다.

어머니는 여든두 살, 세상을 떠나시기 전까지도 나와 가족을 위해 기도하셨다. 어머니의 사랑과 헌신은 지금도 내 가슴 속에 살아 있다. 나는 세상 모든 어머니가 가장 위대한 영혼이라 생각한다. 어머니의 삶은 담백하고 단순했지만, 그 안에는 깊은 사랑이 담겨있었다. 부모님과 함께했던 어린 시절은 가난했지만 평화로웠다. 어머니의 사랑과 헌신이 그 평화를 만들어 주었다.

꿈꾸던 소년

큰누나는 나의 어린 시절을 이렇게 회상하셨다.

"너는 항상 어디론가 멀리 가 있었어. 공지천으로, 소양강으로, 네가 가고 싶은 곳은 언제나 갔지. 문제는 부모님의 허락 없이 떠났다는 거야. 그리고 신발을 잃어버리고 맨발로 돌아왔지. 어머니는 네가 맨발로 집에 돌아오면 항상 나를 야단치셨어. 깨진 유리나 뾰족한 돌을 밟아서 다칠까 봐 걱정하셨거든. 네가 파상풍이라도 걸리면 어쩌나, 하는 마음이었을 거야. 어머니는 눈이 보이지 않으셨으니까, 네가 신발을 신었는지 맨발인지 바로 알 수 없었어. 네가 다치지 않도록 내가 보호해야 했는데, 그게 누나의 책임이거든."

어릴 적 나는 늘 소지품을 챙기지 못했다. 신발을 잃어버리고 오거나, 가방을 두고 오거나, 우산을 놓고 오는 일이 잦았다. 주의가 산만한 아이였던 나는 가지고 있던 것들을 자주 잃어버리곤 했다. 아마도 이런 성향도 나의 천성중 하나였던 것 같다.

내가 가지고 있는 것들을 누군가에게 주는 일도 많았다. 그때마다 아깝다는 생각은 들지 않았다. 누군가 필요로 한다면 그에게 당연히 주어야 한다고 여겼고, 자연스럽게 행동으로 옮겼다. 어떤 때는 입던 옷을 벗어 주고 돌아오기도 했고, 신발을 벗어 주고 맨발로 돌아오는 일도 많았다.

어린 시절의 나는 그랬다. 내 유년 시절은 사철 봄날 같았고, 부모님이 나이가 들수록 우리 집이 가난해졌지만, 어린 시절만큼은 유복했다. 부모님과 형제들은 나를 사랑으로 감싸주었다.

아마도 우리가 불행하다고 생각했다면 지독하게 불행했을지도 모른다. 그러나 우리 집은 따뜻했고, 적어도 부모님의 불화로 인해 불행을 느낀 적은 없었다. 부모님의 장애가 가족을 어려움에 빠뜨렸다면 불행함을 느꼈겠지만, 우리 집은 그렇지 않았다. 부모님의 장애가 행복과 불행을 결정짓는 잣대가 될 수 없었다. 그것은 순전히 부모님의 노력 덕분이었다.

아버지와 옥수수빵

아버지는 시청 앞 소양극장 옆에 작은 도장 가게를 운영하셨다. 세 평도 채 되지 않는 작은 가게였지만, 우리 가족의 생계를 이어가는 소중한 가게였다. 이 가게는 한국전쟁 동안 여주 신륵사 근처 난민수용소에서 바늘로 도장을 새기는 기술을 배운 아버지가 춘천으로 돌아와 차린 가게였다. 아버지는 가게에만 앉아 손님을 기다리지 않으셨다. 다양한 도장과 도구가 가득 든 큰 가방을 메고 필요한 곳이라면 절룩거리며 어디든지 다니셨다.

아버지는 완행버스를 타고 멀리 오음리까지 가시기도 하고, 가까운 소양강 건너 소양중학교나 춘천농고, 그리고 용산리, 발산리, 남면 가정리, 서면 신매리까지도 도장이 필요한 곳이라면 어디든 찾아가셨다. 아버지는 학교에 가면 행정 사무관이나 서무 주임들에게 자신의 솜씨를 보여주었고, 그들은 아버지에게 도장을 맡겼다. 아버지는 정성껏 도장을 새겼고, 그 대가로 때로는 돈을 받으시고서 때로는 학교에서 배급으로 나눠주던 옥수수빵을 받으셨다. 아버지는 그 빵을 드시지 않고 하얀 미농지에 싸서 가방에 넣어 두었다가 집에 돌아오셔서 막내인 나에게만 주셨다.

서쪽 하늘에 노을이 지고 해가 저물면, 아버지는 석양을 등에 지고 집으로 돌아오셨다. 나는 마을 어귀에 나가 아버지가 돌아오시기를 기다리곤 했다. 멀리서 아버지의 익숙한 걸음걸이가 보이면, 나는 아버지를 향해 달려가 얼싸안았다. 그리고 늘 아버지에게 말했다.

"아버지, 그냥 가세요. 가방은 제가 들고 갈게요."

하지만 다섯 살짜리 어린아이에게 아버지의 가방은 너무 무거웠다. 가방을 질질 끌며 아버지를 올려다보면, 아버지는 껄껄 웃으시며 "이리 다오" 하시며 가방을 도로 가져가셨다. 그런 후 아버지는 어깨에 가방을 메고 나와 함께 천천히 걸으셨다. 나는 아버지 옆에 붙어서 천천히 집으로 돌아왔다.

집에 도착하면, 아버지는 제일 먼저 가방을 열어 하얀 미농지에 싸인 옥수수빵을 내게 주셨다. 누렇고 둥근, 울퉁불퉁한 옥수수빵. 한입 베어 물면 고소하고 은은한 버터 향이 코끝을 자극하며 가슴까지 퍼졌다. 다섯 살짜리였던 나에게 빵 맛이 얼마나 대단했을까. 그러나 아버지의 가방에서 나온 옥수수빵을 한 입 한 입 먹을 때마다 가슴이 충만해졌고, 가슴이 뻐근하도록 그 빵을 아껴 먹던 기억이 생생하다. 코끝에서 갑자기 그 옥수수빵 냄새가 나는 듯하다.

어느 여름날 아버지와 내 친구들

친구들이 우리 집에 놀러 온 어느 여름 저녁이었다. 갑자기 동네 꼬마 녀석이 숨을 헐떡이며 집으로 뛰어 들어왔다.

"형, 큰일났어요! 형네 아버지가……."

얘가 말을 채 끝내기도 전에, 나와 친구들은 한 덩어리가 되어 대문을 박차고 뛰쳐나갔다. 그 길로 지름길 계단 쪽으로 달려가 보니, 아버지가 쓰러져 누워 계셨다. 계단을 오르다가 굴러 떨어진 모양이었다. 머리에서 뻘건 피가 흘러내리고 있었다. 나는 깜짝 놀라 아버지를 업고, 강대 후문 앞 도립병원을 향해 달렸다. 지금은 강원대 부속병원이라고 불리는 곳이다. 친구들도 뒤따라 달리기 시작했다.

완호, 승보, 동수 셋이었다.
"빨리 달려!"
완호는 다리가 길어 아버지를 업고도 학다리처럼 뛰었다. 승보는 아버지를 업고 헉헉거리며 달렸다. 동수는 다리가 짧아 아버지의 발이 바닥에 질질 끌렸다. 우리 넷은 온몸이 땀범벅이 된 채 아버지를 도립병원까지 모셨다. 머리를 마취도 없이 꿰매는데 아버지는 아프다고 한 번도 비명을 지르거나 찡그리지 않으셨다. 머리를 다 꿰맬 때까지 한마디 말이 없으셨다.
의사 선생님이 아버지의 찢어진 머리를 꿰매고 나서 말했다.
"어지러우시면 다시 오세요."
그제야 아버지는 눈을 번쩍 뜨시더니, 젊은 의사를 바라보며 딱 한 마디 하셨다.
"수고하셨소"
그렇게 아버지의 첫마디가 나오자마자 우리 모두 긴장이 풀렸다. 집으로 돌아가는 길, 나는 아버지를 업고 걷고 있었다. 갑자기 등에 업힌 아버지가 나지막이 물으셨다.
"막둥아, 힘드냐?"
난 힘들었지만, 꾹 참으며 씩씩하게 대답했다.
"하나도 안 힘들어요. 아버지. 술 조금만 드세요"
그 순간, 괜히 코끝이 찡해졌다. 아버지는 내가 대견했는지 하하하 웃으셨다.
"막둥이가 많이 컸네. 내려놔라. 걸어가련다."
아버지가 웃으시는 걸 보고 나도 안심이 됐다. 그제야 우리가 아버지를 위험에서 구해냈다는 자부심이 들었다. 실제는 고등학교 1학년 나이들이었지만 다 큰 듯 어른스러운 친구들이었다. 나와 내 친구들은 언제나 아버지의 수호자가 될 거라고 믿었다. 우리는 영웅들이었으니까.

나의 아버지는 굳세고 당당한 분이셨다. 당신은 다리를 저는 장애에도 불구하고 호방하고 멋지셨다. 자식 다섯에 조카 둘까지, 혼자서 일곱 명의 자식을 키우시느라 한평생 희생하신 착한 아버지. 살아계셨다면 올해로 100세가 되셨을 아버지. 예순 초반 일찍 돌아가신 아버지, 하늘에서는 안녕하신지 그리운 아버지.

아버지를 떠올리면 가장 먼저 생각나는 건 '단순함'이다. 아버지는 가게 문을 닫고 집에 돌아오면 그날 번 돈을 한 푼도 남김없이 어머니께 드렸다. 담배도 피우고 가끔 술도 드셨지만, 모든 수입을 어머니께 드리고 용돈을 타서 필요한 것만 사셨다. 아버지의 휴일은 설날과 추석, 그리고 할아버지 제사 지내러 양구 큰댁에 가는 날 뿐이었다.

아버지는 늘 건강이 좋지 않으셨다. 쉰 중반에 구안와사가 와서 침을 맞고 어느 정도 회복하셨지만, 그 후로도 말이 어눌해졌다. 환갑 무렵에는 뇌졸중으로 쓰러지셨다. 최고의 방법은 동네 한의원에서 침을 맞는 것뿐이었다. 나이가 드시고 가세가 기울어도, 아버지는 손에서 조각도를 놓지 않으셨다. 나빠진 건강과 함께 작아진 가게에서 손님을 기다리는 일이 아버지의 노년을 채웠다.

어린 시절 봄이 오면, 아버지는 우리 집 마당에 여러 가지 예쁜 꽃을 심으셨다. 빨간 장미와 봉숭아, 달리아와 백합, 그리고 봉선화까지. 철제 대문에는 덩굴장미가 붉게 피어나 대문 위로 터널을 이루었다. 해마다 6월이면 머리 위로 붉은 장미꽃이 만발했다. 봄이 오면 꽃을 심고 마당을 꽃밭으로 만드시던 아버지. 문간의 장미 넝쿨을 다듬던 아버지의 뒷모습이 떠오른다. 그때의 아버지보다 지금 내가 더 나이가 들었는데도, 여전히 아버지가 그립다.

아버지가 넘어진 계단을 고치다

우리 아버지는 다리에 장애가 있어서 길이 조금만 경사지거나 울퉁불퉁해도 조심해야 했다. 평평하지 않은 길은 넘어지기 딱 좋기 때문이다. 그날 아버지가 굴러떨어지신 그 계단은, 지금처럼 시멘트로 잘 정비된 계단이 아니었다. 자연석을 얼기설기 쌓아 놓은, 좁고 가파른 계단이었다. 멀쩡한 사람도 한 걸음 한 걸음 조심조심 올라야 하는 위험천만한 길이었다. 그런데 이 길을 지나면 집까지 백 미터는 가까워지니 다들 애용하던 지름길이었다. 아버지가 그날 약주를 좀 하신 것도 있지만, 사실 넘어지신 건 계단이 문제였다.

나는 그 길이 늘 못마땅했다. 그래서 어느 날 동네에 큰 도로를 낸다는 소식을 듣고, 이 계단을 제대로 만들어 주기를 동사무소에 요청하기로 했다. 난 열여섯 살이었다. 어린 나이였지만, 나는 아버지가 안전하게 다니실 수 있도록 하고 싶었다. 동사무소에 찾아가 집으로 들어오는 골목에 계단을 만들어달라고 요구했다. "우리 집, 골목과 연결된 계단이 필요해요!" 하고 이유를 설명했다. 그리고 그 길을 사용할 가구들을 찾아가 동의서를 받아 왔다.

공사를 맡은 회사 사람들과 실랑이를 벌인 끝에, 나는 결국 승리를 거두었다. 어린 나를 당돌하게 여겼지만, 내 의견을 무시할 수 없었던 모양이다. 결국 집으로 들어오는 골목부터 생활도로까지 이어지는 계단을 새로 내어주겠다고 결정했다.

평평하고 안전한 계단으로 말이다. 열여섯 살짜리 소년이 무슨 힘이 있어서가 아니라, 그 길이 꼭 필요했기 때문이다. 다리가 불편한 아버지를 위해서, 또 우리 가족을 위해서 그 길이 안전해질 필요가 있었다. 필요는 문제 해결의 지름길이라는 말이 있다.

훗날 오갈 데 없는 중증 장애인들과 함께 공동체를 꾸려 살게 되었고, 그런 일을 평생 해오게 되었다. 이런 일들을 하게 된 데는 이유가 있다. 내 형제가 필요로 했고, 또 그 길을 열어가야 했기 때문이다.

요즘 전철을 타려면 계단 대신 에스컬레이터나 엘리베이터를 타는 게 당연해졌다. 그런데 그 엘리베이터는 그냥 생긴 게 아니다. 수많은 장애인이 싸워서 얻어낸 투쟁의 성과물이다. 지금도 장애인들은 편의시설 확충을 요구하며 투쟁하고 있다. 그들은 단지 자신의 편리함을 위해서가 아니라, 장애인이 편해야 모두가 편하기 때문이라는 신념으로 싸운다. 비장애인들은 장애인들이 투쟁해서 얻은 혜택을 아무런 대가 없이 누리고 있는 셈이다. 그래서 장애인들이 전철을 막아 불편을 끼친다고 비난하는 것은 단편적인 생각이다. 그들은 모두가 함께 차별 없이 살아가기 위해, 이 메마른 시대에 공동선을 위해 투쟁하는 것이다.

열아홉 젊은 날 만난 새롭고 낯선 세계

우리 집 사랑채에 강원대학교 역사교육과 학생인 누나가 자취했다. 그 누나의 소개로 이웃 동네 교회에서 강연을 듣기로 했다. 나중에 다니게 되는 운명의 교동교회에서 함석헌 선생님, 문익환 목사님, 그리고 성내운, 김동길 교수님의 강연을 듣게 되었다. 많은 젊은이가 모였고, 그들은 대부분 대학생이었으며 몇몇은 교련복을 입은 고등학생이었다.

그분들의 강연은 새로운 세계였다. 나는 예의 그 세 분 어른의 강연을 들으면서 머릿속이 띵하고 깨지는 것 같았다. 그때 들었던 강연이 내 바깥세상과 사회를 생각하는 문제 제기를 받는 사건이었다. 역사와 사회에 관한 질문이 생기게 되었고, 그 후 대학 공부가 궁금해졌으며 그분들이 공부했던 대학에 가겠다고 마음을 먹었다.

한신대는 한국신학대학이 종합화된 대학이었다. 1981년 봄 경기도 오산 메리야스 공장을 빌려 개교했다. 종합화는 했지만 여러 가지가 준비되지 못했다. 나는 입학원서를 수유리로 제출했지만, 정작 학교는 오산의 세마대 산성 아래 시골 마을에 덩그러니 서 있는 건축 중인 학교에 입학했다.

학교는 경기도 화성군 오산읍에 있었고, 병점역에서 내려 논길을 걸어서 한 시간은 들어가는 산 밑에 있었다. 건물이라고는 달랑 두 개, 그나마 한 개는 아직 공사 중이었다. 그곳이 변화하는 세계의 궁금함을 풀어낼 질문과 대답의 산실이었다.

가을걷이를 마치고 잔설이 쌓인 유난히 춥던 그해 겨울 처음 마주 대한 양산리 너른 들판은 황량하기만 했다.

무척이나 춥던 그해 이른 봄, 원하던 역사철학 계열에 입학했다. 학교에 가보니 학교도 학교 앞 마을도 아직 대학생들을 받아들이기에는 준비가 안 되어 있었다. 어느 날 갑자기 한적하고 사방이 논이 들판의 외딴 마을 산 중턱에 불쑥 나타난 대학교였다. 학생들이 몰려오자, 마을 사람들은 농기구를 보관하거나 농사용 황소를 키우던 외양간을 급조해 구들을 들였다. 바닥 위는 외양간이고 바닥은 구들을 파서 월세방을 들였다. 벼농사를 지어 수매가 끝난 가을에야 돈을 만지던 시골 동네가 학생들에게 월세를 받아낼 구들을 들이기 시작했다. 조용하던 시골 동네가 갑자기 대학촌으로 변하기 시작했다.

학교가 자리한 터에 사시던 조상부터 농군인 김 씨도 대학교 영선반에 취직을 해서 화장실을 수리하거나 수위 완장을 차고 오가는 통학버스를 통제하기도 했다. 또 몇몇 마을 사람들은 낫을 들고 학교 주변에 풀을 베거나 정원수를 심었다. 학생들이 들어오자, 정문 앞 목 좋은 곳에는 급조한 듯 어설픈 간이 슈퍼와, 라면과 김밥, 순대 등을 파는 분식집이 들어섰다. 셈이 빠른 이장네는 정월 대보름에 쥐불을 놓고 윷을 놀거나 가을걷이 끝나고 가을볕에 말려둔 메주콩을 털던 타작마당에 이 층 건물을 들여 일 층에 복사점, 이층에 대학생들이 날라다 주는 쓴 커피를 파는 신식 카페를 들였다.

나는 그 번다해진 시골 마을의 급작스러운 변화에 한몫 도움이 되지도 못한, 먼 데 춘천 출신의 가난한 유학생이었다. 내가 처음 머무르던 자취방은 학교 앞 양산리였다.

주인집은 양산리 들판에서 누대로부터 벼농사를 지어온 중농이었다. 입학 날이 다가오자 나는 양손에 보따리를 들고 문간채에 들었다.

다행히 외양간을 개조한 방은 아니었고 벽돌로 지은 튼튼하고 제법 규모가 있는 문간채였는데 살림이 제법 윤기 나던 시절 한동안 머슴이 기거하던 방이라고 했다. 동네에는 외양간을 개조해 급히 구들을 들인 방들이 있었다. 따라서 그런 방에 가면 어디선가 마른 볏짚 냄새가 났고 밤이면 소가 음매 하는 소리가 들리는 듯했다.

부뚜막이 있는 작은 부엌도 있었다. 오래된 나무 찬장에 김치도 들여놓을 수 있고 작은 냄비와 밥그릇도 놓아두었다. 부엌 한쪽에는 어머니가 사주신 석유풍로를 곱게 모셔 두었다. 이 석유풍로는 석유를 채워두었을 때만 사용했고 석유가 떨어지자, 근처에 석유 파는 곳이 없어 별 소용이 없었다. 석유통 들고 수원까지 나가야 했지만 통학버스나 완행버스에 석유통을 들고 갈 엄두가 나질 않았다. 석유통도 없었다. 결국 석유풍로는 처음이자 마지막으로 세숫대야에 가느다란 세면 국수를 끓여 먹은 뒤 부엌 한구석에서 잠자고 있다가 누군가가 가져갔을 것이다.

부엌에는 주인아주머니가 주신 소머리 크기의 항아리가 있었다. 항아리엔 김치를 넣어 두었고 그보다 작은 항아리엔 삭혀가는 황석어도 들어 있어서 더운 보리밥을 지어 한 마리씩 꺼내어 열무김치와 함께 먹으면 정말 꿀맛이었다.

주인집에는 노부부와 중년의 아들 내외, 두 아들이 있었다. 주인아저씨는 키가 훤칠하고 소눈처럼 쌍꺼풀진 눈을 가지고 있었다. 구레나룻과 턱수염이 많아 면도 자리가 파르라니 도통 말이 없었다. 주인아주머니는 키가 자그마하신 분인데 수수하니 친절하게 나의 허술한 자취 생활을 돌봐주셨다.

조용하던 동네가 젊은 대학생들로 번다해지자, 개구멍바지만 입고 코를 흘리던 어린아이들은 명절처럼 활기차게 골목을 뛰어다녔고, 마루 밑에서 졸던 누렁이들도 이게 무슨 일인가 덩달아 신이 나서 아이들을 따라 뛰어다녔다.

젊은 대학생들이 마을에 들어오자 생긴 활기찬 변화였다. 갑자기 뽕나무밭이 바다로 변한 시골 마을은 아직 서울서 쫓겨 내려온 반정부적인 교수들과 급진적 대학생들을 받아들이기엔 아직 시간이 필요했다. 대학 문화를 수용하기에는 아직 많은 것들이 부족한 시기였다.

활기가 넘치는 시골 마을과는 달리 나의 대학 생활은 활기에 넘치거나 평탄하지 못했다. 본질적인 문제는 아이러니하게도 주머니가 비었다는 것이다. 대학에 입학하기 직전 아버지가 병석에 눕고 가세는 급격히 기울었다. 중풍으로 거동을 못 하시자 아버지 가게도 문을 닫았다. 아버지의 와병은 더 이상 대학 생활을 유지하게끔 향토 장학금을 대지 못했다. 집에서는 안채를 내주고 들어오는 월세 중에서 2만 원을 떼어 내게 주셨다. 그 외에는 더 이상 아무것도 줄 게 없었다.

학교가 자리한 시골 동네라 돈을 벌어 고학을 할 만한 건더기도 없었다. 수원 터미널에서 출발하는 완행버스는 하루에 세 대만 들어오는 외딴 마을, 그나마 통학버스로 삼사십 분이나 나가야 수원역 근처에 다다를 수 있었고 요즘처럼 아르바이트 자리도 흔하지 않았다. 그나마 학교 버스 승차권을 사야 수원으로 나갈 수 있었으나 내겐 학교 버스를 타고 수원으로 나가는 일도 쉽지 않았다.

변변찮은 어리보기라 학교 다니며 경제 활동을 할 능력도 키우지 못했다. 세상살이, 세상물정에 적응하기에 나는 너무 어렸다. 지역도 농사짓는 외딴 시골 마을이어서 공부 외에는 어떤 선택도 할 게 없는 소외된 지역이었다. 내 처지도 그곳에서는 그리 좋은 상황은 아니었다.

서슬 퍼런 전두환 정권 시절, 대동제에서 생긴 일

1982년 가을, 10.26 기념 대동제를 열었다.
전두환 정권의 서슬 퍼런 공포가 대학가를 짓누르던 시절이었다. 3, 4학년이 공부하는 수유리 캠퍼스에서 가을 대동제의 마지막 날이었다. 수유리 예배당엔 비장한 얼굴로 학생들이 삼삼오오 모여들었다. 주변은 아무 일도 없이 조용한데 가슴 속에선 터질듯한 긴장감이 흘렀다.

"뜻 없이 무릎 꿇는 그 복종 아니요" 예배당에 참석한 누구의 입에서 저항의 찬송이 터져 나왔다. 순간 유인물이 허공을 가르며 흩날렸다. 우리는 흰 종이를 주워들었다. 철필(일명 가리방 펜)로 긁은 검은 활자가 날카로운 비수처럼 번뜩였다.

그때, 단상 위에 오른 두 명의 선배가 외쳤다.

"와서 모여 함께 하나가 되자"

점점 수위가 높아지더니

"광주학살 책임지고 전두환은 물러가라!"

모두 자리서 일어나 어깨를 걸고 스크럼을 짰다.

"전두환은 물러가라 훌라훌라!"

"우리들은 한신 동지, 좋다 좋아!"

"같이 죽고 같이 산다. 좋다 좋아!"

"무릎 꿇고 사느니보다 서서 죽길 원한다"

'한신 동지가'를 어깨 걸고 부르며 교문을 향하여 나서던 순간 '쾅!' 하고 예배당 입구 문이 거칠게 닫혔다. 학생처에서 우리의 동태를 살피던 사복경찰들이 밀고 나오려는 학생들을 문으로 막았다. 학교 정문에는 어느새 경찰이 배치돼 있었다. 무장한 전경들, 닭장차, 페퍼포그까지 도착하며 우리를 막아섰다.

"이대로 갇히는 것인가?"

공기마저 얼어붙었다.

선배들은 단상을 박차고 뛰었다. 유인물을 뿌리던 S 선배와 선언문을 낭독한 P 선배는 예배당 뒤편으로 빠져나갔다. 예배당

문이 열리고, 구둣발 소리가 쫓아왔다. 나도 숨소리가 거칠어졌다. 그러나 그들은 이내 학교 뒷담을 넘어 화계사 쪽으로 사라진 뒤였다.

학교가 포위된 그날 밤, 함께 학습하던 동기들은 내게 말했다.
"너도 위험해, 도망가!"
그러나 나는 머뭇거렸다. 도망칠 것인가, 남을 것인가.
"나는 딱히 한 게 없는데……."
애써 태연한 척했지만, 속에서는 불안이 자라났다. 나는 결국 평소처럼 기차를 타고 춘천 집으로 향했다. 그러나 깊은 밤이 되자 불안이 엄습했다. 불안한 마음을 이야기 나눌 상대가 없었다.

'한방에서 같이 지냈으니, 경찰이 나도 잡으러 오지 않을까?'
새벽까지 뜬눈으로 지새우다, 결국 집을 나섰다. 말없이 큰집으로 피하려고 소양 댐 선착장에서 양구로 가는 배를 탔다.

그러나 시간이 지나도 배가 떠나지 않았다.
조종석에 앉은 선장에게 물었지만, 그는 입을 다물었다. 출발 시각 30분이 더 흘렀다.

쾌룡호 배 위에서의 이상한 대치가 벌어졌다.
그때였다. 경찰들이 떼로 배에 들이닥쳤다.
'설마 나를 잡으러?'
가슴이 쿵! 내려앉았다. 도망칠 방도를 찾았지만, 사방은 시퍼런 물뿐이었다. 경찰들의 견장에 반짝이는 왕 무궁화가 눈앞에서 어른거렸다. 이윽고, 배는 출발했다. 긴장 속에서 상황을 살폈다. 알고 보니, 배는 강원도경찰청 국장을 기다리고 있었던 것이었다.

배가 물살을 가르며 나아가던 순간, 나는 자리에서 벌떡 일어났다.

"대체 누구시기에 이 많은 사람들이 기다려야 합니까? 사과하시오!"

정적이 흘렀다. 배안에 탄 모든 사람의 시선이 나에게로 쏠렸다. 그제야 도경 국장이 앞으로 나섰다. 그의 얼굴이 붉어졌다.

"내가 강원도 도경 국장인데, 행사가 있어 늦었다. 여러분께 미안하다."

의외였다. 시원하게 사과했다. 순간, 내 어깨를 툭 치며 웃었다.

"젊은이가 용기 있네."

나는 순간 당황했지만, 속으로 통쾌한 웃음이 새어 나왔다. 이 상황에서도 내 오시랖은 어쩔 수 없었다.

그는 양구 선착장에 도착하자 읍내까지 지프에 나를 태워주겠다며 제안했지만, 나는 단호히 거절했다. "고맙지만, 버스를 타겠습니다." 오금이 저려왔다.

양구 큰집에서 일주일을 숨어지내다 보니 심심하기도 하고 밖의 상황이 궁금했다. 나는 다시 기차를 타고 학교로 돌아왔다. 기말고사가 코앞이었다.

그날 밤, 학교 근처 세마대 자취방에서 잠을 청하려던 순간, '와당탕!'

문이 박살 났다. 검은 그림자들이 방 안으로 쏟아졌다.

"이 새끼, 연행해!"

구둣발이 가슴을 짓눌렀다. 숨이 막혔다. 손이 등 뒤로 꺾였다. 나는 곧장 지프차에 실려 오산 화성서 지하실로 끌려갔다.

어둠 속, 책상 너머에서 목소리가 들렸다.

"P와 S는 어디 있지?"

나는 잠시 뜸을 들였다. 그리고 천천히 고개를 저었다.

"난 아무것도 몰라요. 그저 빈방에서 혼자 살았을 뿐이에요."

나는 몰랐다. 아니, 정말 그들이 어디로 갔는지 몰랐다.

거사를 치르기 며칠 전이었다.

늦은 밤에 들어온 P형과 S가 손에 잉크를 묻히고 들어왔다. "손에 웬 잉크야?" 하고 물었다. 그러자 P형은 교회 청년회 예배 순서지 가리방으로 긁어서 그렇다며 "근데 너 내복 있냐?" 하고 물었다.

"한 벌 있긴 있어" 나는 궁금해하지도 않고 그냥 주었다. 그러자 그는 주섬주섬 옷을 갈아입기 시작했다. 거사를 치르기 전날이었다. 전날 나눈 대화는 그게 전부였다. 거사는 같은 방에 사는 내게도 철저히 비밀에 부쳤다.

내 얘기를 들은 형사는 피식 웃으며 물었다. 하지만 그들에게 진실은 중요하지 않았다.

"풀어주면 데모할 거야?"

침묵이 흘렀다. 이윽고 그들은 나를 풀어주었다. 그러나 마지막으로 한마디를 남겼다.

"그들이 나타나면 신고해."

나는 아무 대답도 하지 않았다.

풀려난 그날 새벽, 나는 다시 고향으로 내려왔다. 매 맞은 데를 살피며 끙끙 앓다가 기말시험을 치르러 학교로 돌아갔다. 학교는 여전히 경찰의 감시 아래 있었다. 학생처에는 형사들이 상주하며 학생들의 동태를 살폈다. 나는 기말고사를 대충 끝내고, 가방을 싸 춘천행 기차에 몸을 실었다.

통학버스 창문 너머로 학교가 점점 멀어졌다. '다시 돌아갈 수 있을까? 아니, 돌아가야 하는 걸까?' 오만가지 상념으로 머릿속이 어지러웠다.

청량리역을 출발한 춘천 가는 기차는 덜컹대며 어둠 속으로 나아갔다.

야간학교 강학 시절

해가 바뀌자 휴학하고 한신대 소속 기독교장로회 춘천 교동교회에 출석하기 시작했다. 3월이 되자 요선동에 있는 소양 새마을학교에 강학을 나가기 시작했다. 중학교 때 싸워서 무기정학 처분을 받고는 학교에 다니지 못했다. 검정고시 보려고 약사리 고개 입구 혜성고등공민학교를 다녔다. 그래서 정규 학교를 가지 못한 젊은 친구들의 마음을 이해하며, 야간학교에 가서 정치경제 과목을 맡았다.

정치경제 교과서를 강의할 자격도 지식도 부족했지만, 대학 1학년 동안 사회과학 동아리 활동을 통해 얻은 귀동냥으로 어림도 없는 야간학교 강학을 시작했다. 무식하면 용감하다고 했던가, 그런데 야학 친구들은 열심히 공부하였고, 덩달아 나도 함께 열심히 공부하겠다는 마음으로 정치경제 강의를 준비하며 도리어 내가 공부하게 되었다.

1980년대 야학은 군사독재 정권 아래에서 노동자, 농민, 도시빈민들에게 교육 기회를 제공하고 사회 변화를 추구했던 민주화 운동의 중요한 축이었다. 나는 거창한 논리에 따라서 야학을 한 것은 아니나 야학을 통해 학생들이 단순한 생계형 노동자가 아니라 권리를 요구할 수 있는 주체로 성장하기를 바랐다.

야학은 교사와 학생이 서로 배우고 가르치는 수평적 관계를 지향했다. 이는 당시 권위적 사회 분위기와 대비해서 쉽지 않은 일이었다. 내가 추구한 야학은 검정고시 패스가 목표가 아니었다. 민주화 운동을 확산해 가는 사회 변혁 운동이라고 생각하고 실천했다.

밤이 되면, 나는 요선동 사창 고개 언덕마루에 있는 소양 새마을 학교에서 정치경제 강사로 지냈다. 이 야간학교는 주로 강원대학교 사범대학 재학생들이 탈학교와 여러 사정상 교육 기회를 놓친 젊은이를 위한 검정고시 준비 과정의 일환이었다. 직장인과 청소년들을 위한 이 교육은 그들의 학문적, 사회적 갈증을 해소하는 중요한 역할을 했다.

내 수업 시간에는 사회적 이슈와 사설을 읽고 의견을 나누는 대화를 주로 진행했다. 교육의 하나로, 학생들은 다양한 사회적 문제에 대해 깊이 이해하고 자신의 의견을 표현하는 능력을

젊은 날 요선동 소양 새마을 학교 강학시절

요선동 소양 새마을 학교 대학생 선생님들

기를 수 있었다. 또한, 저녁에는 벽에 붉은 스프레이로 전두환의 광주학살에 대한 고발을 담은 벽서를 하면서, 민주주의와 인권에 대한 열망을 표현했다. 당시 군사정권의 철권통치와 민주주의에 대한 억압이 가슴속에 큰 응어리를 남겼기에 이러한 행위는 나에게 중요한 의미를 지니고 있었다.

특히 야학에는 역사교육과에 다니는 선배 강학도 있었는데, 우리는 같은 목표를 가지고 행동했다. 어느 날, 누가 먼저 시작했는지 모르지만, 우리는 붉은색 페인트를 가지고 OO 신문사로 들어갔다. 밤늦은 시간, OO 신문사의 계단 벽에 '광주학살 책임자 전두환을 처단하라'는 구호를 썼다. 당시로서는 정권의 핵심을 직접 겨냥한 과격한 구호였다. 어린 나는 이 구호가 신문에 실리리라 생각했지만, 다음 날 저녁 신문사 주변이 전투경찰로 둘러싸여 있는 것을 보고 큰 실망을 했다. 신문에는 아무것도 실리지 않았고, 오히려 경찰의 삼엄한 경계만 불러일으켰다.

그런 상황 속에서도 나는 낮에는 방위로 복무하며, 14개월의 병역을 마쳤다. 병역을 마친 후 두 달여가 지났을 무렵, 집 근처의 강원대학교에서 학원 민주화 시위가 일어났다. 시위의 핵심 내용은 군대 조직인 학도호국단의 폐지와 학생 자치 기구인 총학생회의 설립, 그리고 학교에 상주하며 학생들을 감시하는 정보과 경찰들을 학교에서 쫓아내자는 것이었다. 이러한 시위는 학생들의 자율성과 민주주의에 대한 열망을 상징적으로 표현한 것이었다.

유치장과 폐렴

방위 복무가 해제되자 자유로운 신분이 되었다. 1984년 가을 학원 자율화 조치 이후 전국 대학가는 서서히 반독재 투쟁의 깃발이 올랐다.

군역을 마치고나니 자유로와졌다. 84년 가을 처음으로 강원대학교 시위에 참여하게 되었다. 그날, 둥글게 말린 두루마리 벽지와 붉은 인주를 구해놓고, 대학교 후문 근처에 살던 둘째 누나 집으로 갔다. 마루에 벽지를 펼쳐 흰색 바탕에 '광주학살 책임자 전두환은 물러가라' 라고 썼다. 그런 다음, 이 벽지를 둘둘 말아 3층 학도호국단 사무실로 가져가 창밖으로 펼쳤지만, 벽지 종이라서인지 잘 펴지지 않았다. 제대로 펼쳐지지 못한 상태로 어정쩡하게 매달렸다. 펼치네, 못펼치네 하는 학도호국단 간부와 실랑이하다가 결국 펼치지 못하고 떨어뜨리고 말았다.

낮에는 몇 안 되었으나 날이 어두워지자 되지 학생들이 많이 모였고, 우리는 스크럼을 짜고 정문 돌파를 시도했다. 교문 밖은 혼란의 연속이었다. 밀고 밀리는 접전이 벌어졌다. 1980년 5월 시위 이후 처음으로 벌어진 대규모 시위였다.

시위는 이튿날도 계속되었다. 교동교회 선후배들이 자연스럽게 시위대의 앞을 맡아서 시위를 주도하고 있었다. 밤이 되자 정문서 밀고 당기며 길거리 진출을 시도했다. 돌이 던져지고 최루탄이 터졌다. 나는 선배들처럼 멋지게 시위를 주동한 게 아니라 대열 맨 앞서서 있었다. 도망치질 못해서 현장에서 붙잡혔다. 닭장차 안에서 심하게 얻어맞고, 경찰서에서 나만 심하게 조사를 받았다. 다른 강원대생들은 모두 훈방 조치가 되었다. 나와 함께 얼떨결에 돌 던진 동네 총각 둘만 풀려나질 못했다.

그이는 평소 억하심정이 있었던 듯 하다. 아뭏튼 둘 다 유치장에 구류되었다.

그날 밤 유치장에 들어와서는 문짝을 발로 차며 경찰서장과 보안과장 나오라고 악을 썼다. 당직 계장이 나와서 서장님은 왜 찾느냐고 물었다. "배고프니 라면을 끓여 오라고 불렀다"라고 했다. 기가 막혔나 보다. 몸 검사를 하는 방으로 끌고 가서 전경인지 젊은이들을 시켜서 몇 대 퍽퍽 팼다. 나는 기절했고, 그 상태로 유치장에 던져져 밤을 보냈다. 이럴 거면 전두환을 부를 걸 잘못했다고 후회를 했다.

며칠 동안 가슴이 아프더니 입에서 피가 나왔다. 결국 폐렴이 발병했다. 유치장에서 나오자마자 응급실에 입원했으며, 사흘이 지나서야 열이 내리고 출혈이 멈췄다. 급성폐렴으로 죽을 뻔한 상황이었다.

이 시절 나를 구한 것은 교동교회였다. 교동교회 여전도 회원들이 나를 성 골롬반의원으로 안내하여 입원 치료를 받도록 도와주었다. 그들은 내가 보살필 사람이 없다는 것을 알고, 다양한 방법으로 도움을 주었다. 쇠고기를 잘게 볶아서 고기반찬을 먹을 수 있도록 제공해 주었고, 대학에 복학한 후에는 장학금도 지원해 주었다. 교동교회와 여전도회원들은 나에게 잊을 수 없는 큰 은인들이다.

이 시기의 경험은 나에게 큰 교훈이 되었고, 동시에 교동교회의 따뜻한 도움과 사랑을 통해 인간의 연대와 신뢰의 가치를 다시금 깨달았다. 이 모든 것은 다 하느님의 은총을 입은 거 였다.

교동교회

한국 기독교장로회 교동교회는 강원도 춘천에서 복음 전파와 예언자의 역할을 충실히 해온 균형 잡힌 교회였다. 담임목사이신 강원하 목사님은 복음 전파와 역사의식을 명확히 하여 균형 잡힌 신앙을 젊은이들에게 심어주었다. 교동교회의 청년회원으로 활동을 시작하면서, 나는 신용봉 형이 회장으로 있는 청년회에 참가하게 되었다. 청년회원들 중에는 정철, 박영상, 김기수, 이헌수, 김영호 선배가 있었고, 후배로는 최봉흠, 권오덕 등이 있었다.

이들 교동교회 청년회는 바른 신앙관과 올바른 역사의식으로 뭉쳐 있었으며, 미래에 책임감을 가진 성령 충만한 청년들로 구성되어 있었다. 우리는 기도 모임과 성경 공부가 끝나면 동부시장 막걸릿집으로 2차 집회를 가졌다. 이러한 활동은 단순한 교회 모임을 넘어서, 사회와 역사에 대한 책임을 다하려는 우리의 의지를 표현하는 자리였다.

1979년 12·12 쿠데타로 정권을 장악한 전두환 군사정권에 저항하는 활동이 본격적으로 시작되었다. 민주주의를 지키기 위해, 시위하는 광주 민중이 총칼로 무참히 학살당한 사건을 시민들에게 알리는 것이 시급했다. 광주민주화운동의 상황을 어떻게 알릴 수 있을지 고민하고 실천에 나섰다.

교동교회의 청년회는 단순히 교회 내의 활동에 그치지 않고, 사회의 정의와 인권을 위한 목소리를 높였다. 우리는 광주민주화운동의 진실을 널리 알리기 위해, 교회의 네트워크와 지역사회의 자원을 활용하여 민주화 운동의 필요성과 그 중요성을 알리고자 했다. 그 과정에서 교회의 신앙적 기반을 통해 올바른 역사의식을 확립하며, 우리의 역할을 충실히 수행하였다.

복학생

복학 후 대학 캠퍼스는 전쟁터처럼 변했다. 매일 같이 백골단이 출동했고, 최루탄과 돌, 화염병이 날아다녔다. 아침 시위로 시작해서 저녁 시위로 끝나는 날들이 계속됐다. 시위는 거세졌고, '센강의 전투'라고 불리는 격렬한 충돌이 발생했다. 1조가 화염병을 든 채 전선에 나섰고, 2조가 뒤를 따랐다. 어느 날, 시위 도중 허리에 묵직한 충격이 전해지며 쓰러졌다. 결국 빈센트 병원으로 후송되어 치료받았다.

전투가 끝난 후, 최루탄 가루가 쌓인 들길을 걸었다. 황구지천 언저리 갈대밭에서 SY44 최루탄 파편을 밟으면 매캐한 흰 가루가 피어올랐다. 그 길을 걸으며 치열한 청춘의 기억을 뇌리에 새기고, 우리의 미래를 꿈꾸었다.

스물다섯 살, 1986년 대학 3학년 시절, 문동환 박사(문익환 목사님 동생)님의 '아리랑 고개'라는 과목을 들었다. 강의의 핵심은

고향 춘천으로 가는 기차 안에서 바라본 북한강

'세상에 나가서 만나는 한 맺힌 민중의 한을 어떻게 풀어줄 것인가'였다.

수업을 듣는 학생들은 진지했다. 어떤 학생은 공장으로 가서 노동자가 되어 가난한 노동자의 친구가 되겠다고 했고, 다른 학생은 농민 속으로 들어가 농민의 친구가 되겠다고 했다. 또 다른 학생은 빈민 속으로 들어가 도시 빈민이 되어 가난한 한을 풀어줄 사제가 되겠다고 다짐했다.

나는 엉뚱하게도 카레를 한 가마 가득 끓여 놓고 한 대접씩 나누어 주겠다고 했다. 학생들은 와르르 웃었고, 나는 실수했다고 직감하며 얼어붙었다. 그러나 스승은 예의 그 코안경을 들어 올리고 나를 가만히 쳐다본 뒤, 빙그레 웃으며 고개를 끄덕였다.

이후 전두환의 폭압과 박종철 고문치사로 촉발된 민주화의 물결은 1987년 6월 항쟁으로 이어졌다. 호헌 철폐와 독재 타도의 물결이 전국을 메아리치며, 한국 사회는 새로운 전환점을 맞이했다.

센강(황구지천) 둑방 길

천변에 밤 그늘이 드리우면 이슬이 내리는 둑길을 따라 어슬렁거리다가 자취방으로 돌아오곤 했다. 한신대 학생들 사이에서 센강으로 불리는 황구지천의 갈대밭과 둑길은 가난했던 젊은 날, 사색의 오솔길이었다.

시위가 끝나면 천변에 SY44 잔해가 어지럽게 흩어져있었다.

그런 날은 석양이 물든 시간, 미군 부대에서 흘러나오는 오수가 흐르는 황구지천 언저리를 걷던 나는 하느님에게 이렇게 물었다.

"민주주의는 피를 먹고 자란다는데, 우리가 얼마나 더 피를 흘려야 민중이 고통 없이 살 수 있을까요? 노동자와 농민이 일한 만큼 대접받으며 착취당하지 않고 살아갈 수는 없는 것인가요? 배우지 못했다고, 가난하다고 무시당하지 않으며 아무런 조건 없이 행복하게 살 수는 없는가요? 사랑과 은혜의 하느님이라면 민중들에게 평화의 선물을 내려줄 수는 없는가요?"

"5.18 당시 광주의 금남로와 충장로 등 광주의 곳곳에서 군인들에게 희생당한 젊은이들의 희생을 어떻게 위로해 주실 건가요? 정의와 공법을 물처럼, 하수처럼 흘려주실 생각은 없는 것인가요? 하느님 나라는 어디 있나요? 민중이 주인 되는 나라는 언제 오나요? 나는 자비를 받지 못해도 좋으니, 남에게 자비를 베풀 필요가 없는 평등한 세상을 이루는 간 불가능한 것인가요?"

나는 수많은 질문을 폭풍처럼 던지고 또 던졌다. 해 지는 서편, 우리들의 센강 황구지천 둑길을 따라 오산평야 논길을 걸으며 하느님께 던진 질문이었다.

젊은 날 가졌던 질문과 문제의식은 누가 가라고 하지도 않았던 나만의 길을 걸어가게 한 동력이자 자양분이었다. 해가 지고 나서, 풍구에 쌀겨를 넣고 부채로 불을 붙여 보리밥을 지었다. 뜨거운 보리밥 위에 김치를 얹고 반쯤 삭은 황석어 한 조각 올려 한입 가득 물어 씹는다.

"아 좋구나"하며 숟가락을 내려놓고, 룸메이트이자 문학청년이었던 최해성 시인(필명 유채림)과 함께 삼십 촉 백열전구 아래서 곽재구의 '사평역에서'를 읊었다.

사평역에서

곽재구

막차는 좀처럼 오지 않았다.
대합실 밖에는 밤새 송이 눈이 쌓이고
흰 보라 수수꽃 눈 시린 유리창마다
톱밥 난로가 지펴지고 있었다.
그믐처럼 몇은 졸고
몇은 감기에 쿨럭이고
그리웠던 순간들을 생각하며 나는
한 줌의 톱밥을 불빛 속에 던져 주었다.
내면 깊숙이 할 말들은 가득해도
청색의 손바닥을 불빛 속에 적셔 두고
모두들 아무 말도 하지 않았다.
산다는 것이 때론 술에 취한 듯
한 두름의 굴비 한 광주리의 사과를
만지작거리며 귀향하는 기분으로
침묵해야 한다는 것을
모두들 알고 있었다.

오래 앓은 기침 소리와

쓴 약 같은 입술 담배 연기 속에서

싸륵싸륵 눈꽃은 쌓이고

그래 지금은 모두들

눈꽃의 화음에 귀를 적신다.

자정 넘으면 낯설음도 뼈아픔도 다 설원인데

단풍잎 같은 몇 잎의 차창을 달고

밤 열차는 또 어디로 흘러가는지

그리웠던 순간들을 호명하며 나는

한 줌의 눈물을 불빛 속에 던져 주었다.

고물 장수 대학생

대학 3학년 여름방학이었다. 평택의 팽성읍 안정리에서 고물 리어카를 빌려 고물 장수로 나섰다. 학기 중에는 철학회장을 맡아 학회 내 세미나와 각종 서클 활동을 독려하며 바쁘게 지냈고, 방학이 되면 다음 학기 등록금을 마련해야 했다. 바닥 생활을 경험해 보겠다는 생각도 있었지만, 등록금 마련이라는 현실적인 목표도 포함된 계획이었다.

평택으로 간 이유는 일찍 휴학하고 공장에서 일하던 친구가 그곳에 살고 있었기 때문이다. 안정리 마을 입구에 있는 부흥고물상은 녹슨 미제 양철 슬레이트를 세로로 바투 세워 철사로 얼기설기 묶어 담벼락을 둘러친 모습이었다. 습지 옆 공터에 비둘

어져 앉아 있는 그 모습은 누가 봐도 한눈에 고물상임을 알 수 있었다.

그날 아침, 엊저녁에 남긴 식은 콩나물국과 살짝 쉰내 나는 찬밥을 대접에 말아 허기만을 채운 후, 녹이 슨 리어카를 끌고 거리로 나섰다. 안정리 K5 미군 부대 앞을 지날 때면, M16을 견착하고 경계를 서는 위병소 MP[1]에게 괜히 눈을 부라리며 한 손에는 고물 손수레의 손잡이를 잡고, 다른 손은 주먹을 흔들며 "시발, 양키 고 홈!"이라고 소리치고 얼른 지나갔다.(미군이 따라올까 봐)

미군 부대를 지나 마을로 들어가 골목골목을 누비며 고물로 보이는 돈이 될 만한 고철, 파지, 빈 병, 플라스틱 등을 수레에 담았다. 가끔 양색시를 통해 나오는 미제 시레이션 깡통이나 미군 헌 옷을 구하면 그날의 수입이 제법 쏠쏠했다.

이 미군 전투식량은 주로 캔이었는데, 옆구리를 돌려 따는 깡통 따개가 뚜껑에 단정하게 붙어 있었다. 음료 캔에는 다른 모양의 따개가 있었는데, 허리 부분을 캔의 외곽에 걸치고 지렛대처럼 누르면 '푸쉭!' 하고 삼각형으로 따졌다. 그래서 어찌어찌해서 고물 장수의 손에 들어오면 한 개쯤은 팔지 않고 깡통 따개로 따서 먹었다. 스테이크와 비스킷, 땅콩버터, 막대기 치즈, 껌, 커피, 복숭아 통조림 등이었다. 큰형님이 월남에서 돌아왔을 때 가져온 시레이션은 한 번 맛본 적이 있어 그때 미군은 싫었으나

---

1 Military Police, 군사경찰, 흔히 헌병이라고 불린다.

시레이션의 달콤하고 신기한 맛은 잊을 수 없다.

팽성에는 아메리카 공군 기지가 있어 양색시 마을과 유흥업소도 많았다. 이들을 고객으로 하는 음식점과 미용실도 두 집 건너 한 집씩 자리 잡아 시골 읍 답지 않게 제법 번성했다. 여름 햇살이 덜 퍼지기 시작한 새벽부터 부지런히 밭품을 팔아 리어카에 가득 실어 돌아오면 온몸이 땀으로 흥건했다. 몸에서는 땀 냄새와 쉰내가 뒤섞인 악취가 나고, 몰골은 물에 빠진 생쥐처럼 처참했다.

고물상 입구에 들어서면 사장 부인 꽃님이 엄마가 알약과 포도당을 두 알씩 건넸다. 도착했다고 해서 일이 끝난 게 아니었다. 파지와 고철, 빈 병, 플라스틱 등을 종류별로 분리된 영역에 던져놓고, 파리가 들끓는 마당 한편에서 이른 점심을 먹었다. 직영 수레꾼들은 고물상 한쪽에 마련된 헛간에서 숙식을 해결했다. 역할도 분리되어 있었다. 찍새를 보던 수완 좋은 반장이 고물을 찍어오면 나는 그곳으로 트럭에 실려 가 물건을 실어 오곤 했는데 보조 역할이라서 조금 수월한 자리였다. 이 자리는 원래 나 같은 초짜나 뜨내기는 시켜주지 않는 자리였으나, 고학생이라는 제법 가상한 입장을 특별히 배려해 준 사장 덕분에 채용되었다.

식사는 주로 고물상 안주인 꽃님이 어머니가 대구를 포 뜨고 남은 뼈다귀를 사다가 맑은탕을 끓여 주셨다. 대구 뼈다귀 맑은탕은 살코기를 발라 대구포로 팔고, 쓰고 남은 생선 뼈로 끓였다. 대구 대가리를 냄비에 넣고 반쯤 시커멓게 변한 허연 무를 썰어 넣고, 고추와 파, 마늘만 곁들여 맑은 국물을 끓여내는데, 그 맛이 담백하고 재료의 신선도에 비해 제법 식욕을 돋우었다. 하긴 돌도 소화할 이십 대 중반이었지만 꽃님 어머니의 손맛이 좋았다. 사장인 꽃님이 아버지가 과음하고 들어온 다음 날은 콩나물도 몇 가닥 들어 있었는데, 꽃님 어머니의 대구 뼈다귀탕은 아무리 먹어도 질리지 않았다.

마음이 외로울 때면 가끔 안정리에서 영길이를 만났다. 영길이는 평택이 낳은 천부적인 재능을 가진 위대한 성악가로 대성할 재목이었으나 불운하게도 그 길로 가지 못했다. 일찌감치 세상 공부에 눈을 뜬 영길이는 학업을 중도 포기하고 공장으로 갔다. 경기 남부에서 노동자 조직을 만들고 노동조합을 건설하며 조직하였다. 조직 사건에 연루되어 고문 기술자 이*안에게 혹독한 고문을 당한 후 출옥하여 피폐한 삶을 살게 되었다.

학생 시절, 어쩌다 뒤풀이에서 '그리운 금강산'이나 '석굴암'을 기가 막히게 불러대면, 영길이의 노래를 듣던 학사 주점의 주모가 뛰어나와 선술집의 레벨이 높아졌다며 안주를 공짜로 내오기도 했다. 낭만이 남아 있던 시절이었다. 당대의 유명 테너 박인수 선생보다 한껏 높아 보였지만, 이는 순전히 내 생각일 뿐이니 친구라서 그러려니 해도 좋을 것이다.

어쨌든, 그 동네 출신인 영길이는 술도 잘하고 노래도 잘 부르며 지도력도 뛰어나, 고등학교 시절 한광고 연대장을 맡아 주변 친구들도 많았다. 게다가 세상 보는 눈도 어른스럽고 대인 관

비록 졸업장은 못받았지만
류동운 열사 선배의 추모비 앞에서
민중을 향해 살겠노라고 다짐했다.

계도 엽렵하여² 나와는 다른 면에서 의지가 되는 친구였다. 어려울 때면 만나 술잔을 기울이며 세상 돌아가는 정세 분석도 듣고 철학적인 대화도 많이 나누었다. 여름, 겨울 상관없이 물들인 검은 군복 야전 상의만 입는 단벌 신사였다. 외모는 어깨를 덮는 장발에 검은 뿔테 안경을 쓰고 흰 고무신을 신어 당시 군사정권에 반대하는 문제 학생, 불심검문 단골인 반항적인 대학생 스타일이었다.

고물 장수를 한 지 달포쯤 지나면 그만둬야 했다. 매년 8월 15일께면 기독 청년 전국대회가 열렸다. 전국의 기독교장로회 소속 교회 청년들이 한 지역에 모여 수련회를 가졌다. 말이 수련회지 숨 쉴 곳 없던 대학생들의 해방구였다. 광주항쟁이란 현대사의 엄청난 비극을 겪고 숨죽이던 민중 운동권이 상처를 딛고 일어나 다시 군사 독재 정권과 항쟁을 시작하던 시기였다. 학생들은 화살처럼 날아가 독재의 심장에 꽂히고 감옥으로 갔다. 노동자들은 노동 해방이라는 목표를 세우고 자본의 모순을 한꺼번에 뒤엎을 단 한 번의 일전을 위해 날을 벼렸다.

흐린 기억에 85년 여름에는 전주에서 열렸고, 전주 민정당사를 돌과 불로 타격했다. 86년에는 광주 서중에서 열렸는데, 이때 참석을 위해 고물 장수를 접고 수원으로 올라가 호남선 야간열차를 탔다. 약속된 벗들과 합세하여 양손에 화염병을 들고 광주와 전주의 아스팔트를 달렸다.

2 슬기롭고 민첩하고, 분별 있고 의젓하다.

나는 고물 장수를 해서 번 돈으로 사회과학 서적도 사고, 집회 참석을 위한 여행 경비도 쓰고, 다음 학기 방세도 냈다. 등록금을 감당하기엔 어림도 없는 적은 수입이었지만, 내 몸을 써서 번 돈, 소중히 사용한 돈이었다. 방학이면 고물 장수를 했고, 광복절이 오면 남도로 싸우러 갔다. 5.18 광주항쟁 기간이 오면 망월동 묘소를 참배하였던 건 얼마 뒤였다.

당시 기억나는 선생님은 시집 『새들도 세상을 뜨는구나』를 출간한 시인 황지우 선생이다. 그분은 현대 철학 수업을 담당하였다. 알튀세르의 『Four Marx』를 강독했고, 구조주의를 익혔고 현상학을 배웠다. 개발새발 번역한 내용을 읊어대면 황지우 선생은 나를 칭찬하고 격려해 주셨다.

세월이 흐르고 이제 그때 젊은 날들을 돌이켜본다. 겨울 방학이 되면 다음 학기 생활비와 등록금을 보태기 위해 동대문 임성기 약국 뒤편 장난감 도매상에서 장난감을 사서 가평장, 현리장, 멀리 눈 내리는 인제 원통장을 돌았다. 여름방학이 되면 고물 리어카를 끌고 소나기를 맞으며 평택 팽성읍 어딘가를 헤집고 다니던 신산했던 젊은 날들을 떠올려 본다.

1987년 6월 항쟁, 그 격렬한 역사의 소용돌이 속에서

1987년 6월, 서울에서 박종철 군 고문치사 사건과 은폐 조작으로 촉발된 항쟁의 불길은 민중의 뜨거운 열망으로 번져갔다. 성당의 종소리가 울리고 비둘기들이 하늘로 날아올랐다. 오후 6

시, 저항의 상징으로 보라색 스카프를 맨 여인들은 하얀 손수건을 흔들며 거리로 나섰다. 세종로를 달리던 버스 차창에 흰 손수건이 흔들리고, 자동차들은 경적을 울리며 시민들은 거리로 나왔다. 거대한 행진이 시작되었다.

보라색 스카프와 하얀 손수건을 흔드는 비무장 시민들의 물결은 군사 독재자들의 폭력에 저항하는 학생들과 평범한 시민들이었다. 이들은 군사정권에 맞서 싸우며 엄청난 힘을 발휘했고, 그들의 행진은 감동적이었다.

전국에서 메아리친 군부 독재 타도와 호헌 철폐의 함성은 민정당 대표 노태우의 6.29 항복 선언으로 이어졌다. 체육관에서의 대선 방식 대신, 국민이 직접 대통령을 뽑는 방식으로 전환하는 성과를 이뤘다. 이는 6월 항쟁의 중요한 승리였다.

항쟁 이후, 노동자 권리 쟁취를 위한 대투쟁의 서막이 열렸다. 1987년의 노동자 대투쟁은 6월 항쟁의 성과였다. 그러나 민주 회복의 길은 멀었다. 이후 대선에서 김영삼·김대중의 분열로 6월 항쟁의 성과가 노태우 군사정권에 헌납되었다. 수많은 젊은 이가 자기 몸을 불사르며 민주주의를 위해 싸웠고, 이들은 지금 586세대라 불린다.

1987년의 여름방학 동안, 학생들은 소강상태에 접어들었고, 나는 자취방에서 밀린 과제를 하면서 시간을 보냈다. 그 당시, 활발히 문예 활동을 하던 후배 춘희가 찾아왔고, 나는 그녀에게 카레밥을 만들어 주었다. 내 꿈은 카레를 끓여 배고픈 이들에게 나누어 주겠다는 꿈을 가지고 있다고 말했다. 학교 근로 장학생

알바 중에 사고가 나서 척추에 금이 가는 상처를 입었고, 병원에서 3주를 보내야 했다. 학교 측은 병원 입원비를 대납했지만, 그 외에는 아무런 지원이 없었다. 허리 통증으로 고생했지만, 가을이 되어 다시 일어섰다.

나는 도시의 가난한 청년으로, 나와 비슷한 처지인 사람들을 만나면 자신의 아픔을 느꼈다. 아픈 자만이 다른 사람의 고통을 이해할 수 있다. 치유는 그의 마음으로 듣고 읽는 데서 시작된다. 마음의 길은 세상 지도에는 없지만, 낮은 곳으로 내려가는 길을 외면하지 않고, 다시 시작하는 것이 필요하다.

항쟁의 휴식기 동안 얻은 부상으로 인해 병원에서 많은 생각을 했다. 이후, 시민들이 행진하던 거리에는 자동차들이 도로를 뒤덮고, 주장하던 깃발과 요구하던 플래카드는 자취를 감추었다. 혁명가들은 샐러리맨, 주부, 학생, 거리 청소부로 되돌아갔다. 환희의 역사를 만들었던 시민들은 다시 구경꾼으로 돌아갔다. 시간이 흐르고 역사의 시계는 거꾸로 돌아가는 듯 보인다. 다시 우울한 고립에서 근본적인 해방으로 나서야 할 때이다. 토요일마다 벌어지는 촛불집회는 고립과 싸워 광장을 장악하고, 함께 걸을 수 있는 거리를 확보하고, 다시 광장에서 해방의 축제가 열리기를 바라는 목적이다. 민주주의를 표명하는 가장 좋은 방식은 용기를 내어 큰길에서 함께 행진하는 일이다. 시위와 봉기가 시민을 이끄는 힘은 공공장소에서 용감하게 행진하는 공적 행동들이다. 행진은 민주주의를 구성하는 중요한 요소이며, 함께 걸어가는 행진이 역사가 된다.

도망자 신세로 아버지의 장례를 치르다

4학년 2학기가 시작될 무렵, 함께 활동하자던 강원대 친구인 관중이가 구속되었다. 우리는 각자 만든 정세 분석 자료를 가지고 청평에서 만나 시국 관련 토론을 하고 함께 변혁운동에 투신하기로 약속했다.

이미 한 번 감옥에 다녀온 경험이 있는 그는 정보과 형사들의 감시 대상이었다. 나를 만나기 위해 서울행 기차를 타려던 그가 남춘천역 대합실에서 불심검문을 받고 체포되었고, 불온 문서를 소지했다는 이유로 구속되었다. 이로 인해 나는 공범으로 지명수배자가 되어 도망자의 신세가 되었다.

경찰의 눈을 피해 학교 자취방을 떠나 대도시로 숨어들었다. 강남 뱅뱅 사거리에 있는 중앙일보 보급소에서 신문을 배달하며 숨어 지냈다. 자전거를 타고 새벽마다 신문을 돌리며 수배자의 신분을 숨겨야 했다. 시간이 흘러 2월이 되었고, 시국은 조금 조용해진 듯했다. 마지막 학기를 다니지 못해서 졸업식에도 참석할 수 없었다. 하지만 내게 부모님 대신 등록금을 보태준 형과 누나들, 교동교회 사람들은 내가 대학을 졸업할 줄만 알고 있었다. 여러 가지로 내 뒤를 보살펴 주셨던 문 권사님은 졸업식에 오신다고 했다. 진땀이 났다. 그래서 가짜 졸업식을 하기로 했다.

다행히 졸업식엔 큰누나 외에 아무도 오질 않았다. 졸업 날짜를 알려주지 않았기 때문이다. 학교 시절, 생활비는 따로 없었다. 시인이자 소설가가 된 최해성 형과 함께 살았다. 집이 학교

문 앞에 있어, 학생들이 오가며 자주 들르는 집이 되었다. 먹을 건 없었지만 동료 선후배들은 우리 방을 끊임없이 들락거렸다.

"학생들, 방세는 언제 줄 거야?"

주인집 아주머니가 도둑괭이처럼 문턱을 넘어서며 우리 뒤에서 소리쳤다.

"방세는 언제 줄 거냐고!"

"아이 깜짝이야! 다음 달에 드릴게요. 너무 그러지 마세요."

되레 큰소리, 호언장담을 했다.

나는 가짜 졸업을 하고, 다른 친구들은 진짜 졸업장을 받고 학교 정문을 나서며 세상으로 나가던 날, 나는 다짐했다. 가족과 친지들께 미안해서 가짜 졸업을 했지만, 세상에 나가서 떳떳하게 살자고 쩨쩨하게 살지 말자고.

가짜 졸업식을 한 1988년 2월 그즈음 아버지가 돌아가셨다. 깊은 밤, 어두운 침묵만이 가득했다. 전화기를 붙잡고 무슨 말을 해야 할지 몰라 떨리는 목소리로 한참을 망설였다. 모든 것이 멈춘 것처럼 느껴졌다. 아버지의 마지막을 지켜보지 못했다는 사실에 가슴이 무거워지고, 아버지께 효도는커녕 말썽만 부렸다는 후회가 밀려왔다.

장례식이 열린 소한 날, 하늘은 잿빛으로 흐렸고 엄동의 바람은 몹시 차가웠다. 아버지의 장례식은 양구 큰집에서 치러졌다. 형제들은 아버지의 시신을 작은 합승 버스에 싣고 양구로 향했다. 어린 날 우리집에서 학교에 다닌 사촌 형들이 준비한 장례식이었다. 양구읍서 월명리로 넘어가는 사명산 언덕배기에 마련한 터에 아버지를 모시기로 했다.

　춘천서 아버지를 모신 합승이 도착하자 준비된 꽃상여에 아버지가 실렸다. 마을 청년들이 아버지를 모셨다. 꽃상여에 오른 아버지는 만장을 따르는 가족들을 이끌고 젊은 날처럼 두 팔을 휘적이며 절룩이나 당당하게 산으로 오르셨다.

　그날 흐린 하늘에 눈발이 날리고 찬 바람이 불었다. 아버지를 제대로 모시지 못하고 돌보지 못한 죄책감이 엄습했다. 평소 어떤 일에도 흥분하지 않고 의연하며 무뚝뚝하시던 아버지의 모습이 떠올랐다. 그리움과 슬픔이 밀려와 눈물을 참을 수 없었다. 66세 짧은 생을 마감한 아버지의 신산하고 지난했던 삶을 떠올리며 미안함이 가슴을 파고들었다.

　어린 시절, 일을 마치고 집으로 돌아오시던 아버지의 손을 잡고 집으로 이끌던 기억이 떠올랐다. 그때는 세상 무엇도 두려운 것이 없을 만큼 아버지의 손은 크고 따뜻했다. 하지만 이제, 그 손을 다시는 잡을 수 없다. 집으로 돌아가도 아버지가 안 계실 테니……. 그동안 아버지께 하지 못했던 말들이 머릿속을 맴돌았다.

　"죄송해요. 아버지, 철없던 저를 용서해 주세요, 어머니는 제가 잘 모실게요"

　마지막으로 명정에 덮인 관이 땅속으로 내려가고, 흙을 덮기 시작할 때 눈이 내렸다. 나는 눈을 감고 두 손을 모아 아버지의 영면을 빌었다. 아버지를 향해 깊은 인사를 드리고 물러 나왔다. 장례식이 끝나고도 한동안 그 자리를 떠나지 못했다.

춘천 민주청년회 시절

대학 공부를 마치고 (졸업은 못 했지만) 돌아와서 춘천 민주청년회를 만드는 데 힘을 보탰다. 모인 사람들은 예의 그 학생 운동을 하다가 감옥에 갔다 오거나 금방 대학을 마친 청년들이었다. 미래의 전망을 모색하는 젊은이들의 모임 정도였다.

모두 자기 의견이 강했다. 회의가 잘 이뤄지지 않았다. 결국 1년도 되지 않아서 다 떠나 홀로 빈 사무실을 지켜야 했다.

얼마 후 초창기 전국교직원노동조합 강원지부가 사무실 옆방으로 들어왔다. 해직 교사였던 경림이 형님이 옆방에다가 글방을 내었다. 이른바 도서실이다. 도서실에서 책도 보고, 또 줄곧 라면도 끓여 먹으면서 민주청년회 사무실을 지켰다. 그냥 멈출 수 없었다. 뭔가를 시작해야 했다.

그래서 새로이 노동 청년들을 만났다. 노동 청년들과 영화, 등산 다양한 방법으로 20대 청년들과 민족학교, 청년학교를 개설했다. 청년 민족의식을 고취하는 일이었다. 민족의식을 고양하고 청년 정치 학교도 만들었다.

장기표, 이부영 같은 당대의 재야 인물의 초청 강연도 열고 '오, 꿈의 나라', '파업 전야' 같은 영화를 상영하기도 했다. 강원대학교 백령 회관을 빌려서 파업 전야를 상영하기도 했다. 상영하지 못하게 막는 경찰들과 몸싸움했다. 사무실에서 영화를 상영을 하자 경찰이 필름을 압수하려고 계단을 올라오자 3층으로 올라가는 계단을 막았다. 결국 영화는 상영됐다.

파업 전야는 노동자들이 권리를 얻어내는 과정을 담은 노조

뜨거웠던 열정의 젊은 날들

활동 영화였다. 그 뒤로 노동도 안 해본 우리는 노동자 교실을 만들어 노동법 교육을 했다. 또한 영화 반을 만들어서 장기적으로 영화를 보러 다녔다.

등산반은 근처에 삼악산, 오봉산, 삿갓봉 등을 걸어 다녔는데 어느 날인가 내가 팔봉산에 갔다가 내려와서, 며칠 있다 각혈하고 쓰러졌는데 이번엔 폐결핵이었다. 80년대 대학 생활 누구도 신산하지 않은 삶이 있으랴만 내 젊은 날은 참 부족하고 고단했다. 뭔가 다치고, 끌려가고, 매 맞고, 사랑하고, 아프고, 그리고 쓰러지고, 당하고, 그런 삶의 시간으로 가득했다. 참으로 고단한 청년 시절이었다.

하지만 그래도 내 뒤엔 선배들이 많이 있었다. 용봉 형, 근창 형을 비롯한 영상, 헌수, 영호 형 등이 있었다. 봉흠이 황모, 정배, 상운이, 재수, 오덕이 등 동생들 역시 많았다.

민주청년회 사무실 아래 가게를 열고 근창이 형과 겨울옷 잠바 장사를 했는데 명품 유사품이었다. 이를테면 나이키를 '사이키'라고 했던 것처럼 유명상표가 뱅가드가 맞나 방가드가 맞냐며 실없는 농담을 지껄이며 의리의 사나이 근창 형과 사이좋게 지냈다. 근창 형의 도움으로 생활비를 마련할 수 있었다.

신학교 통과제의

신학교 합격 통지서를 받은 그날, 한동안 밥 안 먹어도 배가 불렀지만, 현실적인 문제가 머리를 스치고 지나갔다. 일단 기한 내 등록금을 납부해야 했다. 성직자의 길로 들어서기 위한 첫걸음부터 이렇게 자본의 벽에 부딪히다니, 신학교 입학도 이렇게 냉혹하다니…… 여러 가지 복잡한 생각이 뇌리에서 떠나지 않았다.

당시 청년단체 상근자의 처지는 항상 춥고 배고픈 자리였다. 주머니 속을 뒤져봐도 나오는 것은 딸랑거리는 동전 몇 닢뿐이었다. 입학까지 4개월여 남았다. 춘천 민주청년회 활동은 민주화 운동으로 옥살이를 마치고 돌아온 유정배 군에게 맡기고 서울로 떠났다. 제일 먼저 영등포역 앞의 직업소개소를 찾아갔다. 어디서부터 시작해야 할지 몰라 어리둥절했지만, 처음 소개받은 곳은 '김포 양촌리 돼지농장'이었다. 심장이 쿵 하고 떨어지는 소리가 들린 듯했다. 돼지농장이라니, 등록금 마련을 위한 고된 전투가 시작될 장소로는 내겐 너무 적절한 곳이었다. 이제 내가 할 일은 악취 속에서 하루하루를 버텨내며 짧은 시간 내에 떼돈을 모으는 것뿐이었다.

김포 양촌리에 도착했을 때, 처음 맞닥뜨린 것은 상상 이상으로 지독한 냄새였다. 돼지우리에서 나오는 냄새가 코를 찔렀고, 몇 발짝만 걸어도 숨이 막혀왔다. 양촌리의 공기는 이 냄새를 기본 재료로 삼고 있는 게 분명했다. '이걸 버틸 수 있을까?' 하는 생각이 머리를 스쳤지만, 그때마다 주머니 속 얇디얇은 지갑이 눈앞에 아른거렸다. 한 발 한 발 떼어 놓을 때마다 돼지들의 울음소리가 들려왔고, 나는 마치 꿈속에서 헤매는 것 같았다.

농장의 일상은 단순했다. 아침부터 저녁까지, 돼지우리의 뜬장[3] 사이를 오가며 돼지들의 먹이를 챙기고 청소를 했다. 수백 마리의 돼지들이 나를 쳐다볼 때마다 그들의 냄새가 코를 찔렀다. 하지만 나를 가장 괴롭힌 것은 돼지우리의 냄새도, 뜬장에서 들려오는 울음소리도 아니었다. 바로 돼지들과 마주할 때마다 느껴지는 나 자신의 처지였다. 나는 돼지들에게 "등록금을 벌고 신학교에 가야겠다 제발 나를 도와다오!" 하며 넋두리하듯 부탁했다. 돼지들은 내 마음을 아는지 모르는지 태평하게 꿀꿀거리기만 했다.

하루 세 끼 식사 시간이 되면, 오징어 국이 나를 반겨주었다. 돼지들의 냄새에 익숙해진 내 코에도 그 국 냄새는 꽤 괜찮았다. 오징어 국을 후루룩 들이마시면서 나도 모르게 웃음이 나왔다. '여기에서 겪은 경험을 나중에 어떤 설교에 쓸 수 있을까?'라는 생각이 들었다. 하지만 이런 객쩍은 생각도 오래가지 않았다. 다시 돼지우리로 돌아가면 냄새 지독한 현실이 나를 기다리고 있었다.

농장의 단조로운 일상이 반복되던 어느 날, 돼지 새끼 분만실 한쪽에서 이상한 소리가 들려왔다. 돼지들의 울음소리 사이로 무언가 갈라지는 듯한, 생명의 시작을 알리는 신비로운 소리가 섞여 있었다. 그 소리에 이끌려 발걸음을 옮기니, 한 어미돼지가 힘겹게 숨을 몰아쉬고 있었다. 배가 부풀어 오른 어미돼지의 몸짓

---

3 바닥까지 철조망으로 엮어 배설물이 그 사이로 떨어지도록 만든 가축의 장. 바닥이 땅으로부터 떠 있다는 데서 나온 말이다.

에서 무언가 중요한 일이 벌어지고 있음을 느낄 수 있었다.

곧이어 작은 생명들이 줄줄이 세상으로 나오기 시작했다. 첫 번째 돼지 새끼가 나왔을 때, 나는 숨을 멈추고 그 장면을 지켜보았다. 젖은 몸을 떨며 세상과 첫인사를 나누는 새끼 돼지는 마치 긴 여정을 끝내고 도착한 여행자처럼 보였다. 어미돼지는 코로 새끼를 부드럽게 밀며, 그 작은 생명을 감싸안았다. 갓 태어난 새끼 돼지는 비틀거리는 다리로 어미에게 다가가고, 어미돼지는 그런 새끼를 따뜻한 눈빛으로 바라보았다.

두 번째, 세 번째 새끼가 차례로 나왔다. 세상으로 나오자마자 떨리는 다리를 펴는 모습은 신비로움 그 자체였다. 새끼들은 젖을 찾으려 애쓰며 어미 몸을 기어다녔다. 그 모습이 어찌나 애처롭고도 귀엽던지, 마치 작은 생명들이 세상에 적응하려고 애쓰는 모습이 느껴졌다. 어미돼지는 자기 몸으로 새끼들을 감싸안으며 보호하려는 듯 보였다. 그 부드러운 눈빛과 애틋한 몸짓은 생명에 대한 어미의 무조건적인 사랑을 느끼게 했다.

그때, 네 번째와 다섯 번째 새끼도 연이어 세상으로 나왔다. 새끼들이 나올 때마다 어미돼지는 깊은숨을 내쉬었고, 그때마다 새로운 생명이 탄생했다. 새끼들이 하나둘 어미의 젖을 물고 우유를 빠는 소리가 들리자, 나는 내심 안도했다. 한 생명이 태어나고, 그것이 다른 생명을 살리는 모습이 눈앞에서 펼쳐지고 있었다.

새끼들의 울음소리는 점점 더 커졌고, 그 소리가 돼지우리 전체를 가득 채웠다. 마치 생명의 힘을 전하는 소리처럼 울려 퍼

신학교 동기생들과 함께

학기를 마치면 신학교 동기생들과 함께 여행을 하곤 했다.

졌다. 작은 새끼들이 꿈틀대며 어미 품에 안겨 있는 모습을 보니, 온갖 악취와 고된 노동의 피로가 잠시나마 잊히는 듯했다. 그 순간만큼은 농장의 모든 것이 멈춘 것처럼 느껴졌고, 나는 그 장면 속에 빨려 들어가는 듯한 느낌이 들었다.

생명의 탄생 앞에서 나는 말을 잃었고, 그저 경이로움에 빠져 그 광경을 지켜볼 수밖에 없었다. 돼지우리 한쪽에서 펼쳐진 이 위대한 장면은, 그동안의 힘겨웠던 농장 생활을 순간적으로 잊게 해주는 소중한 순간이었다.

이 와중에 어린 시절 친구였던 도영이가 학비를 전해 준다는 소식이 들려왔다. 큰 위로가 되었다. 도영이는 열서너 살 때부터 춘천 명동에서 구두를 닦으며 살았다. 열여덟이 되자, 그는 커다란 보스턴백에 담배를 가득 채우고 다방 마담들에게 담배를 팔아 돈을 모았다. 그때는 다방에서 담배를 피우고 판매도 하던 시절이었다. 어린 시절부터 고생해서 돈을 벌기 시작한 도영이는 어느덧 가라오케 술집을 운영하기 시작했고, 춘천 최고의 록카페를 성공적으로 이끌며 젊은 사업가로 자리 잡았다. 이른 나이에 성공을 거둔 그는 어렵게 번 돈으로 체육 꿈나무들을 후원하고, 나 같은 친구에게는 조용히 장학금을 보내주는 사람이 되었다.

도영이의 장학금은 언제나 다른 친구를 통해 나에게 전달되었고, 그는 늘 조용히 뒤에서 지켜봐 주었다.

"용걸이 덕분에 내가 이 바닥서 버티는 거야"라고 도영이가 말했을 때, 나도 "그래, 내가 바른 사제가 되어 살도록 날 위해 기도해 줘"라고 대답해 주었다. 그러자 도영이는 다시 "네 뒤에 언제나 내가 있어. 약자를 위해 일하는 사제가 되어줘"라고 진지한 표정으로 말했다.

그의 도움 덕분에 나는 돼지농장의 고된 일상도 견딜 수 있었고, 신학교에서의 생활도 더 잘 해낼 수 있었다.

성공회 사목 신학연구원 시절

한림대학교 영문과에 계셨던 김진만 교수님의 추천서를 받아 성공회 사제 양성기관인 사목 신학연구원에 입학했다. 성공회 춘천교회에 출석하시던 교수님께 연구실로 찾아가 추천서를 부탁드렸더니, 흔쾌히 써주셨다. 덕분에 무리 없이 입학할 수 있었다.

연구원에서의 생활은 신학 공부만큼이나 다양한 경험으로 가득 차 있었다. 수요일 오후마다 신학교 마당에서 축구 경기가 열렸고, 연구원생 모두가 운동장으로 몰려 나갔다. 나도 그 대열에 끼었지만, 문제는 내가 축구에 젬병이었다는 점이었다. 똥볼을 차는 것은 기본이고 헛발질하다 트위스트 추듯 비틀거리며 넘어지기 일쑤였다. 동료들은 그런 나를 보고 웃음을 터뜨렸지만, 지금 돌아보면 그마저도 젊은 날의 소중한 추억이었다.

학교에서는 매일 아침 천군전 성당에서 미사가 열렸다. 아침 기도와 미사, 그리고 앵글리칸 챤트 Anglican chant[4]로 드리는 저녁

4 성공회 전례(典禮) 성가.

기도는 하루의 고단함을 잊게 해주었고, 내 영혼을 달래주는 유일한 시간이기도 했다. 기도가 끝날 때마다 스스로에게 다짐했다. '힘들어도 이겨내자'라고. 그러나 그런 결심도 1991년, 분신 정국이 닥치면서 흔들리기 시작했다.

그해, 나는 학교 성당 안에서 동료들과 함께 단식투쟁에 참여했다. 열흘 동안 이어진 단식은 정의감과 열정으로 가득 찬 시간이었지만, 결국 검은 캐석[5]을 입고 동료들과 함께 역곡역에서 학교까지 항의 시위를 하며 소극적인 대응에 그칠 수밖에 없었다.

기숙사 생활은 그야말로 모험과 스릴의 연속이었다. 밤이면 닭볶음탕에 소주 한잔을 기울이며, 거룩하지 못한 신학생의 일탈을 즐기기도 했다. 하지만 현실은 녹록지 않았다. 연탄을 때며 겨우 온기를 유지하는 방은 두 사람이 누우면 꽉 찰 정도로 작았다. 한밤중에 뒤척이다 보면 문틈으로 찬바람이 새어 들어와 콧잔등을 스치곤 했다. 그러나 그 작은 공간에서 동료들과 나누던 대화는 무엇보다 따뜻했다. 기숙사 식당에서 어머니들이 정성껏 차려주신 식사는 하루의 피로를 씻어주는 묘약이었고, 동료들과 나누던 밤샘 토론은 그 자체로 학문의 연장이었다.

실제 공부는 강의실보다도 기숙사 방에서 이루어졌다. 종교적, 사회적, 철학적 문제를 놓고 밤새워 논쟁을 벌이며, 교재 이상의 배움을 얻었다. 학기를 마칠 때면 동료들과 함께 유명한 사찰을 방문하거나 선배들의 사목지를 견학하며, 사제로서의 삶과

5 성직자들의 평상복

신앙을 고민하는 시간을 가졌다.

졸업을 앞두고 서해의 외딴섬, 석모도로 사목 실습을 떠났다. 강화도에서 배를 타고 도착한 석모도는 푸른 바다와 조용한 마을, 그리고 한적한 풍경이 어우러진 곳이었다. 그곳에서 나는 오래된 성공회 신자 할머니들을 만났다. 밤이 되면 사제관으로 찾아와 날달걀과 범치 회를 건네주시던 할머니들의 따뜻한 마음은 섬 생활의 또 다른 즐거움이었다. 비록 섬에서의 생활은 단순하고 소박했지만, 그 속에서 나는 신앙과 인간의 순수한 마음을 배울 수 있었다.

동료들과 함께 가운을 입고 졸업장을 받을 때, 지난 시간이 주마등처럼 스쳐 지나갔다. 돼지농장에서의 노동, 분신 정국의 단식투쟁, 석모도에서의 사목 실습 등. 그 모든 순간은 내 삶의 중요한 조각들이었다.

이제 성공회 사목신학 연구원을 졸업하고, 수도회 성직자가 되기 위한 새로운 길을 걷기 시작했다. 돼지우리의 냄새도, 오징어 국의 맛도, 석모도의 바람도, 그리고 도영이의 환한 미소도 모두 내 마음속 깊이 새겨져 있었다. 그 모든 경험이 나를 성장시켰으며, 앞으로의 길을 걸어가는 데 밑거름이 될 것임을 나는 믿어 의심치 않았다.

가난한 사람들과의 만남

도시의 가난한 사람들을 만나기 시작했다. '함께 걷는 길벗회'(이하 길벗회)의 시작은 지금부터 20년 전인 1992년으로 거슬러 올라간다. 1992년 성공회 사제가 되기 위한 사목 훈련 과정인 성공회 사목신학 연구원(현 성공회 신학대학원 전신) 4학기 중 3학기에 다니고 있었다. 사목 연구원은 대학원생 기숙사 신축 공사로 인해 3학기부터 학교 밖에서 통학해야만 했다. 당시 사제 후보생들은 성무 일과를 함께 바치며 공동생활과 노동을 하는 것이 규칙이자 전통이었다.

나는 집이 강원도 춘천인 관계로 구로구 끝에 있는 학교까지 통학할 수가 없었다. 연고를 찾다가 서울 노원구 중계동에 있는 성공회 서울교구에서 위탁받아 운영하는 마을 사회복지관에 한 칸의 방을 사무실 겸 숙소로 제공받았다. 편의를 제공한 사람은 당시 마을 사회복지관의 실무 책임자였던 김미령[6] 선생이었다.

김미령 선생은 내가 성공회 춘천성당의 주임사제로 있을 때, 나를 성공회 대학원으로 인도한 윤정현[7] 신부의 부인이기도 하다. 김미령 선생은 내게 사목 연구원 한 학기 등록금을 마련해주셨고 서울에서 가끔 생활비를 보태주셨다. 그녀는 현재 20년 가까이 성매매 탈출 여성들을 향한 구조 및 지원 활동을 하고 있으며 집창촌에서 탈출한 여성들의 생활공동체를 설립하고 그들의 재활을 위해 일한다.

나는 학교생활 외의 시간이 날 때면 복지관 청소도 하고 시설 내 경로당 급식소에서 노인들 심부름도 하고 밥 짓는 일을 도

6 성매매여성지원활동을 오랫동안 해오고 계시다.
7 현 고창 반암마을서 이러저런 인연으로 만난 아기들을 모시고 사신다.

와주었다. 그렇게 지내던 어느 날 마을 복지관의 재가 복지 사업 담당자가 내게 도움을 청해 왔다. 중계동에 자리 잡은 주공아파트 2단지에 정창용(당시 42세, 전신마비 거동 불가능 환자) 씨가 매우 어려운 지경에 놓여 있으니 함께 가보자고 해서 궁금하기도 하고 할 일이 생겨 설레기도 해서 무작정 따라나섰다.

그는 27년째 누워 지내는 사람이었다. 젊은 날에 정비소에 다니다가 후진하는 차가 보지 못하고 이 사람을 덮쳤다. 그래서 전신마비 환자가 되었고, 어머니와 함께 임대아파트에서 살고 있었다.

무더운 여름날 진땀을 삐질 거리며 누워있는 사내를 보았다. 이 사람을 만나기 전까지 나는 하느님을 만나고 싶어 기도원 이곳저곳을 돌아다녔다. 그런데 이 분을 보는 순간, 그분은 수많은 믿음 좋은 성직자들과 교인들에게 잘도 나타나셨다는데, 혀도 꼬이는 방언의 은사도 주시고, 방언을 해석하는 은사도 주시고, 말씀의 은사도 주시고, 병자를 치유하는 기적을 보여주셨다는데, 왜 내겐 코빼기도 보여주시지 않는 거냐고 하느님께 따지고 싶었다.

이러한 개인적인 불만에서 시작해 '대체 당신은 어디에 계시기에 이 수많은 민중의 고통을 외면하시는가? 왜 이민족에게는 분단과 예속의 역사를 계속하게 하시는가?' 하는 사회 상황과 시국에 관해서도 그분에게 따지고 싶어 기도원을 찾아다녔다. 후에 성공회 주교가 된 P와 함께였다.

결국 하느님이 내게 보여주신 것은 영세민 아파트 한구석에서 진땀을 흘리고 날 기다리며 27년간 누워 계신 분이었다. 나는 졸업할 때까지 그리고 인천의 공동체로 이주해 갈 때까지 이 사람에게 감자를 쪄 주었다. 감자를 찌고 나면 퇴원하신 그분의 어머니는 모과주를 내게 한잔씩 권해 주었다. 이를테면 관장을 해준 대가라기보다는 모과 냄새로 인분 냄새를 지우고 가라는 뜻으로 주신 것이었다. 이 사람을 통해서 그동안 여기저기 기도원을 다니며 투정을 부렸던 질문에 대한 모든 의문은 풀렸다. 하느님의 뜻은 먼데 있는 게 아니었다. '네 이웃을 네 몸처럼 사랑하라'는 말씀과 '벗들을 위해 목숨을 바치는 것보다 더 큰 사랑은 없다'라는 말씀이 내게 확 다가왔다.

이 사람은 하느님이 내게 보낸 천사였다. 정비공장서 일하다 후진하는 차에 깔렸다는 그는 그 후 장가도 못 가고 평생 누워 지내야 했다. 당시에 팔순 호호 할머니가 아들 뒷수발을 했다. 어머니가 병원에 장기간 입원하게 되자 도울 사람을 찾았다. 도울 일이란 '감자를 찌는 일'이다. '감자 찌는 것'은 이 세계 은어인데, 항문으로 손가락을 넣어 똥을 꺼내주는 일, 즉 관장을 의미한다. 내 역할은 그를 만나서 일주일에 한 번씩 만나 '감자를 찌는 일'이었던 것이다.

누가 시켜서 한 일은 아니었다. 대가나 조건도 달지 않았다. 이 사람을 통해서 신학교를 마치기 한 학기 전, 내 마음에 매우 커다란 변화가 일었다.

처음 그의 집에 들어서니 오랫동안 보살핌을 받지 못한 사람처럼 몸은 더럽고 숨 쉬는 것조차 힘들어했다. 사연인즉슨 그를 보살피던 어머니(당시 80세)가 넘어져 병원에 입원했는데 정기적으로 해야 할 관장을 해줄 사람이 없다는 거였다. 당황스러웠다. 잘못 따라왔다 싶어서 잠시 망설였다. 하지만 곧 마음을 다잡았다. 그리고 바로 손에 비닐장갑을 끼었다.

그렇게 인근에 사는 장애인들과의 인연이 시작되었다. 당시 그 아파트는 중계동 하계동 당현천 부근의 개천가에 빈민가를 재개발하고 그 지역에 살던 장애인들을 집단으로 이주시킨 지역적 특성을 가진 곳이었다. 나는 그들과 친구가 되었다 그 거사(?)는 일주일에 두 번씩 내가 대학원을 마칠 때까지 정기적으로 치러졌다.

크리스마스이브에 나는 그와 중계동 지역 장애인들을 복지관으로 초청했다 우리는 함께 노래를 부르고 춤을 추었다. 그날 모임 주체를 장애인 동아리 '길벗'이라고 처음 불렀다. '길벗'은 당시 성공회대 신영복 교수의 붓글씨에서 따온 것이다. '함께 걷는 길벗회'는 인천에서 단체 형식을 갖추기 시작되면서 사용되었다. 그 순서는 '길벗', '길벗봉사회', '함께 걷는 길벗회', '사단법인 함께 걷는 길벗회'의 순서다. 2년 후 인천에서 활동하면서 '길벗봉사회'라는 이름으로 공식화했다.

성공회대 석좌교수인 신영복 선생님으로부터 '길벗봉사회'라는 글씨를 받았다. '함께 걷는 길벗'이란 제호도 받았는데 이는 원래 '길벗봉사회'의 첫 번째 회지 제호이며 이는 내가 부탁하고 신영복 교수가 제호를 써서 당시 신학생인 함혁[8]을 통해 전달해 주었다.

8 현 성공회 수도사제이자 강촌 성공회 프란시스 수도원장

당시에 나는 중계동 시영아파트와 영구임대아파트에 거주하는 장애인들의 외출이나 이동을 도울 사람을 조직했다. 이십 대 중반에 '춘천 민주청년회'라는 청년 조직을 건설했던 경험을 살려서 근처 영구임대아파트 단지에 살고 있던 청년들을 조직했다. 이들은 빈민가에서 함께 자란 청년들이었다. 이들과 장애인들은 서로 어색해하지 않았다. 이 청년들과 이웃에 거주하거나 가족들 가운데 장애인들이 있어서 서로 어울리는 데 그다지 어려움이 없었다.

자신들끼리도 함께 해왔던 경험들이 축적되어 있어서 결속력도 의리도 매우 돈독한 관계로 발전했다. 이들은 후에 '마을 청년회'라는 이름으로 지역 봉사 단체로 성장한다. 마을 복지관에서의 생활은 나를 평범한 사제로 사는 데 문제를 제기하게 만드는 사건이 발생한다.

한번은 이런 일이 있었다. 당시 마을 복지관에는 '레코텍 코리아'라는 장애아동 교육기관이 입주해 있었다. 이 시설은 당시 김성수 성공회 서울 교구장 주교의 부인인 김 후리다 여사가 만든 사설 교육기관이다. 그 기관에서 언어치료 교육을 받던 자폐아의 아빠는 서울 시내버스 운전기사였다.

어느 날 그 아빠가 어떤 이유에서인지 목숨을 끊었다. 당시 조선일보 '팔면봉' 난에 그 기사가 실렸는데 교육비가 많이 밀렸다는 이유와 함께 우울증이라는 단서를 달았다. 문제는 많은 장애아동들이 교육비가 비싸서 제대로 교육받지 못하고 있다는 기사의 내용이었다.

신학공부는 보통이었으나 문사철 교양인문학 발표를 하곤 했다.

그 기사를 보면서 장애아동 무상교육의 필요성과 무상교육 시설을 만들어야 한다는 꿈을 꾸게 되었다.

지하철에서 만난 하철이

하철이를 만난 건 어느 일요일 오후였다. 춘천발 청량리행 기차에서 내려 전철로 갈아탄 뒤 1호선 타고 온수역까지가 사목 연구원 기숙사로 돌아가고 있을 때였는데, 녀석은 지하철을 맨발로 제 집 마루를 뛰어다니듯 이 칸 저 칸 왕복 달리기 하는 중이었다. '그렇지, 그렇지'라며 알 수 없는 말을 반복하여 중얼거리면서 돌아다니자, 여성 승객들은 녀석이 가까이 오자 비명을 질렀다. 최소한 스치기만 해도 사흘은 씻어야 할 것처럼 더러웠기 때문이다. 녀석의 몸에서 냄새가 심하게 났다. 적어도 가족들과 사는 집이나 그를 보호하고 있던 생활시설을 나온 지 족히 보름은 넘어 보였다.

그때 나는 사목 연구원의 마지막 학기였다. 완공된 기숙사로 돌아가던 길이다. 그동안 기숙사 신축으로 인해 노원구 중계동 마들 복지관 한쪽서 의탁하고 있다가 완공된 기숙사로 입주하러 가는 길이었다.

녀석을 데리고 온수역에서 내렸다. 몸을 씻겨서 헌 옷이라도 입혀서 내보내야겠다는 맘으로 녀석을 데리고 학교 기숙사로 온 것이다. 새로 건축한 학교 건물 일부에 사목 연구원생들의 기숙사를, 게스트 하우스를 포함해서 따로 마련해 주었다. 새로 지은 시설이라 모든 게 새것이었다.

녀석을 데리고 기숙사 내 방으로 들어왔다. 일요일 오후라 아무도 보는 사람이 없었다. 한 번도 사용하지 않은 여럿이 이용하는 목욕탕에 가서 냄새나는 옷을 벗기고 몸을 씻겼다. 속옷과 운동복 한 벌을 입혀 주었다. 다행히 몸에 맞았다. 낡은 운동화를 양말과 함께 신겨 주었다. 녀석을 데리고 나와 빵과 우유를 먹였을 때 허겁지겁 걸신들린 아이처럼 게걸스럽게 먹어댔다. 어지간히 배가 고팠었나 보다.

녀석은 피곤했는지 내방에서 잠이 들었다. 녀석을 깨워 근처에 가까운 파출소로 데려다줘야지 하고 잠자고 있는 아이를 깨웠다. 대답도 않고 깨어나지도 않는다. 녀석은 자는 체하는 건지 자는 건지 알 수가 없었다. 필경 녀석은 잠들지 않고 있었으나 일어나지 않는 그를 일으켜 파출소로 데려다 줄 마음이 들지 않았다. '그래, 그러면 하루만 여기서 자는 거 하자' 그렇게 생각하고 내버려두었다.

길을 닦아 두니 문둥이가 먼저 지나간다더니 새로 만든 기숙사 목욕탕에 지하철을 배회하는 장애인 녀석을 데리고 와서 목욕시키다니, 신성해야 할 신학생들의 새 목욕탕에서 제일 먼저 거지가 와서 뭘 하다니, 시설 관리자는 무슨 일이 난 듯 깜짝 놀라서 내방으로 쫓아왔다. 하지만 내방에서 죽은 듯 자는 낯선 녀석을 보고는 아무 말도 하지 않고 조용히 돌아갔다.

하철이는 그렇게 신축 기숙사에서 첫날밤을 치르고 다음 날 아침 학부생들이 학교로 들어오는데 나는 하철이를 데리고 교문 밖으로 나가 파출소로 인계해 주었다. 그 후로 다시 하철이를 볼 수 없었다.

녀석은 점차 내 기억으로 사라져 갔지만 하룻밤 사이 그 아이를 통해서 장애아이들이 놓인 상황을 이해하게 되는 단편적인 사건이 되었다. 하철이를 잃어버린 부모의 마음은 어땠을까? 막연하게나마 내가 누구를 향해서 살아야 하는지 마음속에 조그만 그러나 긴 파문이 이는 녀석과의 하룻밤이었다. 기숙사는 신학생들이 먹고 자고 공부하는 의 것이지 거리서 만난 아이를 들여와 돌보아 주는 곳은 아니다. 물론 나도 안다. 그러나 그 아이가 거리에서 한뎃잠을 잘 수도 있겠다고 생각해 그렇게 행동한 것이다. 이게 다 나의 오지랖이 넓은 탓이다.

신은 마음의 평화만 주시지 않는다. 인간은 고통을 피하려고 평화를 기도하는 것만은 아니다. 신은 갈등과 평화, 육신의 고통과 마음속 희망을 함께 선사했다. 신은 어디에나 당신이 있게 하시려고 자신을 대신하여 인간에게 자비심을 만들었다.

두 번의 통과제의

성공회 사목신학 연구원을 마칠 무렵 성공회 성가수녀원에서는 성공회 남자수도회의 건설을 기대하고 있었다. 나는 막연하게 남자들 여럿이 살면서 봉사활동을 하면 좋으리라 생각했다. 그래서 사목 연구원을 마칠 무렵 수도 생활을 하겠다는 성공회대 신학과 출신 두 명과 함께 수녀원에서 마련해준 인천 안나의 집이라는 곳에 임시로 거처를 정하고 공동 기도 생활과 근처 성공회 내동교회를 나가게 되었다.

그때 마침 내동교회에서 교회 땅에 복지관을 지어 복지 사업을 시작했다. 나는 그곳에서 급여가 없는 청소부이자 문지기 역할을 자처했다. 당시 미가엘 복지관이 개원했을 때 대학원에서 함께 공부한 동갑내기 부제가 실무자로 근무하고 있었다. 이때 복지관의 관장은 내동교회 조금환 사제(1990년대 후반 작고)였다. 1993년 봄이었다.

그해 오월이 되자 인천 전동 '안나의 집' 간판을 떼어내고 '한국 성공회 프란시스 수도회'라는 명패를 달았다. 이날 김성수 주교님은 수도복에다가 기름을 붓고 옷을 축성했다.

프란시스 수도회의 수련자 착복식Investiture or Clothing Ceremony은 수도회에서 공식적으로 수련자의 여정을 시작하는 중요한 의식이다. 이 의식은 단순히 수도복을 입는 것을 넘어, 수도 생활의 정신과 의미를 새롭게 받아들이는 중요한 전환점이다.

겸손과 가난의 상징인 수도복은 단순하고 소박한 형태를 띠며, 이는 성 프란시스가 강조한 가난과 겸손의 정신을 반영한다. 수도복을 입는 것은 세속적인 명예나 물질적 소유에서 벗어나 하느님만을 의지하며 살겠다는 의미이다.

수련자는 착복식을 통해 프란치스코 수도회의 영성을 따르며, 기도, 형제애, 가난, 봉사 등의 덕목을 실천하겠다고 다짐한다. 이 과정에서 수도 생활이 자신에게 합당한지 분별하는 시간을 가지게 된다. 착복식은 단순한 형식이 아니라, 수도자의 삶을

성공회 프란시스 형제회 수련입회

본격적으로 시작하는 내적 결단의 순간이다. 수도복을 입는다는 것은 단순히 옷을 바꾸는 것이 아니라, 새로운 존재 방식과 삶의 목적을 받아들이는 깊은 영적 의미를 지닌다.

수련자 착복식이 끝나고 성가수녀원에서 조촐한 파티가 열렸다. 성공회 백년사에 남자수도회가 처음으로 한국에 깃발을 올린 사건이니 기억을 할 만한 일이다. 이날 나의 마음을 사로잡은 것은 축하 파티가 아니라 성가수녀원 정원에 활짝 피어난 아름다운 수국이었다. 활짝 핀 수국처럼 가난한 형제들에게 내 사랑을 나누어주고 싶었다.

이날 큰 누나가 오셔서 잘 살라고 격려해 주셨다. 나는 인천에 자리를 정하자 서울 중계동에서 얻은 경험을 되살려 집주변의 장애인들을 찾아가기 시작했다. 내가 할 수 있는 일이란 그들과 얘기하고 함께 외출하거나 심부름하는 일이었다.

수련자 공동생활을 시작하고 얼마 후 동인천 근처 어느 가난한 중증 장애인을 찾아갔다. 그는 노총각이고 하반신이 소아마비로 목발을 짚었다. 다리가 짧아 땅에 닿질 않았다. 그래도 휘휘 날아다닐 정도였다.

동인천 용동 뒷골목에 사는 분이었다. 방문한 목적을 말하자 그 청년은 목발을 휘휘 저으며 앞서서 가며 나를 선술집으로 이끌었다. 소주 한 병을 받아 맥주잔 가득 부어놓고 한잔 쭉 들이키며 나에게도 마시라 했다. 나는 술을 못 마신다고 했더니 내 것까지 쭉 들이켜고는 "야! 네까짓 게 장애인을 돕긴 뭘 도와. 너나 똑바로 살아. 돌아가!"하며 소리를 질렀다. 바로 앞에서 거절

당한 나는 부끄러운 마음으로 돌아 나왔다. 나는 이런 뜻밖의 상황에 놀라 당황스럽고 얼굴이 붉어져서 선술집을 뛰쳐나왔다.

'그이가 왜 화가 났을까? 어느 지점에서 화가 난 거지? 내가 왜 너의 도움을 받아야만 하느냐는 마음이 그의 마음 밑바닥에서 올라온 것일까?' 별별 생각이 다 들었다.

이 만남이 인천에서 장애 청년과의 첫 대면이었다. 누굴 돕겠단 마음을 가지고 시작한 내 순진하고 교만한 마음이 활동 전반에서 부딪치기 시작했다. 하지만 오기였을까? 며칠을 고민하다 다시 그를 찾아 나섰다. 그 청년에게 다가섰으나 다시 만날 수가 없었다. 그가 나를 만나기를 거부했다. 그의 입장을 충분히 이해하면서 그가 남긴 말을 가슴에 새기기로 했다.

우리는 가난한 사람들과 몸이 불편한 사람들과 고독한 노인들을 돕는다고 한다. 그러나 누군가를 돕겠다는 생각은 아름다운 마음이지만 원하지도 않는 데 일방적으로 돕겠다는 행위는 또 다른 폭력의 모습이 아닐까? 도움을 받는 이들의 처지에서 생각하고 행동해야 한다는 것을 처음부터 각인 시켜준 사건이었다. 그리고 다시는 그 노총각을 찾아가지 못했다. 나는 그 뒤로 그 총각의 말이 삼십 년 동안 잊혀지지 않았다. 내가 '누군가를 돕는다는 행위'에 대하여 진심인지 의심하고 성찰하는 습관이 생겼다. 이 사건은 단순한 거절 이상의 의미가 있는 깊은 경험이었다.

선의를 가지고 찾아갔지만, 그이는 받아들이지 않았다. '돕는다는 것이 진실한가?'라는 성찰을 지속하게 했다. 그 노총각은 장애로 인해 삶의 어려움을 겪었겠지만, 나름의 방식으로 살아가고 있었을 것이다.

도움을 받는다는 것은 단순히 편의를 얻는 것이 아니라, 자존감의 문제이기도 하다. 누군가 도와주겠다고 했을 때, 그이는 아마도 "나는 불쌍한 사람이 아니다. 도와야 하는 대상이 아니라, 나도 내 방식대로 살아가고 있다"라는 메시지를 전하고 싶었을 것이다. 그가 술 한 잔을 권한 건 단순한 테스트가 아니라, 당신과 나는 동등한가를 묻는 행위였을지도 모른다.

내가 그가 주는 술을 거절했을 때, 그는 그것을 하나의 경계로 받아들이고 '진정한 벗이 되려 한다면, 술 한 잔도 못 받아내는 태도를 가지고는 부족하다.'라는 식의 반응을 보였다. 물론 도움을 주겠다는 것은 가식이 아니었다. 그러나 그이가 받아들이지 않았다는 사실은 나에게 깊은 고민을 안겨주었다. '도움을 주는 행위가 정말 상대를 위한 것이냐, 아니면 나 자신이 의미를 찾고 싶어서였나'라는 의문이 자연스럽게 따라왔다.

그 노총각의 말에 부끄러움을 느꼈고, 다시 찾아가지 못했다. 그것은 좌절이 아니라 자신을 돌아보는 계기가 되었다. 그리고 그 이후로 '내가 하는 행위가 진실한가?'를 늘 의심하고 성찰하는 습관이 생겼다. 가끔 잊기도 하지만 말이다.

이는 단순한 실패가 아니라, 성급함을 경계하고 성숙한 방향으로 이끈 경험이었다. 단순한 자선 행위가 아니라 상대방의 자존감을 고려하는 태도를 배우는 계기가 되었다. 그 경험이 30년 동안 내 활동의 철학이 되었다. 첫 번째 통과제의였다.

두 번째 통과제의는 더 크게 왔다. '함께 걷는 길벗회'라는 모임 이름을 짓고는 '환대와 경청'을 길벗회의 강령으로 삼았다. '성안나의 집' 근처 동구와 중구 산동네를 찾아다니기 시작했다. 아침 기도를 마치면 성당으로 아침 미사를 갔다. 돌아와 아침 식사를 마치면 다시 복지관에 가서 청소하고 낮엔 장애인 가정을 방문했다.

하루는 하인천 뒷길 어느 거리를 걷다가 어머니와 딸의 어려운 사연을 나의 장애인 친구들한테서 듣게 되었다. 어린 딸의 수술이 필요한 처지였다. 나는 이를 계기로 도움을 줄 사람들을 찾기 시작했다. 생활정보지 〈인천광장〉에 '사랑의 생명수'라는 나의 활동에 대한 소감을 칼럼 형식으로 매주 기고하기 시작했다. 기고자는 '길벗'이었다.

사목 연구원 시절 한방에 기거하던 원*연 선생이 학교를 중퇴하고 사회로 나가서 생활정보지 〈성남광장〉을 설립했다. 그 덕택에 〈인천광장〉과 인연을 맺을 수가 있었다. 〈인천광장〉에서는 '사랑의 생명수'라는 칼럼을 신설해 주었다. 나는 일주일에 한 번씩 내가 만나는 사람들의 이야기를 가명으로 해서 실었다.

반응은 뜻밖이었다. 한 주일에 두 번, 같은 내용의 기사가 실리면 열 통, 스무 통의 후원 또는 자원봉사 신청 전화가 왔다. 나도 신명이 났다. 글의 효과가 곧 자원봉사와 후원 신청으로 연결되기 시작했다. 나는 연락이 오면 그가 누구이든 무엇을 하는 사람이든 이들과 연락을 취해 반드시 만났다. 그래서 내가 만난 장애인 친구들을 연결해 주었다. 이 사람들이 초기 길벗 활동의 주축이 된다. 그리고 '길벗 자원봉사단'과 은인들을 이루게 된다.

성 프란치스코의 영성을 따르는 성공회 남자 수도 공동체인 '한국 성 프란시스 형제회'를 설립하기 위해 인천으로 내려왔다. 자본주의 질서에 얽매이지 않고, 가난한 삶을 통해 이웃과 사회에 봉사하는 공동체를 만들고자 했다. 그곳에서 나의 열정을 쏟아붓고 싶었다. 그러나 기성 수도회의 건설은 나와 같은 지원자가 주도하는 일이 아니었다. 첩첩산중 겹겹이 쌓인 시누이와 시어머니들이 내 뒤에 웅크리고 있었다. 그들은 나를 아직 경험이 부족한 철부지로 여겼으며, 개인의 카리스마가 수도 공동체를 이끌 수 없다고 판단했다. 나와 함께한 두 형제도 나보다 전통적인 견해를 보였다.

자유공원 아래 인현동 '안나의 집'에서 기도와 묵상으로 성공회 사제 서품 대기자와 수련 수사의 신분으로 지내던 때였다. 시간이 나면 근처의 성공회 재단서 운영하는 복시관과 가난한 장애인들 집을 방문하고 그분들의 말동무 하는 일이 나의 유일한 활동이었다.

이때 나의 존재를 흔드는 사건이 발생했다. 성공회 부제 서품을 위한 필기시험 과정에서 성직 고시 방식에 대한 문제를 제기했다. 시험은 치렀으나 시험 이후 사단이 생겼다. 문제 제기를 받은 교회 당국은 성직 고시 대상자들을 상대로 사실조사를 하였다. 그일 이후 두 해 동안 모든 성직 서품식이 중지되었다. 일이 너무 커져 버린 것이다.

뜻을 함께한 유일한 동기생은 교구를 옮겨 부산교구로 내려갔다. 이 일로 인해 내부고발자가 된 것이다. 입지가 어려워진 나는 누구에게 도움을 청할 수도 없는 난감한 처지가 되었다. 문제를 미리 알고 답을 준비하는 그런 식의 시험방식에 문제를 제기했을 뿐인데 말이다. 이 일로 한 선배 사제가 우리를 변호하셨으나 결국 교회를 떠나게 되었다.

그는 류요선 디도 사제다. 그는 평생 독신 사제로 사셨다. 아무런 도움을 드리지 못해 죄송했다. 그러나 그 일에 대하여 후회하지 않는다. 다시 그런 선택권을 준다면 또 같은 판단을 내리지 않겠나 싶다.

어른들은 내가 하루 다섯 번 정해진 시간에 기도하고, 매일 성사를 수행하며, 성무 일과에 충실하기를 원했다. 하지만 나는 가난한 이들을 만나고, 그들을 돌보며, 위로의 편지를 쓰는 것을 나의 기도이자 수도 생활이라고 믿었다. 이러한 나의 태도는 어른들의 기대와는 달랐다. 결국, 사제품을 위한 성직 고시와 관련된 의견 표시로 인해 수도 생활을 계속할 여지가 없게 되었다.

양심의 선택
- 1993년 부제 고시 백지 제출 사건을 돌아보며

1994년 성공회 부제 고시 백지 제출 사건의 주모자다. 내가 주장한 것은 성직 고시는 공정해야 한다는 것이었다. 부제 고시는 성직자가 되기 위한 중요한 관문이었다. 하지만 그 시험이 정직한 방식으로 치러지지 않는다는 사실을 알게 되었을 때 시험의 의

미가 사라졌다. 시험을 하루 앞두고 깊은 고민에 빠졌다. 시험 문제가 사전에 유출되고, 응시자들은 미리 준비한 답변을 외워 제출하는 것이 관행처럼 자리 잡고 있었다. 성직시험이란 암기력 테스트 받는 단순한 절차가 아니다.

한 사람의 신앙과 사명감을 검증하는 과정이어야 했다. 뜻을 같이하는 친구와 함께 시험지에 백지를 제출하기로 결심했다. 그것이 우리가 할 수 있는 최선의 저항이었다. 우리는 성직을 거부한 것이 아니라 성직이 마땅히 서 있어야 할 자리를 지키고 싶었다. 하지만 우리의 선택은 예상보다 훨씬 큰 파문을 불러왔다.

많은 시간이 흘렀지만, 나는 그때 선택을 후회하지 않는다. 이제 처음으로 가슴에 담아둔 이야기를 기록한다. 시험장에서 백지를 제출하며 옳은 일을 선택했다고 자랑스러워한 것이 아니다. 다만 이런 방식의 시험을 치르고 나서 밀려올 회오를 감당하기가 어려웠다.

문제지가 유출된 현실을 알면서 그에 따른 시험 준비를 해서 치른 이들은 그들 나름의 사정이 있었을 것이다. 어떤 이는 교회의 권위 아래 순응했을 것이고 어떤 이는 성직을 향한 간절함 속에서 타협했을 것이다. 내 선택은 단순한 거부가 아니었다. 그것은 하나의 선언이었고 그 선언은 결국 누군가를 낙인찍고 누군가를 몰아내는 결과로 이어졌다. 그들에게 칼을 겨눈 셈이었다.

신앙의 정의란 누군가를 심판하는 것이 아니라 함께 아파하는 과정이다. 그 후 15년이란 시간이 흐르고 다시 성직자로 서게 되었지만 내 선택으로 인해 상처받았던 이들은 여전히 어딘가에서 나에 대해 씁쓸한 기억을 가지고 살아가고 있을 것이다.

나의 거부 행위로부터 파생된 결과는 공동체에 아픔을 주었다. 그러나 다음번 성직 고시를 봐야 하는 후배들에게는 그런 방식의 시험을 보지 않게 해주었고 따라서 신앙의 본질에 관한 갈등은 남겨주지 않게 되었다. 그 후 수도원을 떠나 빈민가와 철거촌 그리고 어두운 도시의 뒤안길로 다니며 '길 없는 길'을 찾아가는 것이 나의 여정이 되었다.

사명

내 마음속 사명은 '가난한 사람들을 향한 우선적 선택'이었다. 브라질 해방신학자인 레오나르도 보프와 페루 도미니칸 사제 구스타보 구띠에레즈의 바닥공동체로부터 영감을 받은 것이다.

이들에게는 해방신학과 마르크스주의와의 만남이었지만 내게는 격정의 20대를 거치면서 실천적인 민중 신학과 민중 철학의 사변에서 시작하여 바닥 민중의 삶이 고백 되는 빈민들의 현장에서 출발한 것이었다. 그 현장은 다른 사람의 고통에 응답하는 일로부터 시작하여 내가 스스로 찾아간 곳이다. 매일 밥집서 만나는 가난한 사람들과 도시 빈민들, 이들은 성서에서 말하는 하비루다. 나도 그 현대판 하비루 유민들 속에서 가난한 삶을 살아간다.

하느님은 내게 당신 연민을 나눌 수 있도록 가난한 사람들을 보내주시고 이분들의 손을 잡아주게 하셨다. IMF시절 실직으로 거리서 방황하는 사람들에게 7년간 우리밀 국수를 삶았다. 코로나19 로 접촉이 금지되었을 때도 봉사하다 죽어도 책임을 묻지 않겠다며 각서를 쓰고 페이스 쉴더를 쓰고 거리에서 주먹밥을 나눴다. 밥집 창밖에서 배고파서 찾아온 손님들에게 인사하고 축복하는 겸손한 봉사자를 통해 자기 비움과 헌신의 여정을 계속했다.

'가난한 사람들을 향한 우선적 선택'은 남아메리카 바닥 기초 공동체를 이끌었던 수많은 민중 조직 활동가들의 강령이었다. 그들이 기초했던 신앙의 근거는 바닥 생활을 하는 낮은 계급의 사람들을 해방하는 예수를 근간으로 하는 사상이다. 가난한 사람들, 자기의 땅에서 배척받은 사람들, 고아, 과부, 이방인들, 남의 나라에 노동자로 팔려 온 사람들에게 그들의 편이 되어주는 것이 진정한 해방의 신앙이라고 생각했다.

청년 시절 '아리랑 고개의 교육'이란 과목이 있었다. 담당 교수는 문익환 목사의 동생 문동환 박사였다. 우리 민중의 한 맺힌 슬픈 역사를 우리는 어떻게 '한풀이'를 통해 녹여낼 것인가가 기본 문제의식이었다. 문동환 선생은 이렇게 물었다. "우리 역사의 질곡을 지고 온 민중들의 슬픈 자화상을 어떻게 해방의 대동 세상으로 나가게 하겠는가?" 스무 살의 철학도에게 던져진 참으로 거대한 질문이었다. 친구들은 다양한 답변을 내놓았다. 나의 대답은 기가 막히게도 "커다란 가마솥에 카레를 가득 끓여 배고픈 이들에게 한 대접씩 퍼주겠다"라고 했다. 단순하고 우스운 대답이었다.

친구들은 웃었다. 나에겐 이슬로건 외에 내세울 만한 비전도 목표도 없었다. 다만 하나의 뜨거운 마음만 가지고 있었다. 청춘을 태웠다. 무엇을 위해서? 가난한 사람들, 외로움에 젖은 장애인, 무표정 노인, 혼자 사는 외로운 사람들, 이들이 나와 어떤 연관을 지었길래 나는 이들과 함께 걸어왔을까?

내가 보듬어야 할 벗이라고 여겼을까? 돌이켜보면 다 지나간 추억이 되었다. 분명한 것은 어떠한 목적이 나를 이끌지는 않았다는 것이다. 마치 가슴속에 깊숙이 쌓인 한을 풀어내듯이 몰두했다. 가난한 이들과 장애인들과 갈 곳 없이 버려진 이들을 만나야 잠이 들었다.

무엇이었을까, 나를 이끌었던 힘은? 우선 그건 아마도 연민이었고, 동질감이었다. 삶이 불타올라야 제대로 죽을 수 있을 것만 같았다. 그래서 더 타올라야 했다.

지나간 세월 동안 꽤 많은 큰 사건들이 있었다. 2014년 4월 16일, 세월호 침몰로 수학여행 중의 학생들이 희생되었다. 이 아이들을 잊지 않고 기억하기 위해 먼 길을 걸어야 했다.

코로나19로 무료 식당이 문을 닫자, 거리의 천사들과 독거노인들이 밥을 먹을 수 없게 되자 주먹밥을 들고 나섰다. 핼러윈 축제를 보러왔던 수많은 젊은이가 이태원 어느 작은 골목에서 희생되었다.

일본이 동일본 지진으로 파괴된 후쿠시마 원전 핵 폐수를 바다에 방류하자 다시 거리로 나섰다. 디엠지를 끝에서 끝으로 걸

사순절이 되면 고난이 있는 곳마다 찾아갔다

었고 원전의 위험을 경고하기 위해 월성원전에서 영광원전까지
걸었다. 그리고 지금은 극우 파시즘 독재정권이 시작되자 다시
거리로 나섰다. 나는 깃발 대신 카메라를 메고 거리로 나섰다.
그동안 시대와 함께 살았고 사람들과 함께 걸었으며, 앞으로도
또다시 걸어갈 것이다.

도심과 산 그리고 삶의 속도

도심의 삶은 고요히 머무름을 허락하지 않는다. 도심과 산중을 오가는 일을 냉탕과 온탕을 번갈아 드나드는 목욕에 비유하곤 한다. 이 숲으로 들어와 은둔과 명상의 시간을 가지는 것은 내 삶을 잘 갈무리하는 방법이라 여긴다. 이제는 관계 맺음에서 벗어나 도시 변두리의 작은 밥집에서 가난한 이들과 밥을 나누며 살아갈 수 있어 행복하다.

많은 벗의 도움과 배려에 깊은 감사를 느끼며, 이제는 그저 이 산골과 도시를 오가며 소박한 이웃들의 평화를 염원할 뿐이다. 동창으로 떠오르는 해를 보고, 서쪽 산으로 지는 해를 바라보며, 평화가 깃든 오두막에서 더할 나위 없는 만족을 느낀다. 무엇을 더할 필요도, 어디로 갈 필요도 없이, 그저 매주 찾는 이 산골 오두막에서 새벽에 깨어 말없이 앉아 있는 것만으로도 충분하다. 이러한 삶이 주는 평화와 충만함을 함께 나누고 싶다.

후덕산은 언제나 그 자리에 있다. 계절마다 다른 빛깔을 두르고, 바람과 구름을 품지만, 그저 푸근한 앞산으로 존재할 뿐

이다. 그 아래 작은 터전을 일구었던 지도 벌써 스물한 해가 되었다. 21년 전, 인천을 떠나 이곳으로 온 것은 성급하게도 도시에서 우리 몫의 삶을 다했다고 여겼기 때문이다.

숲속에서는 이전과는 다른 새로운 세계를 만나기 위해 꿈을 꾸고 출발했다. 그땐 그게 새로운 세상에 대한 대안이라고 믿었다. 마흔넷의 나이에 바삐 돌아가는 세상의 속도에서 벗어나 이 산속으로 스며들었다.

무엇이든 빠르게 만들어지고 빠르게 소비되는 세상에서 나는 느린 것을 지키고 싶었다. 흙냄새가 배인 두 손으로 직접 만든 된장과 간장, 정성을 들여 지은 옷을 걸치고 바람을 맞으며, 오래된 것들이 품고 있는 깊은 맛과 향을 알아가는 삶을 꿈꿨다.

장독의 시간을 가지고 싶었다. 산언덕에 매실나무를 심었다. 그리고 저 유장하게 흐르는 북한강 강변에 매실을 심어 매화꽃 향기 날리는 시골을 만들고자 했다.

된장을 담그는 일은 기다림의 예술이다. 콩을 삶아 메주를 띄우고, 짚으로 묶어 매달아 두면 메주는 스스로 숨을 쉬며 익어간다. 하얀 곰팡이가 피어나고, 황갈색으로 깊어질 때쯤 장독 속으로 들어가 오랜 침묵에 잠긴다. 시간이 흐르면 간장은 맑은 빛깔로 떠오르고, 된장은 그 속에서 시간의 맛을 품는다.

이곳에서 사는 동안, 나는 장을 담그는 일과 내 삶이 닮았다는 걸 알게 되었다. 자연이 빚어내는 변화에 나를 맡기고, 조급해하지 않으며, 때가 오기를 기다리는 것. 시간이 흐르며 맛이 깊어지는 된장처럼, 내 삶도 서서히 자리를 잡아갔다.

그렇게 천천히 흐르는 삶을 원했다. 밤새도록 은근한 불에서 우려낸 육수처럼, 오랜 시간을 지나며 익어가는 것들을 지키고 싶었다. 사람들이 잊고 사는 것들, 할머니의 손맛이 배어 있던 된장국 한 그릇을 되살리고 싶었다. 그래서 비탈진 둔덕에 콩을 심었다. 후덕산의 바람을 맞고, 이 땅의 햇빛을 머금고 익어간 된장과 간장을, 그것을 기다리는 이들에게 보냈다.

한 해의 햇빛과 비가 다르고, 바람이 다르듯이 장의 맛도 매번 조금씩 달랐다. 하지만 그것이야말로 진짜 음식이 아닐까. 공장에서 찍어낸 균일한 맛이 아니라, 자연이 허락하는 그대로의 맛을 전하고 싶은 마음이었다. 손으로 짓는 옷, 손으로 짓는 삶 그녀는 손으로 옷을 지었다. 거친 천을 골라 바늘을 실에 꿰어 한 땀 한 땀 이어가며 바느질했다. 기계가 만든 옷이 아니었기에 매끈한 부분은 없었지만, 그 속에는 그녀의 시간이, 손끝의 온기가 배어 있었다.

그렇게 살고자 했다. 적어도 사람들이 찾아오기 전까지는. 그 후로 5년 동안 내리 집만 지었다. 네 채의 한옥과 하나의 오두막을 짓고, 그녀는 떠났다.

나는 패배자가 되어 다시 도시로 돌아와 또다시 15년 동안 인천 '섬김의 집'에서 몸을 의탁했다. 그리고 세월이 흐르고, 사랑하는 사람들을 새로 지은 안식처로 떠나보낸 후, 다시 숲으로 들어와 지낸다.

바람이 분다. 삶이 익어간다. 주말이면 도시로 나가 배고픈 이들을 위해 밥을 짓고, 시래기를 삶아 된장국 밥을 나눈다. 지난겨울에는 거리로 나갔다. 내 역할은 그저 촛불을 켜고 어둠을 밝히는 일이었다.

내가 원하는 것은 단순하다. 속도를 늦추고, 필요 이상의 것을 바라지 않는 삶. 흙을 만지고, 장을 빚고, 천천히 옷을 지으며 살아가는 것. 빠르게 흘러가는 세상에서 한발 비켜서서, 나만의 시간 속에서 살아가는 일.

시래기 된장국을 끓이며 창문을 열었다. 바람이 불어왔다. 산의 내음을 품은 바람, 장독대를 스치고, 오래도록 간장을 달인 솥 위를 지나온 바람. 나는 그 바람 속에서 지나온 시간을 보았다. 된장이 익어가듯, 간장이 깊어지듯, 나의 삶도 그렇게 익어간다. 더 깊고, 더 조용하고, 더 따뜻하게, 오늘도 나는 천천히 그러나 단단하게 사랑하는 작은 이들과 살아간다.

깊은 강은 소리 없이

한용걸

하루 종일 싸락눈이 내렸다.
식었던 아궁이에 장작불을 지피고
더워진 가마솥에 콩을 삶는다.
눈 속에 먹이를 찾던 새들은
오랜만에 피어오르는 굴뚝 연기에
반가운 듯이 처마 밑으로 모여들었고

나는 얼음같이 찬물에 손을 넣어 콩을 씻는다.
삼 일이 지나면 구수한 청국장이 뜨겠지.
청춘의 선남선녀들은 코를 찡그리며
뚝배기에 숟가락을 넣거나
몇 번의 숟가락질 끝에 입맛을 다시며
수북한 밥공기를 비울 것이다.
산그늘 내리고 눈발 잦아들자
낡은 털신 고쳐 신고 눈 내린 강가로 나간다.
나는 강가에서 낡은 나뭇가지를
주워 모아 모닥불을 피운다.
산다는 것이 마치 흐르는 강물과 같아서
누구에게는 갈증을 식혀줄 시원한 단물이 되거나!
누구에게는 가뭄을 풀어줄 생명의 젖줄이 되거나!
누구에게는 땅속에 스몄다가 가난한 농부
다디단 꿈을 이루어 줄
구원의 샘물이 되거나!
누구에게는 우당탕 거칠고 당당하게
혹은 깊고 넓고 유장하게
흘러
바다를 이루거나…….
눈 덮인 얼음장 밑으로
더운 강물이 흐르고
바람 부는 강가를 돌아
집으로 오는 길

그대의 빈손
가득히 채워줄
흰 눈으로
하얗게 내리고 있거나…….

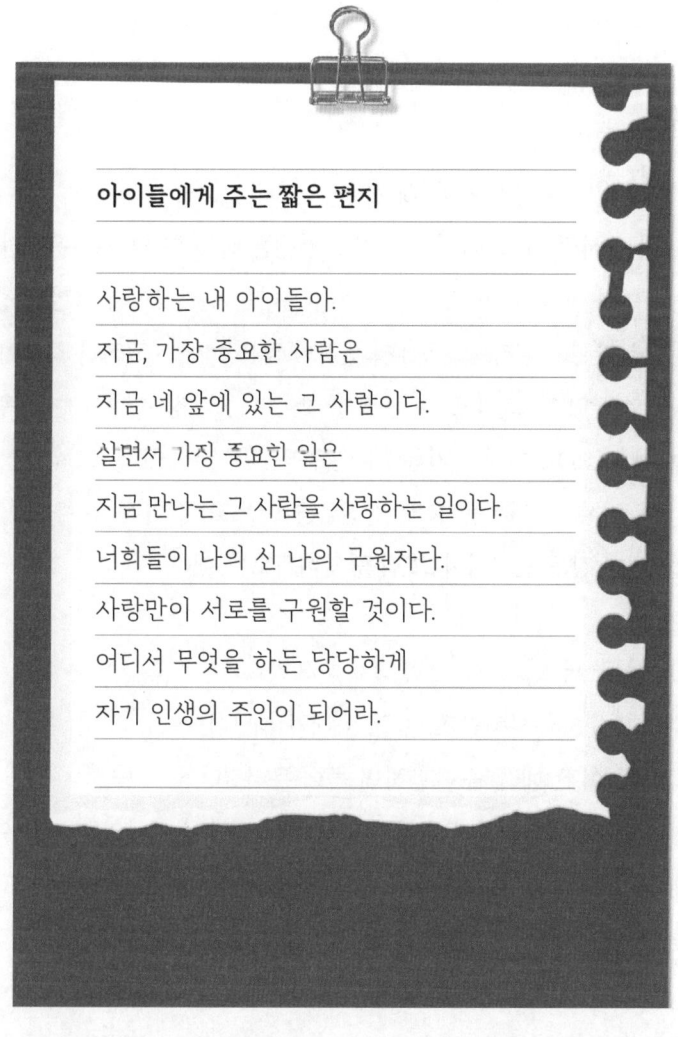

아이들에게 주는 짧은 편지

사랑하는 내 아이들아.
지금, 가장 중요한 사람은
지금 네 앞에 있는 그 사람이다.
살면서 가장 중요한 일은
지금 만나는 그 사람을 사랑하는 일이다.
너희들이 나의 신 나의 구원자다.
사랑만이 서로를 구원할 것이다.
어디서 무엇을 하든 당당하게
자기 인생의 주인이 되어라.

에필로그

깊은 강은 소리 없이

왜 개인의 역사를 기록하는가?

젊은 시절, 모교 한신의 장일조 선생은 "인간의 역사는 욕망과 충족의 변화 체계"라고 가르쳤다. 그러나 나는 살아오면서 욕망과 충족의 반복만이 아니라, 그 속에서 변하지 않는 어떤 본질적인 것들이 있음을 깨달았다. 그리고 그 본질을 찾아가는 과정 속에서 한 사람의 삶은 직조되고, 기억은 기록으로 남는다.

나 역시 이 기록을 통해 자신을 돌아보고, 살아온 길 위에서 스스로에게 질문을 던지며 그 답을 찾아가고자 했다.

상실과 새로운 시작

2011년 5월, 부처님 오신 날, 아내가 떠났다.

그날 이후, 내 삶을 지탱하던 둑이 무너졌다.

젊은 날의 치열했던 고민과 결단들은 시간이 지나며 희미한 추억이 되었고, 그저 하루를 살아가는 것이 버거울 때도 많았다. 그러나 두 아이는 각자의 모습으로 잘 자라주었고, 나는 다시 인천의 작은 공동체로 돌아와 가난한 장애인들과 함께 지내며 새로운 삶을 시작했다.

재작년, 그 공동체의 작은 이들을 새로운 기착지로 떠나보내고, 나는 다시 제물포 밥집에서 만난 사람들의 따뜻함에 기대어 살아가고 있다. 밥 한 끼를 나누며 서로의 존재를 확인하고, 그 속에서 위로와 연대를 경험하며, 공동체가 단순히 공간이 아니라 사람들의 마음 속에서 자라나는 것임을 새삼 깨닫는다.

과거와 마주하다

환갑을 넘긴 나이에, 어린 시절부터 지금까지 걸어온 자신과 마주한다는 일은 때로는 쓰라리고 고통스럽다.

돌이켜 보면 나는 어리석었고, 무지했으며, 때로는 뻔뻔하고 교만했다. 내가 내린 결정들이 언제나 옳았던 것도 아니고, 비겁하게 타협하거나 도망쳤던 순간들도 많았다. 그러나 그 모든 순간을 지나오면서 나는 조금씩 배우고, 성장하고, 달라졌다. 그 길에서 내가 받았던 상처들은 이제는 아물었고, 그 흉터는 내 삶의 일부로 자리 잡았다.

강물은 흐르고, 인생도 흐른다

부모님의 고향 마을 근처, 내가 사는 시골집 앞으로 긴 강이 흐른다. 그 강의 이름은 북한강.

금강산에서 발원하여 평화의 댐을 지나 파로호에 담기고, 수력발전소의 거대한 수로를 통과하며 유장하게 흘러 강가에 기대어 사는 이들에 벼를 키우고, 과일을 익히고, 그러면서도 묵묵히 자신의 길을 간다. 소양강을 만나고, 신연강과 합쳐지고, 청평호를 지나 양수리 두물머리에서 남한강과 만나 결국 한강이 되어 거대한 도시를 적시고, 그렇게 모든 것을 품은 채 서해로 흘러간다.

깊은 강은 소리 없이 흘러간다.

인생도 이와 같지 않은가. 한 사람의 삶은 크고 작은 만남과 헤어짐, 성장과 후회를 거듭하며 흐르고, 결국 어디론가 흘러가며 자신을 완성해 간다.

나는 이 강물에 어린 시절의 아픔도, 젊은 날의 열정도, 상처받았던 기억들도 띄워 보낸다. 시간이 흐르면, 세월이 지나면, 그 모든 것들은 퇴색되고 희미해질 것이다. 그러나 그 순간순간들이 쌓여 나를 만들었고, 그 모든 흐름이 결국 생명이었음을, 이제는 안다. 그리고, 강물이 멈추지 않고 흘러가듯 나 역시 멈추지 않는다. 새로운 만남과 배움을 향해, 나는 또다시 길을 나선다.

지난 2년간 〈자기 역사 쓰기 모임〉의 김호영 교수님, 권명수, 최재숙, 조창현, 문정흠, 김인수 작가님 그리고 〈함께 걷는 길벗회〉의 박우섭, 정형서, 김대중, 이창연, 위당훈 이사님들께 깊이 감사드린다.

책을 교열해준 홍대욱 시인, 그리고 매사에 서툰 나를 세심하게 챙겨주는 후배 이한오 신부 그리고 발문을 써주신 존경하는 선배 최자웅 신부님께 감사드린다. 더불어 다인아트 윤미경 선생님께도 감사를 전한다.

인천 제물포 밥집에서

무엇보다 이 기록을 내게 생명을 주신 부모님과 세상을 떠난 아내 조정일 선생에게 아픈 마음으로 올린다. 나와 내 아이들을 지극한 사랑으로 품어준 지금의 아내 권명복 선생과, 내 딸들이 되어준 가영과 희영, 그리고 요한과 막둥이 혜린에게 이 기록을 남긴다.

사랑만이 사람과 세상을 구원하며 모두의 행복을 위해 일할 때 영원한 생명의 길로 걸어 들어간다.

나를 키워준 어머니의 강 북한강가에서 이제 빈손 빈 마음으로, 서편으로 흘러가는 강물을 바라보며, 지난 세월의 기쁨과 슬픔을 강물에 흘러보낸다. 그리고 그 흐르는 강물처럼, 나도 강물이 되어 흘러갈 것이다.

영원한 승리는 땅에서가 아니라 마음속에서 이루어진다.

2025년 3월 이른 봄,
후덕산과 아래 청인정방에서

발문

흑인 영가와 같은 깊은 강의 노래
한용걸 신부의 눈물어린 사랑과 삶의 고백록

불가에서는 삶을 고해라고 부른다. 과연 우리들의 지상의 삶은 아픔많고 상처많고 외롭고 기갈이 심한 사막과 같기도 하다. 고해에서는 항해하는 배에게 등대는 얼마나 절실하고 필요한 것인가. 사막의 외롭고 삭막한 먼 캬라반의 삶과 길에 어딘가 있을 한 조각의 오아시스는 얼마나 고귀한 것인가.

한용걸 신부의 진실한 삶의 거울과도 같은 회고와 성찰을 보면서 정말 쉽지않게 일구고 달려온 청춘과 전체적 삶의 길이 너무도 고귀하게 가슴으로 따뜻한 감동으로 다가왔다. 또한 당연하게도 그 먼 길에, 깊은 강처럼 흐른 그 세월과 시간 속에 녹여진 아픔과 상처와 외로움도 깊게 전달되어서 눈가와 가슴이 젖어오지 않을 수 없었다.

한용걸 신부를 내가 독일유학에서 돌아와서 1992년 송림동 나눔의집 원장으로 있을 때에 처음 만났다. 송림동은 인천에서도 가장 치열하게 빈민들이 살아가는 산동네였다. 여기에 한신부의 책에서도 수차례 언급되곤 하는 한신부의 존경하는 멘토, 정신적 스승의 하나인 박종렬 목사가 이끌던 사랑방 교회와 성공회에서 운영하는 나눔의 집이 불과 200 미터 정도 떨어져 있었다.

박종렬 목사는 나와도 인연이 깊은데, 그것은 우리가 민주화운동에서 유명하고 그 역할을 수행하기도 한 한국기독학생운동-KSCF에서 기독운동의 선후배로 만난 인연이었다. 박종렬 목사의 아버지는 민주화운동에서 고난의 주인공이신 제일교회 박형규 목사님이셨다. 그리고 내가 만날 당시 서울대 고고인류학과에 재학중인 종렬이 형과 정치학도인 나도 친해서 그 당시에 이념적 공부에 몰두하던 나에게 종렬형이 그것을 알고 어려운 쿠바에서 발행된 Three Coninental 이라는 박형규 목사님이 해외에서 입수하신 자료를 건네주어 가슴이 뛰는 감동으로 내가 탐독하던 추억이 있다.

제일교회에도 많이 방문하고 운동권으로 한신에 진학하던 제 1회 인물로 서울법대 출신의 김경남 목사와 내가 박형규 목사님 추천장을 지니고 한국신학대학에 1974년에 학사편입학을 한 것도 아마도 작은 역사적 분기점이었다.

내가 독일 유학중에도 미국에서 공부하던 종렬 형 이야기를 했었는데 버클리대에서 공부하던 그가 박사학위를 획득하지 않고 귀국하여 인천의 전설적인 빈민동네 송림동에 사랑방 교회를 차린 것도 정말 멋지고 영웅적으로 생각되던 쾌거가 아닐수 없었다. 당시로서는 훌륭한 지도교수를 만나 학위를 취득하고 귀국할 줄 알았던 내가 역시 종렬이 형처럼 피치못할 상황으로 귀국하여 교구의 인사발령으로 같은 송림동의 나눔의 집에 원장으로 부임한 것이었던 것이다.

이렇게 삶과 인연은 자못 매우 신비롭기도 한 것이다.

조금 길게 박종렬 목사와 사랑방 교회와 나의 인연이 언급되었으나 그 연장과 연속선의 인연을 말하고자 하는 연유 때문인 것이다.

내가 머물던 송림동 나눔의 집에 성공회 사목연구원을 마치고 인사차 들린 한용걸 당시의 수사지원자의 준수하고 해맑은 청년을 처음 만나보았다. 시를 쓰고 문학을 하는 나이기에 사람을 한번 보면 느껴지는 직관력이 있는 편인데 한용걸의 인상이 너무도 좋았다. 사제로서 좋은 품성과 뛰어난 자질을 갖춘 인물이 재속 사제가 아니라 수도회의 수사가 되는 길을 밟고 있다고 해서 아깝다는 생각도 솔직하게 마음으로 했었다. 그가 수사의 길을 중간에 포기하고 내가 머물던 송림동 이웃동네 빈민가로 들어갔다는 소식을 한참 시간이 흐른 후에 들었다. 그는 원래 내가 기대했던 이상으로 멋지고 열정적인 삶을 선택, 추구하고 결단하고 실천하여 뜨거운 불꽃의 삶을 산 것이었다.

그 때, 송림동의 소소한 가난한 일반 주민들의 집과 방을 사용하던 나눔의 집과 함께원장실이라는 작은 나의 방에서 한용걸을 처음 만나던 그 시간을 나는 비교적 또렷하게 기억한다. 그리고 재미있고 의미있는 것은 내가 독일유학을 마치고 귀국하면서 나는 나의 30대의 구라파 공부와 조금 아픈 정신과 삶의 체험을 나의 두번째 시집으로 엮었다. 그때 우리의 한용걸이 나의 시집을 읽고 시집에 대한 감상문 차원이 결코 아닌 자신의 가슴과 정신으로 파악하고 그 의미를 분석하고 서술한 상당히 긴 평문을 가지고 와서 나에게 선물한 것이었다. 나는 그것을 읽으면서 대단히 반가워하고 고맙지 않을 수 없었다.

그리고 한용걸 수련수사가 단순한 신앙인이나 수도사가 아니라 조금 다채롭고 개성이 강한 문인적 자질과 문학적 체질을 가지고 있었다. 그러하기에 그의 삶이 풍성하면서도 필연적으로 외롭고 풍파

많고 자신만의 고유한 십자가와 고난을 짊어진 삶이 가능할 것도 조금은 예견할 수 있었다.

과연 내가 한용걸 신부와 첫 만남에서 느낀 반가움과 예감과 과히 다르지 않게 우리 한용걸 신부의 수사로서의 정통적인 삶은 벽에 부딪치지 않을 수 없었다.

그의 결곡한 심성은 부제고시의 과정에서의 파문을 일으키며 어쩌면 그렇지 않은 이들이 겪지 않을 수 있는 평탄한 사제의 길도 몇 배로 험난하게 걸어가지 않을 수 없었던 것이다. 그러나 예수 그리스도의 삶과 죽음이 그러하였고 모든 성자와 혁명가들과 구루들의 삶이 그렇게 걸어간 먼 길이었으며 황량한 사막과 거친 항해의 길이었던 것이다.

한용걸 신부는 나와는 수유리와 수원 오산리의 공간의 차이는 있을지라도 〈한신〉이라는 대단히 의미 깊은 한국기독교와 신학의 중심대학의 신학과 철학을 공부한 선후배사이다. 뜨거운 가슴과 맑은 영혼으로 독재와 모순의 우리 시대와 사회에서 불꽃처럼 젊은 심장으로 일어서 싸우다가 신학과 교회를 선택하였다. 성공회 신학원의 선후배로, 사제의 선후배로, 그것도 결코 두 사람 모두 전혀 평범하지 않은 사제의 삶이었다. 안정된 사제의 삶과는 너무도 거리가 먼 폭풍과 불꽃의 삶과 실천적인 행로를 살고 걸어온 몇안되는, 그러나 매우 창조적이며 매우 의미있는 선후배임을 고백하며 자랑하지 않을 수 없다.

한용걸 신부는 예수님의 메시아 취임사로 일컫는 누가복음 4장 18절에 나오는 내용처럼 그가 선교적 공간으로 선택한 송현동 가난한 피난민 마을의 똥고개로 부터 시작했다. 커다란 바닷가 도시 인천을 무대로 하여 삭막한 사막과도 같은 도시에서 가장 힘없고 열악한 조건으로 살아가던 장애인들, 병자들, 외로운 이들, 상처 많은 이들을 형제로 삼아 그의 청춘과 삶을 불살랐다.

그는 또 하나의 작은 예수의 가슴으로 불꽃처럼 살았다. 처음에는 인천광장의 사랑의 생명수 라는 작은 칼럼에서 길벗이라는 필명으로 사랑의 메시지를 세상에 던졌다.

이 불꽃이 인연과 귀한 실천들로 연결되고 발전되어 인천지역의 가장 힘없는 이들과 갈데없는 장애인들을 위한 함께걷는길벗회를 세우고 자활시설, 교육시설, 생활시설을 설립했다. 징검다리와 섬김의 집과 이들을 위한 항구적 조직적 제도적 재단설립에 까지 성공적으로 이어진다.

그러나 이러한 성공적인 연속선만이 아니라 한용걸 신부의 삶은 평면적 성공에 만족할 수 없던 또 하나의 차원을 열었다. 도시를 떠나서 자연 속에서의 천천히 살아가는 생명공동체인 생명나루를 강원도 화천에 설립했다. 유기농업을 통한 바른먹거리를 직접 농사지어 먹고 천천히 살아가는 제2의 모험을 시도하다가 인간으로서는 형언할 수 없는 슬픔과 시련에 직면하여 좌절 했다.

그의 청춘의 세월과 귀한 실천적 삶의 소중한 동반자이자 아내였던 조정일 선생을 미시령 큰 바람 속에서 47세의 안타까운 나이에 떠나보내는 인간적 커다란 상실감과 절망적 슬픔을 맛보며 방황하기도 한다.

나비를 그렇게 좋아했던 클라라, 불가의 법명 무량형은 우리 시대의 뜨거운 불꽃과 선한 가슴을 지니고 실천적 삶을 살았던 로자 룩셈부르그를 닮은 여성혁명가였을 것이다. 2년간만 무료 봉사자로 한용걸 청년 지도자 곁에서 동행하겠다던 그녀는 출가가 아닌 가출로 인생 방향의 선회와 결단을 통하여 한용걸과 결혼 두 자녀를 낳았다.인천에서 힘없는 약자들을 향한 실천과 공동체적 삶에 서로 큰 힘을 내주는 동지이자 연인이자 반려자였다. 그런 그녀가 사랑하는 두 아이와 한신부를 지상에 남겨두고 홀연히 무겁고 무거운 삶의 족쇄와 짐을 벗어던지고 나비로 날아갔다. 그후의 한용걸 신부의 삶은 외로운 방황과 의지처 잃은 난파선과도 같은 것이었다. 그러나 삶은 신비롭게도 또 하나의 등대와 항구와 별빛을 만난 것이었다. 아, 삶은 신비로운 만남과 은총이어라.

길을 잃고 방황속에서 지낼 때 마음과 공간의 의지처가 된 그녀는 관세음보살과도 같았다. 천사와 같이 어느날 한용걸 신부에게 불쑥 나타나 그의 상처를 어루만져 치유해주고 다시 모두에게 힘을 북돋아주고 따뜻하게 동행하며 일어서게 하였다.

모든 이들이 코로나 사태로 어려워할 때에도 보살이자 천사인 권명복 여사, 그녀와 뜻을 합쳐서 어려운 이웃들을 위한 국밥집을 열어 4년이 넘게 성공적으로 아름다운 현장을 꽃피우고 있다.

이 짧은 발문에서 한용걸 신부의 소중하고 아름다운 모든 것을 언급하고 담을 수 없다. 한용걸 신부는 6.25 한국전쟁의 비극과 후유증으로 부모님 모두가 장애인이셨다. 부모님들의 착한 심성과 어머님의 간절한 기도와 지극한 믿음으로 인해 사랑을 많이 받았던 한용걸 신부가 그 부모님의 영향으로 사랑의 삶을 깊게 이어가고 있다고 생각된다.

마치 구약의 다윗이 왕이 되기 전, 젊은 날에 그는 시련과 고난의 세월을 살아야만 했는데, 그 상징의 하나가 아둘람이었다. 아둘람 굴은 그가 무서운 왕의 권력과 박해와 죽음의 위협을 피해 피신하여 지낸 피난처 굴이었다. 그리고 이 굴에 그와 함께 수많은 실패자 도망자 박해받은 이들이 함께 모여 살면서 아둘람 무리와 군단을 이루었다. 한용걸 신부도 인천에서 예수가 사랑한 힘없고 상처받은 많은 이들을 형제자매로 섬기며 살아간다. 멀리는 인도의 불가촉천민 형제들도 사랑하고 연대하며 살아가고 있는 줄로 안다. 이제는 제물포 국밥집과 길벗회와 더불어 강원도 화천의 자연 속에서 만드는 된장과 매실과 청국장을 빚으며 살아가고 있다.

그러나 개인적으로 나와 많은 선후배로 연결되는 공동점과 인연의 친화력에 이어 한용걸 신부에게 또 하나의 기대와 부탁이 있다.

그것은 한용걸 신부는 글을 써야 할 사람이라는 것이다.
특히 나는 한 신부의 삶 전체를 본인 직접 서술한 원고를 전체적으로 정독하면서 감지했다. 그가 젊은 날에 추억으로 우리에게 들려주는 인천의 가난한 동네의 주인공들- 똥고개의 방황하던 그를 따스히 받아주신 최선비 할머니와 스러져간 뭇 숱한 인간들의 초상과 삶이 한용걸 신부의 붓끝에서 온전히 생생하게 살아나는 것은 매우 신비로운 일이다. 한용걸 신부가 그의 힘없는 사람들에 대한 실천적인

그는 언제나 쟁기를 들고 땅과 함께 있었다.

사랑의 작업과 선교와 선한 일만이 아니라 그의 삶에 고여 흐르는 세월 속에 만난 사람들과 삶의 깊은 강의 모든 노래를 세상 많은 사람들에게 들려주기를 바란다. 나 자신도 세상에 통속적으로 성공하고 널리 알려진 유명 시인과 작가는 아닐지라도 이점에서는 성직과 진리의 구루 차원 말고도 하늘이 부여한 재능, 탈렌트 - 선물처럼 부여받은 자신의 천분과 자질이 있다면 그것을 당연한 설교와 선교적 언어의 차원만이 아닌 자신만의 고유한 존재론적인 언어와 노래로 불러야 한다.

자신과 더불어 살아간 모든 이들을 별처럼 노래하고 사라지는 무상한 존재들을 불멸의 별로 새기고 빛나게 하는 것도 성스럽고 아름다운 의무라고 믿으며 권고한다.

다행스럽게 한용걸 신부의 삶의 거울과 독백에는 이 모든 것이 다채롭게 길고 긴 강물의 흐름으로 빚어지고 담겨 있으며 때로는 슬픔의 눈물로, 그가 사랑하는 시인 윤동주의 영롱하고 슬픈 시처럼 때로는 햇실 속의 찬란한 윤슬처럼 빛나고 있다.

최자웅 신부
시인, 종교사회학박사, 사상계 편집위원,
코리아 아쉬람 인문예술원장

一 시

한 신부

농가를 개조한 세상에 단 하나
학교 앞 주막에 들어서면
금복주 병과 간유리 같은 막걸리, 병 나뒹구는 사이로
마르고 눈매 쏘는
젊은이 하나 서있었네!
어느새 후덕한 뚱보 신부님
예수 닮은 이들 곁에 서있네!
우리네 푸르렀던 날
인생을 흘러서 따끈한 눈물의 강에 닿았네!
격조했던 우리 꿈은
낮달처럼 걸렸는데

(시집 『도대체, 대책 없는 낭만』, 달아실, 2023)에 수록

저는 지은이 한용걸 신부님의 한신대학교 철학과 후배로, 출판사 직장생활과 프리랜서 편집자 생활을 오래 했고, 따라서 교정 작업을 겸해서 이 책의 원고를 읽어볼 기회를 가졌습니다.

시인이라서가 아니라, '안으로 굽는 팔'인 동문수학을 한 처지라

서가 아니라 인간이라면, 하느님의 어린 양이라면 당연한 인지상정으로 여러 차례 뜨거운 눈물을 흘릴 수밖에 없었습니다. 그리고 우리 시대의 '레미제라블'(불쌍한 이들)에 대한 측은지심에 가슴이 아프면서도 웅장해지는 것이었습니다. 하지만 위고의 소설 『레미제라블』의 미리엘 신부도 그랬지만 그를 빼닮은 한용걸 신부님도 그저 측은지심으로 기도하고 가만히 바라보기만 한 것은 아닙니다. 바로 사랑으로 손발과 몸을 움직여 그들에게 다가가고 행동했습니다. 이것이 바로 예수께서 몸-맘으로 보여준 화육化肉이 아닐까요. 무엇보다 시인인 저를 눈물짓게 만든 것은 '사랑과 봉사'라는 어쩌면 판에 박은 미덕, 그리고 무량한 은총과 희생뿐만 아니라 때로는 미워하고 다투고, 등을 돌렸다가 다시 마주 보는 희로애락의 살아있는 드라마이기 때문입니다. 그 역정 가운데서 누군가는 하느님 곁으로 돌아가고, 누군가는 인간 실존의 고뇌 속에서 스스로 스러지고 맙니다.

처음에 저는 '깊은 강은 소리 없이'라는 제목이 소설가 김영현 선생님의 장편소설 제목과 닮아서 반대했습니다. 하지만 이제 기꺼이 동의합니다.

2024년, 겨울의 문 앞에서
홍대욱 시인

북성 포구에 새우젓 배가 들면 짜고 씁싸름한 바람이 불었다.
그것은 마치 내 인생과도 같은 맛 이었다.

밥은 하늘입니다.
하늘은 혼자서 못 가지듯이
밥은 서로 함께 나누어 먹습니다.

제물포 밥집

주소 | 인천 미추홀구 석정로 234~24

한용걸(성공회 사제) **이메일** | yghan6209@hanmail.net

전화번호 | 032-872-5586

어느 성공회 사제의 삶과 사랑 이야기
깊은 강은 소리없이

초판 1쇄 / 2025년 4월 5일
지은이 / 한용걸
펴낸이 / 윤미경
펴낸곳 / 도서출판 다인아트
        출판등록 1996년 3월 8일 제87호
        인천광역시 중구 제물량로232번안길 13
        tel. 032+431+0268 / fax. 032+431+0269
        e-mail. dainartbook@naver.com

ISBN 978-89-6750-166-2 03810
값 20,000원

※ 잘못된 책은 바꾸어 드립니다.
※ 이 책의 일부 또는 전부를 재사용하려면 반드시 저작권자와
   출판사 양측에 동의를 받아야 합니다.